REPASO DE ESPAÑOL: LO ESENCIAL

Segunda Edición

Tapes and Cassettes

NUMBER OF REELS:	13 (seven-inch, full-track)
NUMBER OF CASSETTES:	7 (dual-track)
SPEED:	3¾ IPS
RUNNING TIME:	6 hours

TAPED LESSON CONTENT:
All dialogs, first at normal speed, then by phrases with pauses for student repetition.

All **Ejercicios para el laboratorio** in the preliminary lesson and lessons one through twelve in four-phased sequences: cue — pause for student response — correct response by native speaker — pause for student repetition.

Tapes and Cassettes are available from the publisher. For information and orders, please write to Heinle & Heinle Publishers, Inc., 51 Sleeper Street, Boston, Massachusetts 02210.

a D. Van Nostrand Publication

REPASO DE ESPAÑOL: LO ESENCIAL

Segunda Edición

Josephine Sobrino
James B. Silman
University of Houston
Fausto Vergara
Indiana Department of Public Instruction

Heinle & Heinle Publishers, Inc.,
Boston, Massachusetts 02210 U.S.A.

Library of Congress Catalog Card Number: 77-87415

ISBN: 0-442-27900-0

Manufactured in the United States of America.

10 9 8 7 6 5 4

Preface

REPASO DE ESPAÑOL: LO ESENCIAL: SEGUNDA EDICIÓN contains several improvements to an already effective and successful textbook designed to provide a thorough and practical review of the essentials of Spanish grammar and a solid foundation for conversing, reading, and writing. A new supplementary Workbook reinforces the text exercises and provides additional homework or class assignments.

Significant changes in the Second Edition include:

1. Grammar explanations and examples are divided into smaller segments and are followed directly by related exercises. This procedure provides for an immediate application of the principles while explanations and examples remain fresh on the minds of the students. It effects a step-by-step learning process without the need for disruptive and frustrating back-and-forth referrals from explanations to exercises in separated sections of the book.

   A separate group of exercises, *Ejercicios para el laboratorio, la clase, o la tarea de estudio particular,* continued from the First Edition and included in the tape program, provides supplemental exercises for the language laboratory, extra classroom drill, additional assignments, and individual study.
2. All of the lesson dialogs have been replaced with new materials of current content featuring useful words and expressions.
3. Contemporary articles have been added in all the lessons to provide reading practice and an additional source for review of language.

The practical conciseness of the First Edition has been retained in this edition. The twelve regular lessons are preceded by a preliminary lesson providing a concise presentation of basics to prepare the successful implementation of the materials in Lessons 1 through 12.

Comprehensive oral and written reviews follow lessons 6 and 12, respectively.

Appreciation is hereby expressed to Catalina León, Elena Vergara, Ann Silman, María and Roy Welch, and the editorial staff for their assistance in the preparation of this textbook.

Contenido

Lección Preliminar

GRAMÁTICA Y EJERCICIOS

1. Gender of Nouns

In Spanish, nouns are either masculine or feminine. Nouns ending in **o** are usually masculine, and nouns ending in **a** are usually feminine:

muchacho	*boy*
muchacha	*girl*

EXCEPTIONS:

el tema	*the theme*
el programa	*the program*
el mapa	*the map*
la mano	*the hand*

In addition to exceptions for words ending in **o** or **a**, the gender of nouns ending in letters other than **o** or **a** have to be learned individually:

el lápiz	*the pencil*
la lección	*the lesson*
la universidad	*the university*

EJERCICIO A

Dé Ud. el género de las palabras siguientes: congreso, casa, mujer, hombre, programa, mano, cuaderno, alfombra.

2. Pluralization of Nouns

Nouns are pluralized in Spanish by adding **s** to those that end in unaccented vowels and **es** to those that end in accented vowels or consonants:

muchacho	*boy*	**muchachos**	*boys*
rubí	*ruby*	**rubíes**	*rubies*
ciudad	*city*	**ciudades**	*cities*

EXCEPTIONS:

Some foreign words that end in an accented vowel add **s:**

sofá	*sofa*	**sofás**	*sofas*
papá	*papa*	**papás**	*papas*
mamá	*mama*	**mamás**	*mamas*

EJERCICIO B

Dé Ud. el plural de las palabras siguientes:

libro	español	universidad	señora
carta	española	profesora	perro
luna	hombre	señor	autor
patio	mujer	mesa	autora
animal	profesor	gato	pluma

3. Definite and Indefinite Articles

Definite and indefinite articles in Spanish agree in gender and number with the nouns they modify.

The masculine singular definite article meaning *the* is **el.**
The masculine plural definite article meaning *the* is **los.**

el muchacho	*the boy*
los muchachos	*the boys*

The feminine singular definite article meaning *the* is **la.**
The feminine plural definite article meaning *the* is **las.**

la muchacha	*the girl*
las muchachas	*the girls*

The masculine singular indefinite article meaning *a* or *an* is **un.**
The masculine plural indefinite article meaning *some* is **unos.**

un muchacho	*a boy*	**un** actor	*an actor*
unos muchachos	*some boys*	**unos** actores	*some actors*

The feminine singular indefinite article meaning *a* or *an* is **una.**
The feminine plural indefinite article meaning *some* is **unas.**

una muchacha	*a girl*	**una** manzana	*an apple*
unas muchachas	*some girls*	**unas** manzanas	*some apples*

EXCEPTIONS:

Some feminine words use **el** and **un** in the singular:

el hacha	*the axe*
un hacha	*an axe*

but **las** and **unas** in the plural:

las hachas	*the axes*
unas hachas	*some axes*

EJERCICIO C

Dé Ud. el artículo definido apropiado para cada palabra:

padre	caballo	agua	mapa
padres	caballos	hombre	mapas
madre	balcón	hacha	programa
madres	balcones	hachas	programas
casa	acción	pared	tema
casas	acciones	paredes	temas
lección	lápiz	mano	universidad
lecciones	lápices	manos	cuaderno

EJERCICIO D

Dé Ud. el artículo indefinido apropiado para cada palabra:

hombre	libro	luna	sombreros
mujer	cartas	día	mexicano
español	universidad	drama	mexicana
española	perros	clase	inglés
profesor	mesas	mano	inglesa
profesora	animal	médico	noche

4. Agreement and Forms of Adjectives

In Spanish, adjectives agree in gender and number with the nouns they modify. Adjectives which end in **o** change the **o** to **a** to form the feminine. Most of those which end in a consonant add **a** to form the feminine. Adjectives are pluralized in the same way as nouns. A descriptive adjective usually follows the noun it modifies and a limiting adjective precedes the noun it modifies.

Descriptive Adjectives:

el vestido **rojo**	*the red dress*
los vestidos **rojos**	*the red dresses*
la pluma **roja**	*the red pen*
las plumas **rojas**	*the red pens*
un muchacho **hablador**	*a talkative boy*
unos muchachos **habladores**	*some talkative boys*
una muchacha **habladora**	*a talkative girl*
unas muchachas **habladoras**	*some talkative girls*

Limiting Adjectives:

este libro	*this book*
estos libros	*these books*
esta carta	*this letter*
estas cartas	*these letters*
muchos alumnos	*many students*

EXCEPTIONS:

un libro **mejor**	*a better book*
una pluma **mejor**	*a better pen*
un libro **peor**	*a worse book*
una pluma **peor**	*a worse pen*
un hijo **mayor**	*an older son*
una hija **mayor**	*an older daughter*
un hijo **menor**	*a younger son*
una hija **menor**	*a younger daughter*

Adjectives of nationality add **a** for the feminine:

un autor **inglés**	*an English author*
una autora **inglesa**	*an English authoress*

Sometimes adjectives are used as nouns:

un inglés	*an Englishman*
una inglesa	*an Englishwoman*

Some adjectives are the same in both masculine and feminine forms:

un libro **azul**	*a blue book*
unos libros **azules**	*some blue books*
una pluma **azul**	*a blue pen*

unas plumas **azules**	*some blue pens*
el libro **verde**	*the green book*
los libros **verdes**	*the green books*
la pluma **verde**	*the green pen*
las plumas **verdes**	*the green pens*

Certain adjectives drop the final **o** when they precede a masculine singular noun. The feminine form remains intact:

un **buen** amigo	*a good friend*
una **buena** amiga	*a good friend*

Common adjectives that do this are **malo (mal), primero (primer), tercero (tercer), uno (un), alguno (algún), ninguno (ningún).**

EJERCICIO E

Dé Ud. la forma apropiada de cada adjetivo:

1. un vestido (rojo)
2. una blusa (rojo)
3. una cosa (blanco)
4. un sombrero (blanco)
5. un hombre (inteligente)
6. una mujer (inteligente)
7. un coche (azul)
8. una pluma (azul)
9. las plumas (negro)
10. los libros (negro)
11. los libros (verde)
12. las casas (verde)
13. un (bueno) día
14. una (bueno) idea
15. un (malo) hecho
16. una (malo) acción
17. el (primero) capítulo
18. la (primero) lección
19. el (tercero) asiento
20. la (tercero) lección
21. (alguno) niño
22. (alguno) niña
23. (ninguno) lápiz
24. (ninguno) pluma

The adjective **grande** drops the **de** before a singular noun of either masculine or feminine gender. Then it means *great* instead of *large:*

una **gran** ciudad	*a great city*
una ciudad **grande**	*a large city*
un **gran** libro	*a great book*
un libro **grande**	*a large book*

But in the plural:

grandes ciudades	*great cities*
ciudades **grandes**	*large cities*
grandes libros	*great books*
libros **grandes**	*large books*

EJERCICIO F

Exprese Ud. en español:

1. a great professor (masculine)
2. a great professor (feminine)
3. a large man
4. a great man
5. a great woman
6. a large woman
7. some great men
8. some great women
9. some large men
10. some large women

5. Possessive Adjectives — Short Forms

The possessive adjective in Spanish agrees in gender and number with the thing possessed and not with the possessor:

mi libro	*my book*
mis libros	*my books*
tu libro	*your (familiar singular) book*
tus libros	*your (familiar singular) books*
su libro	*his, her, its, your (formal singular) book*
sus libros	*his, her, its, your (formal singular) books*
nuestro libro	*our book*
nuestros libros	*our books*
nuestra pluma	*our pen*
nuestras plumas	*our pens*
vuestro libro	*your (familiar plural) book*
vuestros libros	*your (familiar plural) books*
vuestra pluma	*your (familiar plural) pen*
vuestras plumas	*your (familiar plural) pens*
su libro	*their, your (formal plural) book*
sus libros	*their, your (formal plural) books*

EJERCICIO G

Exprese Ud. en español:

1. our house
2. our houses
3. my class
4. my classes
5. my car
6. my cars
7. my friend
8. my friends
9. her friend
10. her friends
11. your cat (familiar singular your)
12. your cats (familiar singular your)
13. your dog (formal singular your)
14. your dogs (formal singular your)

15. your house (formal plural your)
16. your houses (formal plural your)
17. our book
18. our books

6. Use of de to Show Possession

The preposition **de** is used with a noun or pronoun to show possession:

La pluma de Carlos es azul.	*Charles' pen is blue.*
Tengo **el libro de ella.**	*I have her book.*

The preceding sentence may also be written:

Tengo **su libro.**	*I have her book.*

EJERCICIO H

Exprese Ud. en español:

1. John's book.
2. His book. (*two ways*)
3. Josephine's book.
4. Her book. (*two ways*)

7. Possessive Adjectives — Long Forms

The long forms of the possessive adjective agree in gender and number with whatever is possessed:

un amigo **mío**	*a friend (masculine) of mine*
un amigo **tuyo**	*a friend (masculine) of yours (familiar singular)*
un amigo **suyo**	*a friend (masculine) of his, hers, yours (formal singular)*
un amigo **nuestro**	*a friend (masculine) of ours*
un amigo **vuestro**	*a friend (masculine) of yours (familiar plural)*
un amigo **suyo**	*a friend (masculine) of theirs, yours (formal plural)*
unos amigos **míos**	*some friends (masculine) of mine*
unos amigos **tuyos**	*some friends (masculine) of yours (familiar singular)*
unos amigos **suyos**	*some friends (masculine) of his, hers, yours (formal singular)*
unos amigos **nuestros**	*some friends (masculine) of ours*
unos amigos **vuestros**	*some friends (masculine) of yours (familiar plural)*
unos amigos **suyos**	*some friends (masculine) of theirs, yours (formal plural)*
una amiga **mía**	*a friend (feminine) of mine*
una amiga **tuya**	*a friend (feminine) of yours (familiar singular)*
una amiga **suya**	*a friend (feminine) of his, hers, yours (formal singular)*
una amiga **nuestra**	*a friend (feminine) of ours*

una amiga **vuestra**	*a friend (feminine) of yours (familiar plural)*
una amiga **suya**	*a friend (feminine) of theirs, yours (formal plural)*
unas amigas **mías**	*some friends (feminine) of mine*
unas amigas **tuyas**	*some friends (feminine) of yours (familiar singular)*
unas amigas **suyas**	*some friends (feminine) of his, hers, yours (formal singular)*
unas amigas **nuestras**	*some friends (feminine) of ours*
unas amigas **vuestras**	*some friends (feminine) of yours (familiar plural)*
unas amigas **suyas**	*some friends (feminine) of theirs, yours (formal plural)*

EJERCICIO I

Exprese Ud. en español:

1. a friend (masculine) of mine
2. a friend (feminine) of his
3. some friends (feminine) of ours
4. some friends (masculine) of theirs
5. a book of yours (familiar singular yours)
6. a pen of yours (formal singular yours)
7. some books of theirs
8. a house of theirs

8. Possessive Pronouns

The possessive pronoun is formed by using the definite article and the long form of the possessive adjective:

el mío (masculine singular)	*mine*
los míos (masculine plural)	*mine*
la mía (feminine singular)	*mine*
las mías (feminine plural)	*mine*

Similarly:

el tuyo, la tuya, etc.
el suyo, la suya, etc.
el nuestro, la nuestra, etc.
el vuestro, la vuestra, etc.
el suyo, la suya, etc.

Example:

¿Dónde está tu libro?	*Where is your book?*
El mío está aquí.	*Mine is here.*

EXCEPTION:

After the verb **ser** the article is normally omitted:

¿Es éste tu libro?	*Is this your book?*
Sí, es **mío.**	*Yes, it is mine.*

EJERCICIO J

Exprese Ud. en español.

1. Él tiene mi pluma. *She has his.*
2. Estos libros son de Juan. *He has ours.*
3. Este lápiz es de María. *She has theirs.*
4. Esta pluma es nuestra. *He has theirs.*
5. Ése es un libro mío. *They have his.*
6. Este cuaderno es de Josefina. *She has mine.*
7. Estas plumas son nuestras. *They have yours (formal plural).*
8. Este coche es de nuestro vecino. *He has ours.*

9. Demonstrative Adjectives

The demonstrative adjective agrees in gender and number with the noun it modifies:

este libro	*this book*	**ese** libro	*that book*
estos libros	*these books*	**esos** libros	*those books*
esta pluma	*this pen*	**esa** casa	*that house*
estas plumas	*these pens*	**esas** casas	*those houses*
aquel libro	*that book*	**aquella** casa	*that house*
aquellos libros	*those books*	**aquellas** casas	*those houses*

Note:

Ese, esos, esa, and **esas** are normally used to refer to something near. In questions of time they refer to the near past time. **Aquel, aquellos, aquella,** and **aquellas** are used to refer to something distant. In questions of time they refer to remote time.

ese año	*that year (i.e., 1950)*
aquel siglo	*that century (i.e., fifth century)*

EJERCICIO K

Exprese Ud. en español:

1. this man	3. that man	5. this woman	7. that woman
2. these men	4. those men	6. those women	8. these women

10. Demonstrative Pronouns

The demonstrative pronoun has a written accent to differentiate it from the demonstrative adjective:

éste	*this one (masculine)*	**ése**	*that one (masculine)*
éstos	*these (masculine)*	**ésos**	*those (masculine)*
ésta	*this one (feminine)*	**ésa**	*that one (feminine)*
éstas	*these (feminine)*	**ésas**	*those (feminine)*
aquél	*that one (masculine)*	**aquélla**	*that one (feminine)*
aquéllos	*those (masculine)*	**aquéllas**	*those (feminine)*

Neuter forms are used to refer to ideas or facts and do not have accent marks:

esto	*this*
eso	*that*
aquello	*that*

EJERCICIO L

Exprese Ud. en español:

1. Ese libro es pequeño. *This one is large.*
2. Esa pluma es muy grande. *This one is small.*
3. Esos libros son grandes. *These are small.*
4. Esas plumas son pequeñas. *These are large.*
5. Esta casa es muy grande. *That one is small.*
6. Estos lápices son pequeños. *Those are large.*
7. Estas casas son muy grandes. *Those are small.*
8. María dice que Juan está enojado. *I don't believe that.*

EJERCICIOS PARA EL LABORATORIO, LA CLASE, O LA TAREA DE ESTUDIO PARTICULAR

EJERCICIO A

En el ejercicio que sigue, dé Ud. el plural de cada sustantivo según los modelos:

MODELOS: **muchacho** — **muchachos**
ciudad — **ciudades**

1. tema
2. pared
3. perro
4. profesor
5. profesora
6. lápiz
7. autor
8. carta
9. gato
10. animal

11. rubí
12. sofá
13. hombre
14. mujer
15. lección

EJERCICIO B

En el ejercicio que sigue, dé Ud. el artículo definido de cada sustantivo según los modelos:

MODELOS:	**caballo**	**el** caballo
	caballos	**los** caballos
	clase	**la** clase
	clases	**las** clases

1. carta
2. mesas
3. profesores
4. sombrero
5. programa
6. lecciones
7. hombre
8. universidad
9. noches
10. cuaderno
11. balcones
12. tema
13. acción
14. madres
15. mapas

EJERCICIO C

En el ejercicio que sigue, dé Ud. el artículo indefinido de cada sustantivo según los modelos:

MODELOS:	**hombre**	**un** hombre
	hombres	**unos** hombres
	mujer	**una** mujer
	mujeres	**unas** mujeres

1. mexicano
2. inglesa
3. médico
4. cartas
5. perros
6. lápiz
7. luna
8. animales
9. noche
10. mesa
11. mapa
12. cuadernos
13. libro
14. pared
15. manos

EJERCICIO D

En el ejercicio que sigue, cambie Ud. cada expresión al plural según los modelos:

MODELOS:	**el** vestido rojo	**los** vestidos rojos
	un libro mejor	**unos** libros mejores

1. la pluma roja
2. un autor inglés
3. el libro verde
4. una pluma azul
5. el hijo menor
6. un caballo negro
7. una casa blanca
8. una mujer inteligente
9. un hombre grande
10. un coche rojo

EJERCICIO E

En el ejercicio que sigue, cambie Ud. cada expresión al singular según los modelos:

MODELOS: **sus libros** — **su libro**
nuestros cuadernos — **nuestro cuaderno**

1. mis libros
2. tus vestidos
3. vuestras plumas
4. sus casas
5. nuestras lecciones
6. mis temas
7. vuestros mapas
8. tus hijas
9. sus perros
10. nuestros coches

EJERCICIO F

En el ejercicio que sigue, cambie Ud. cada expresión al plural según los modelos:

MODELOS: **un amigo mío** — **unos amigos míos**
una amiga tuya — **unas amigas tuyas**

1. un libro tuyo
2. una amiga nuestra
3. una pluma suya
4. un coche vuestro
5. un hijo mío
6. un vestido tuyo
7. una carta mía
8. un sombrero nuestro
9. una blusa vuestra
10. un perro suyo

EJERCICIO G

En el ejercicio que sigue, cambie Ud. cada expresión al singular según los modelos:

MODELOS: **estos libros** — **este libro**
estas plumas — **esta pluma**
esas casas — **esa casa**
aquellos coches — **aquel coche**

1. estos hombres
2. esas mujeres
3. aquellos vestidos
4. estas casas
5. estos caballos
6. aquellas mesas
7. aquellos sombreros
8. esos muchachos
9. aquellas plumas
10. esos gatos

Lección 1

DIÁLOGO: Decisiones y más decisiones

MARICARMEN: ¿Qué hay, muchachos?

JORGE: Hola, guapa. Llegas justo a tiempo.

LUIS: De veras. Estamos discutiendo nuestros horarios y necesitamos otro punto de vista.

JORGE: Sí, y si ayudas a unos pobres estudiantes con los problemas naturales del primer año, te invitamos a cenar.

LUIS: Invitamos a tu amiga Anita también.

MARICARMEN: Sí, cómo no. ¿Qué pasa con las clases?

JORGE: El problema es que Luis y yo somos novatos y es muy difícil decidir si nuestros horarios son o no son aceptables.

MARICARMEN: ¿Los dos van a seguir los mismos cursos?

LUIS: Básicamente, sí. Jorge y yo tenemos las mismas clases: química, biología, inglés, español y educación física. Además, Jorge va a seguir una clase de música.

MARICARMEN: ¡Qué barbaridad! Ustedes van a estudiar un promedio de diez horas diarias. ¿No quieren disfrutar de la vida un poco?

JORGE: Pues, sí. Pero realmente no estamos seguros.

MARICARMEN: Yo creo que dos cursos con laboratorio es una locura. ¿Por qué no escogen solamente o química o biología?

LUIS: Pensándolo bien . . . estamos metiendo la pata; Maricarmen tiene razón. Vamos a componer el horario.

MARICARMEN: Perfecto. Y ahora vamos a cenar . . . porque tengo mucha hambre.

LUIS: ¿Y qué de Anita? Vamos a llamarla.

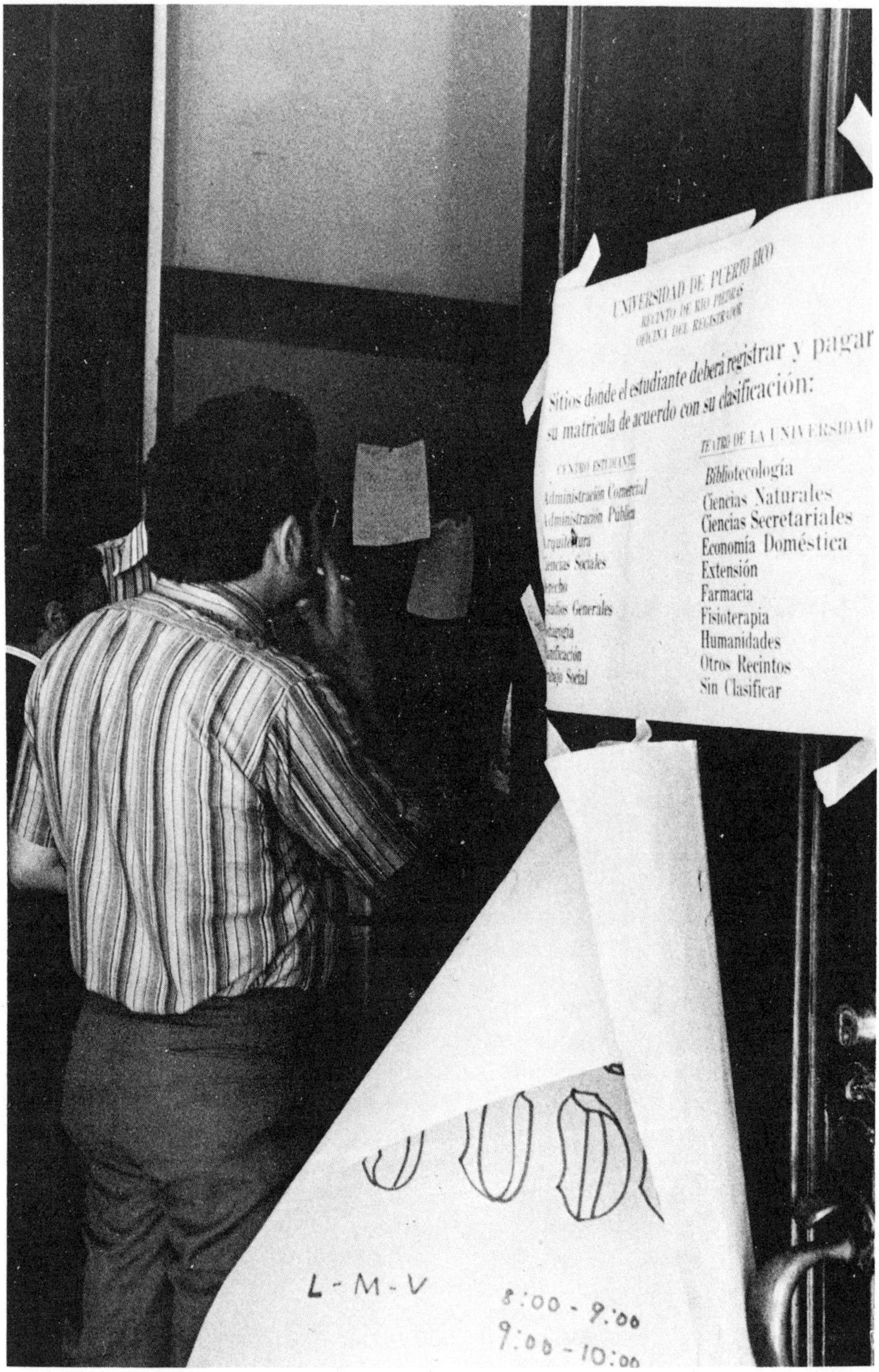

Mimi Forsyth de Monkmeyer

Modismos

¿qué hay? What's new?
hola guapa(s) Hi, goodlooking
justo a tiempo just in time
de veras really
cómo no why, of course
(ser) novatos rookies, freshmen, novices
los dos both
seguir un/el curso to take a/the course
¡qué barbaridad! How awful!
un promedio de an average of
diarias daily
disfrutar de la vida to enjoy life
pues, sí well, of course (we do)
es una locura it is absurd
pensándolo bien come to think of it
meter la pata to goof
tener razón to be right
componer el horario to fix (improve) the schedule
perfecto fine, great
tener mucha hambre to be very hungry
¿qué de? What about. . . . ?

Cuestionario

1. ¿Qué están discutiendo Luis y Jorge?
2. ¿Por qué llega Maricarmen justo a tiempo?
3. ¿Qué cursos van a seguir los dos?
4. ¿Qué dice Maricarmen acerca del horario de Luis y Jorge?
5. ¿Por qué dice Maricarmen que dos cursos con laboratorio es una locura?

Composición oral

Complete las frases en forma apropiada:

1. Pensándolo bien. . . . . .
2. Si ayudas a unos pobres estudiantes. . . . .

GRAMÁTICA Y EJERCICIOS

1. Present Tense of Regular ar, er, and ir Verbs (Tiempo presente del indicativo)

ar

preguntar		*to ask*
yo	**pregunto**	*I ask*
tú	**preguntas**	*you ask*
él, ella, Ud.	**pregunta**	*he, she asks; you ask*
nosotros	**preguntamos**	*we ask*
vosotros	**preguntáis**	*you ask*
ellos, ellas, Uds.	**preguntan**	*they, you ask*

er

beber		*to drink*
yo	**bebo**	*I drink*
tú	**bebes**	*you drink*
él, ella, Ud.	**bebe**	*he, she drinks; you drink*
nosotros	**bebemos**	*we drink*
vosotros	**bebéis**	*you drink*
ellos, ellas, Uds.	**beben**	*they, you drink*

ir

describir		*to describe*
yo	**describo**	*I describe*
tú	**describes**	*you describe*
él, ella, Ud.	**describe**	*he, she describes; you describe*
nosotros	**describimos**	*we describe*
vosotros	**describís**	*you describe*
ellos, ellas, Uds.	**describen**	*they, you describe*

EJERCICIO A

Dé Ud. las formas apropiadas de los verbos en el tiempo presente del indicativo de acuerdo con los sujetos:

1. a. Yo (cantar) de vez en cuando.
   b. Tú (hablar) bien.
   c. Ella (bailar) ahora.

d. Nosotros (aceptar) el regalo.
e. Vosotros (comprar) muchas cosas.
f. Ellos lo (dudar).
g. Ud. (pagar) demasiado.
h. Uds. (castigar) al niño.
i. El alumno (necesitar) el libro.
j. La librería (ganar) mucho dinero.
k. El carpintero (fabricar) las cajas.
l. La librería (comprar) muchas plumas.
m. Juan (esperar) a su amigo.
n. Él (llegar) temprano.

2. a. Yo (deber) estudiar.
b. Tú (comer) temprano.
c. Él no lo (creer).
d. Nostros (comprender).
e. Vosotros (vender) muchas flores.
f. Ellas (leer) la lección.
g. Ud. (correr) despacio.
h. Uds. (aprender) mucho.

3. a. Yo (abrir) la ventana.
b. Tú no (añadir) nada a la conversación.
c. El hombre (vivir) en México.
d. Nosotros (cubrir) la mesa con el mantel.
e. Vosotros (escribir) bien.
f. Las mujeres (insistir) en hacerlo.
g. Ud. lo (describir) bien.
h. Uds. (asistir) a una buena conferencia.

EJERCICIO B

Conteste Ud. a las preguntas en el singular con respuestas en el singular, según los modelos:

MODELOS: **¿Escribe Ud.** bien en español?
Sí, (yo) **escribo** bien en español.
¿Escribes (tú) bien en español?
Sí, (yo) **escribo** bien en español.

1. ¿Habla Ud. bien el español?
2. ¿Lees (tú) bien esta lección?
3. ¿Vives (tú) en esta ciudad?
4. ¿Desea Ud. un coche nuevo?
5. ¿Comprendes (tú) eso?

EJERCICIO C

Conteste Ud. a las preguntas en el plural con respuestas en el plural, según los modelos:

MODELOS: **¿Escriben Uds.** bien en español?
Sí, (nosotros) **escribimos** bien en español.
¿Escribís (vosotros) bien en español?
Sí, (nosotros) **escribimos** bien en español.

1. ¿Coméis (vosotros) con ellos de vez en cuando?
2. ¿Reciben Uds. muchas cartas?
3. ¿Comprenden Uds. esto?
4. ¿Compráis (vosotros) éstos?
5. ¿Desean Uds. los libros?

EJERCICIO D

Conteste Ud. a las preguntas en el singular con respuestas en el singular y a las preguntas en el plural con respuestas en el plural, según los modelos:

MODELOS: **¿Escribe** Juan bien en español?
Sí, Juan **escribe** bien en español.
¿Escriben ellos bien en español?
Sí, ellos **escriben** bien en español.

1. ¿Habla bien Elena en español?
2. ¿Viven Carmen y Elena aquí?
3. ¿Aprende su hermana estos ejercicios?
4. ¿Desean algo Jorge y Juan?
5. ¿Comprenden ellos la lección?

2. Ser and Estar

The verbs **ser** and **estar** express the English *to be.*

a. Present Tense

ser

yo	**soy**	*I am*
tú	**eres**	*you are*
él, ella, Ud.	**es**	*he, she is; you are*
nosotros	**somos**	*we are*
vosotros	**sois**	*you are*
ellos, ellas, Uds.	**son**	*they, you are*

estar

yo	**estoy**	*I am*
tú	**estás**	*you are*
él, ella, Ud.	**está**	*he, she is; you are*
nosotros	**estamos**	*you are*
vosotros	**estáis**	*you are*
ellos, ellas, Uds.	**están**	*they, you are*

b. Uses

ser

1. With predicate nouns and pronouns:

Él es mi amigo.	*He is my friend.*
Es ella.	*It is she.*

2. With adjectives to express traits, characteristics, or status:

Juan es alto.	*John is tall.*
Carmen es muy amable.	*Carmen is very nice.*
Ese hombre es muy rico.	*That man is very rich.*

3. To express the time of day:

Es la una.	*It is one o'clock.*
Son las nueve.	*It is nine o'clock.*

4. To express origin:

Mi tío es de Laredo.	*My uncle is from Laredo.*

5. To express ownership:

Ese traje es de Carlos.	*That suit is Charles'.*

6. To indicate the material of which something is made:

El vestido de Elena es de algodón.	*Helen's dress is cotton.*
Esa mesa es de madera.	*That table is wooden.*

7. In impersonal expressions:

Es muy importante.	*It is very important.*
Es evidente.	*It is evident.*

8. With complements:

Allí es donde ellos viven.	*There is where they live.*
Este vestido es el que Elena quiere.	*This dress is the one Helen wants.*

estar

1. To indicate location:

Margarita está en casa.	*Margaret is at home.*
¿Dónde está Josefina?	*Where is Josephine?*

2. With adjectives to indicate a resultant condition or a state of being that may change:

Las ventanas están abiertas.	*The windows are open.*
Mi amigo está enfermo.	*My friend is sick.*

3. With the present participle **(gerundio)** to form the progressive construction:

Ella está cantando.	*She is singing.*
Ellos están comiendo.	*They are eating.*

EJERCICIO E

Complete Ud. las oraciones con las formas apropiadas de **ser** *o* **estar** *en el tiempo presente del indicativo:*

1. Los chicos ______ tristes.
2. José ______ alto.
3. Carmen no ______ aquí.
4. Ud. ______ amable.
5. Tú ______ equivocado.
6. Eso ______ verdad.
7. Mi tío ______ ingeniero.
8. ¿Dónde ______ la pluma?
9. ¿De dónde ______ tu amigo?
10. Aquí ______ donde vivo.
11. Ya ______ las diez.
12. El vestido ______ de seda.
13. El alumno ______ estudiando.
14. Mi vecino ______ rico.
15. ______ muy necesario.

3. Present Progressive Construction

The present progressive construction in Spanish is formed by using the present tense of the irregular verb **estar** plus the present participle **(gerundio).**

a. Formation of **gerundio** of Regular Verbs

ar verbs — infinitive stem + **ando**

preguntando

er verbs — infinitive stem + iendo

bebiendo

ir verbs — infinitive stem + **iendo**

describiendo

b. Examples of Present Progressive Construction

yo	**estoy preguntando**	*I am asking*
tú	**estás preguntando**	*you are asking*
él, ella, Ud.	**está bebiendo**	*he, she is drinking; you are drinking*
nosotros	**estamos bebiendo**	*we are drinking*
vosotros	**estáis describiendo**	*you are describing*
ellos, ellas, Ud.	**están describiendo**	*they, you are describing*

EJERCICIO F

Dé Ud. las formas apropiadas del verbo **estar** *en el tiempo presente del indicativo:*

1. Yo (estar) contestando.
2. Tú (estar) aprendiendo.
3. El niño (estar) viviendo aquí.
4. Nosotros (estar) acabando la tarea.
5. Vosotros (estar) bebiendo poco.
6. Los alumnos (estar) discutiendo el asunto.
7. Ud. (estar) hablando mucho.
8. Uds. (estar) comiendo demasiado.

EJERCICIO G

Dé Ud. los gerundios de los infinitivos entre paréntesis:

1. La chica está (bailar).
2. Nadie está (comer).
3. Los padres están (describir) el viaje.
4. Yo estoy (cenar).
5. Nosotros estamos (comprender).
6. Tú estás (decidir) muy pronto.
7. Ud. está (olvidar) una cosa.
8. Vosotros estáis (volver) temprano.
9. Uds. están (escribir) mucho.

4. Personal a

A direct object standing for a definite person or a personified thing is preceded by the preposition **a** (*personal a*):

Ellos ayudan **a** Fernanda.	*They help Fernanda.*

When the direct object is not definite, the *personal a* may or may not be used at the discretion of the user.

Busco **a** un ayudante. *or* Busco un ayudante.	*I am looking for an assistant.*

EJERCICIO H

Exprese Ud. en español:

1. I see Mary.
2. We help John.

5. Direct Object Pronouns

Direct object pronouns are pronouns that receive the direct action of the verb:

Juan **te** ve.	John sees *you*.
me	*me*
te	*you (familiar)*
le, lo	*him, you (masculine formal)*
la	*her, you (feminine formal)*
lo (*m.*), **la** (*f.*)	*it*
nos	*us*
os	*you (familiar)*
los	*them (masculine)*
las	*them (feminine)*
los (*m.*), **las** (*f.*)	*you (formal)*

Direct object pronouns normally precede the conjugated verb form but follow and are attached to the infinitive, present participle, and affirmative command:

Yo **le (lo)** veo a él.	*I see him.*
Él **la** ve a ella.	*He sees her.*
Él está estudiándo**lo.** Él **lo** está estudiando.	*He is studying it.*
Él debe estudiar**lo.** Él **lo** debe estudiar.	*He ought to study it.*
Aquí está la leche. Bébe**la** Ud.	*Here is the milk. Drink it.*
Esa leche está mala. No **la** beba Ud.	*That milk is bad. Don't drink it.*

EJERCICIO I

Sustituya Ud. pronombres por las palabras en letra bastardilla:

MODELO: Ella compra **una falda.**
Ella **la** compra.

1. Él acepta **la decisión.**
2. Yo escribo **las cartas.**
3. Nosotros escuchamos **la música.**
4. Tú bebes **el vino** con gusto.
5. El alumno busca **los cuadernos.**
6. Nadie ayuda **al joven.**
7. ¿Quién tiene **la tinta?**
8. Vosotros vendéis **los cuadros** por poco dinero.
9. Ella pinta **el cuarto.**
10. Uds. aprenden **las lecciones.**

EJERCICIO J

Cambie Ud. los pronombres del singular al plural:

MODELO: Un amigo **me** ve.
Un amigo **nos** ve.

1. La madre la castiga.
2. Mi hermano te lleva.
3. Su padre lo ayuda.
4. Nuestra prima me busca.

6. Cardinal Numbers 1–10

uno, una	*one*	**seis**	*six*
dos	*two*	**siete**	*seven*
tres	*three*	**ocho**	*eight*
cuatro	*four*	**nueve**	*nine*
cinco	*five*	**diez**	*ten*

EJERCICIO K

Conteste Ud. en español con respuestas apropiadas:

1. Un alumno necesita nueve dólares para comprar un libro y tiene ahora cinco dólares.
   ¿Cuánto más necesita el alumno para comprar el libro?
2. La librería compra plumas por tres dólares cada una y las vende a cinco dólares cada una.
   ¿Cúanto dinero gana la librería cuando vende una pluma?

3. Juan siempre llega a la universidad a las nueve de la mañana y espera a su amigo que siempre llega a las diez.
   ¿Cuánto tiempo espera Juan a su amigo?
4. Un carpintero fabrica dos cajas cada hora.
   ¿Cuántas cajas fabrica el carpintero en tres horas?

7. Present Tense of tener and querer

tener		*to have*
yo	**tengo**	*I have*
tú	**tienes**	*you have*
él, ella, Ud.	**tiene**	*he, she has; you have*
nosotros	**tenemos**	*we have*
vosotros	**tenéis**	*you have*
ellos, ellas, Uds.	**tienen**	*they, you have*

querer		*to want*
yo	**quiero**	*I want*
tú	**quieres**	*you want*
é, ella, Ud.	**quiere**	*he, she wants; you want*
nosotros	**queremos**	*we want*
vosotros	**queréis**	*you want*
ellos, ellas, Uds.	**quieren**	*they, you want*

EJERCICIO L

Exprese Ud. en español:

1. I want to go also.
2. We want to help Caroline.
3. I have the workbook.
4. They have the book.

EJERCICIO M

Exprese Ud. en español:

1. It is ten o'clock.
2. Many students are in class.
3. Some are in the library.
4. The students in the library are studying.
5. Many are my friends.
6. Most of them are from Houston.
7. However, some are from San Antonio and other cities.
8. Today we have lesson one.
9. I am studying it now.
10. I want to learn Spanish very well.

EJERCICIOS PARA EL LABORATORIO, LA CLASE, O LA TAREA DE ESTUDIO PARTICULAR

EJERCICIO A

Repita Ud. las oraciones cambiándolas al plural:

MODELOS:	
Él **habla.**	Ellos **hablan.**
Yo **como.**	Nosotros **comemos.**
Ud. lo **describe** bien.	Uds. lo **describen** bien.
Tú **llegas** temprano.	Vosotros **llegáis** temprano.
La mujer **canta.**	Las mujeres **cantan.**
Él **es** bueno.	Ellos **son** buenos.

1. El niño aprende mucho.
2. Yo lo busco.
3. Ud. baila bien.
4. Tú deseas mucho.
5. ¿Quién me ayuda?
6. La chica es bonita.
7. El joven corre aprisa.
8. Tú la aprendes bien.
9. Yo no lo aguanto más.
10. Ella no te critica.
11. Ud. debe volver.
12. La niña escribe bien.
13. ¿Dónde está tu amigo?
14. ¿Quién nos llama?
15. La joven anda por el parque.
16. Ella lo está castigando.
17. Él está comprándolo.
18. Apenas lo estoy comprendiendo.
19. Tú estás cenando tarde.
20. Ud. está escribiendo poco.
21. Ella quiere más café.
22. Tú tienes mucho dinero.
23. Yo tengo la pluma.
24. Yo quiero el coche.
25. Ud. está cansado.

EJERCICIO B

Conteste Ud. a las preguntas según los modelos:

MODELOS: ¿**Tienes** muchos libros?
Sí, **tengo** muchos libros.
¿**Quiere** Ud. hablar?
Sí, **quiero** hablar.
¿Ya, **acaban** Uds.?
Sí, ya **acabamos.**

1. ¿Comes ahora?
2. ¿Deben Uds. contestar?
3. ¿Busca Ud. algo?
4. ¿Compras un regalo?
5. ¿Descansa Ud.?
6. ¿Desean Uds. algo?
7. ¿Bebes el café?
8. ¿Vive Ud. en Tejas?
9. ¿Andáis con ellos?
10. ¿Abres la puerta?

EJERCICIO C

Sustituya Ud. en cada caso el pronombre apropiado según los modelos:

MODELOS:
Él tiene **el libro.** — Él **lo** tiene.
Ella quiere **la pluma.** — Ella **la** quiere.
Yo compro **los libros.** — Yo **los** compro.
Ella tiene **las plumas.** — Ella **las** tiene.

1. Yo necesito el traje.
2. Ella quiere la blusa.
3. Él compra los calcetines.
4. Cantamos las canciones.
5. Los niños beben la leche.
6. Los hijos comen el pan.
7. Teresa busca las medias.
8. Yo mando la corbata.
9. La madre baña al niño.
10. ¿Quién explica la lección?

EJERCICIO D

Conteste Ud. en la primera persona según los modelos:

MODELOS:
¿**Me** ves? — Sí, (yo) **te** veo.
¿**Nos** ven Uds.? — Sí, (nosotros) **los** vemos.
¿**Lo** ves? — Sí, (yo) **lo** veo.

1. ¿Me llamas?
2. ¿Me ayudan Uds.?
3. ¿Nos engañas?
4. ¿La quiere Ud. a ella?
5. ¿Le ven Uds. a él?
6. ¿Nos busca Ud.?
7. ¿Lo comprendes?
8. ¿Los compra Ud.?
9. ¿La cubres?
10. ¿Lo permiten Uds.?

EJERCICIO E

Conteste Ud. a las preguntas según el modelo:

MODELO: Juan tiene cinco dólares y Enrique tiene un dólar más.
¿Cuánto dinero tiene Enrique?
Enrique tiene seis dólares.

1. Juana tiene diez dólares y Margarita tiene tres dólares menos.
   ¿Cuánto dinero tiene Margarita?
2. José quiere cuatro libros y Pablo quiere dos libros más.
   ¿Cuántos libros quiere Pablo?
3. Josefina ya tiene cuatro bolsas y busca dos más.
   ¿Cuántas bolsas va a tener Josefina?
4. Carlos debe nueve dólares y Tomás debe dos dólares menos.
   ¿Cuánto dinero debe Tomás?
5. Ricardo tiene seis camisas y quiere comprar dos más.
   ¿Cuántas camisas va a tener Ricardo si compra dos más?

LECTURA: Así es la vida más difícil todavía

United Press International

El patinaje, más o menos artístico, hace furor en los Estados Unidos. La forma más económica de practicar este deporte es la de emplear una tablita con ruedas y deslizarse sobre ella por una cuesta. Ahora bien, una vez dominado, apoyando los pies, vienen los ensayos para darle mayor emoción. Y ese mozo de Houston demuestra que hasta en el juego más simple puede haber arte.

En el campeonato de este tipo de patinaje que, como es lógico, ya se ha celebrado en esa ciudad tejana, se han presentado verdaderos virtuosos, como el de la foto, que obtuvo una honrosa clasificación.

Y la posibilidad de trasladarse de un lugar a otro sin gasto alguno de carburante. Buen ejemplo para los que tienen que pagar cada vez más cara la gasolina. Con una tabla, unas ruedecitas y paciencia podemos ahorrar muchas divisas.

Semana, Madrid 13 de diciembre de 1975

Lab → ~~[illegible]~~ 50 min

Lección 2

DIÁLOGO: En un café

JORGE: Señorita, hace más de media hora que estamos aquí y la comida no ha llegado.

MARICARMEN: Y yo estoy muerta de hambre ¡Qué horror!

CAMARERA: Tranquilos, ahora mismo les traigo sus órdenes.

LUIS: Para mí que aquí hay gato encerrado.

ANITA: ¿ Qué te hace pensar eso?

JORGE: Y ni siquiera nos han traído pan y mantequilla.

LUIS: Repito que aquí algo anda mal y no sé cómo explicarlo.

JORGE: No comprendo. Aquí siempre nos han atendido bien. Yo conozco al dueño . . . tal vez . . .

ANITA: ¡Caramba! Esto sí que anda mal. ¿Ya han notado el humo que está saliendo de la cocina?

MARICARMEN: Pronto. Tenemos que llamar a los bomberos y olvidarnos de la cena.

(*Jorge va al teléfono y empieza a llamar a los bomberos; Luis entra a la cocina a ver qué pasa y vuelve rápidamente a la mesa.*)

LUIS: No es necesario llamar, Jorge. No ha sido un incendio pero les tengo malas noticias. Nuestras cenas son carbón, cenizas y humo.

MARICARMEN: ¡Qué lástima! Y con el hambre que yo tengo.

CAMARERA: Mil perdones, señores. Es culpa mía. El cocinero está enfermo; la otra camarera también. Yo he querido hacer todo pero, ya ven ustedes, ha sido un fracaso.

ANITA: Sí, ya lo vemos . . .

CAMARERA: ¿Por qué mejor no compran unos perritos calientes en el carrito de Pepe? Los prepara tan sabrosos.

Shelton de Monkmeyer

Modismos

estar muerto (a, os, as) de hambre to be starved
¡qué horror! How horrible!
tranquilo (a, os, as) Relax!
ahora mismo Right now, right away
aquí hay gato encerrado there's something fishy here
ni siquiera not even
algo anda mal (andar mal) something's wrong
¡caramba! my goodness
olvidarse de to forget about
¿qué pasa? what's happening, what's wrong?
¡qué lastima! what a pity!
mil perdones I apologize
es culpa mía It's my fault
ya ven ustedes as you can see
señores Ladies and gentlemen, gentlemen
ya lo vemos (verlo, ya) we can see that
por qué mejor. . . . . Instead, why don't you. . . .
un perrito caliente a hot dog
el carrito pushcart

Cuestionario

1. ¿Cuánto tiempo hace que están los cuatro amigos en el café?
2. ¿Qué dice Luis respecto a la situación?
3. ¿Por qué no está contento Jorge?
4. ¿Qué está saliendo de la cocina?
5. ¿A quién empieza a llamar Jorge?
6. ¿Qué les ha pasado a las cenas?
7. ¿Qué ha sido un fracaso?

Composición oral

Complete las frases en forma apropiada:

1. Es culpa mía. . . .
2. No ha sido un incendio, pero. . .
3. Por qué mejor no. . . . .

GRAMÁTICA Y EJERCICIOS

1. Present Tense of Stem-Changing Verbs

Certain verbs change the stem vowel when it is stressed. Verbs of this type ending in **ar** and **er** change the **e** to **ie** and the **o** to **ue:**

pensar		*to think*
yo	**pienso**	*I think*
tú	**piensas**	*you think*
él, ella, Ud.	**piensa**	*he, she thinks; you think*
nosotros	**pensamos**	*we think*
vosotros	**pensáis**	*you think*
ellos, ellas, Uds.	**piensan**	*they, you think*

volver		*to return*
yo	**vuelvo**	*I return*
tú	**vuelves**	*you return*
él, ella, Ud.	**vuelve**	*he, she returns; you return*
nosotros	**volvemos**	*we return*
vosotros	**volvéis**	*you return*
ellos, ellas, Uds.	**vuelven**	*they, you return*

Certain **ir** verbs change the **e** to **ie** and the **o** to **ue:**

sentir		*to feel; to regret*
yo	**siento**	*I regret*
tú	**sientes**	*you regret*
él, ella, Ud.	**siente**	*he, she regrets; you regret*
nosotros	**sentimos**	*we regret*
vosotros	**sentís**	*you regret*
ellos, ellas, Uds.	**sienten**	*they, you regret*

dormir		*to sleep*
yo	**duermo**	*I sleep*
tú	**duermes**	*you sleep*
él, ella, Ud.	**duerme**	*he, she sleeps; you sleep*
nosotros	**dormimos**	*we sleep*
vosotros	**dormís**	*you sleep*
ellos, ellas, Uds.	**duermen**	*they, you sleep*

Certain other ir verbs change the **e** to **i:**

pedir		*to ask for; to request*
yo	**pido**	*I ask*
tú	**pides**	*you ask*
él, ella, Ud.	**pide**	*he, she asks; you ask*
nosotros	**pedimos**	*we ask*

vosotros	**pedís**	*you ask*
ellos, ellas, Uds.	**piden**	*they, you ask*

These changes are normally shown in vocabularies in parentheses: **pensar (ie), volver (ue), sentir (ie), dormir (ue), pedir (i).**

EJERCICIO A

Dé Ud. las formas apropiadas de los infinitivos en el tiempo presente del indicativo de acuerdo con los sujetos:

1. Yo (cerrar) la ventana.
2. Tú (dormir) mucho.
3. José (entender) esto.
4. Nosotros no (pedir) nada.
5. Vosotros no (entender).
6. Elena y Rosa la (recordar).
7. Me (doler) los pies.
8. Le (doler) la cabeza.
9. Ud. (volver) tarde.
10. La mujer (perder) la bolsa.
11. Yo lo (sentir) mucho.
12. La madre (acostar) al niño.
13. Pablo y yo (comenzar) ahora.
14. El padre (despertar) a los hijos.
15. El ladrón (confesar).
16. Margarita (poder) volver.
17. Los hijos (colgar) la ropa.
18. Nadie lo (negar).
19. ¿Qué (pensar) tú de eso?
20. Yo (preferir) éstos.
21. Enrique (devolver) la corbata.
22. Este traje (costar) mucho.

EJERCICIO B

Cambie Ud. los sujetos y verbos al plural:

MODELOS:	**Yo** lo **niego.**	**Nosotros** lo **negamos.**
	Tú lo **quieres.**	**Vosotros** lo **queréis.**

1. Yo puedo ir.
2. Tú pierdes la cartera.
3. La niña prefiere ésta.
4. Yo cuelgo la ropa.
5. El dedo le duele.
6. Tú vuelves temprano.
7. Ella devuelve la blusa.
8. Yo lo siento.
9. La niña despierta a la madre.
10. ¿Por qué lo niega Ud.?
11. Yo no pido nada.
12. ¿Qué piensa ella de eso?
13. Él confiesa.
14. ¿No lo recuerdas?
15. La madre acuesta a los niños.

EJERCICIO C

Conteste Ud. a las preguntas según los modelos:

MODELOS:	**¿Almuerza Ud.** en casa?	Sí, **almuerzo** en casa.
	¿Almuerzas tú en casa?	Sí, **almuerzo** en casa.
	¿Almuerzan Uds. en casa?	Sí, **almorzamos** en casa.
	¿Almorzáis vosotros en casa?	Sí, **almorzamos** en casa.

1. ¿Acuestas tú al niño?
2. ¿Comienza Ud. ahora?
3. ¿Confiesan Uds.?
4. ¿Despertáis vosotros a los niños?
5. ¿Devuelve Ud. el paquete?
6. ¿Vuelven Uds. ahora?
7. ¿Duermes tú bien aquí?
8. ¿Impedís vosotros el plan?
9. ¿Juega Ud. con ella?
10. ¿Niegan Uds. esto?
11. ¿Pides tú algo?
12. ¿Sirven Uds. la comida?

2. Indirect Object Pronouns

me	*to me*
te	*to you (familiar)*
le	*to him, to her, to it, to you (formal)*
nos	*to us*
os	*to you (familiar plural)*
les	*to them, to you (formal plural)*

The indirect object pronoun receives the indirect action of the verb or indicates in whose interest or harm something is done:

María **le** da el libro a él.	*María gives the book to him.*
Ella **me** hace un vestido.	*She is making me a dress.*
Tú **me** rompes la blusa.	*You are tearing my blouse.*

The indirect object pronoun normally precedes the conjugated verb form but in some instances follows and is attached to it (infinitive, present participle, affirmative command):

Carolina **te** manda este vestido.	*Caroline sends you this dress.*
Yo **te** quiero dar este vestido. Yo quiero **darte** este vestido.	*I want to give you this dress.*
Él **me** está dando este vestido. Él está **dándome** este vestido.	*He is giving me this dress.*
(Note accent on **dándome.**)	

When a direct and an indirect object pronoun are used together, the indirect preceeds the direct:

Carolina **te lo** manda.	*Caroline sends it to you.*
Yo **te lo** quiero dar. Yo quiero **dártelo.**	*I want to give it to you.*
(Note accent on **dártelo.**)	
Él **me lo** está dando. Él está **dándomelo.**	*He is giving it to me.*
(Note accent on **dándomelo.**)	

If the two object pronouns used together are both in the third person, the indirect object pronoun changes from **le** to **se** or from **les** to **se** as the case may be:

Carolina **se lo** manda a él.	*Caroline sends it to him.*
Yo **se lo** quiero dar a ellos. Yo quiero **dárselo** a ellos.	*I want to give it to them.*
(Note accent on **dárselo.**)	
Él **se lo** está dando a ella. Él está **dándoselo a ella.**	*He is giving it to her.*
(Note accent on **dándoselo.**)	

The indirect object pronoun is often used redundantly:

Él **le** da el dinero a María.	*He gives the money to María.*
Él **les** da el dinero a sus amigos.	*He gives the money to his friends.*

EJERCICIO D

Sustituya Ud. pronombres según el modelo:

MODELO: Juan escribe una carta **a María.**
Juan **le** escribe una carta.

1. El profesor explica la lección al estudiante.
2. El estudiante enseña los ejercicios al profesor.
3. Yo mando un regalo a mi amigo.
4. Ellos venden el coche al señor García.

EJERCICIO E

Sustituya Ud. los pronombres en cada oración según el modelo:

MODELO: Él da **el sombrero a Enrique.** Él **se lo** da.

1. La profesora explica la lección a los estudiantes.
2. Yo vendo el libro a Carlos.
3. Ellos mandan el dinero a su hermana.
4. Ella lleva la comida a su vecina.

3. Pronouns Used as Objects of Prepositions

The pronouns which are used as objects of prepositions are the same as the subject pronouns except for the first and second persons singular:

mí	*me*
ti	*you (familiar)*
él	*him, it (m.)*
ella	*her, it (f.)*
ello	*it (n.)*
usted	*you (formal)*
nosotros, -as	*us*
vosotros, -as	*you (familiar)*

ellos	*them (m.)*
ellas	*them (f.)*
ustedes	*you (formal)*
El libro es **para mí.**	*The book is for me.*
El libro no es **para ti.**	*The book is not for you.*
La pluma es **para él.**	*The pen is for him.*

The preposition **con** with the first and second persons singular becomes:

conmigo	*with me*
contigo	*with you*
Ella va **conmigo.**	*She is going with me*
Voy **contigo.**	*I am going with you.*

The preposition **entre** is followed by subject pronouns.

Entre tú y yo hay amistad.	*Between you and me there is friendship.*

EJERCICIO F

Exprese Ud. en español:

1. Helen studies with him.
2. I am going with you.
3. Paul is coming with me.
4. They are talking about us.
5. Rose lives near us.
6. She is seated behind them.
7. He is in front of her.
8. Between you and me, we can do it.
9. The book is for you.
10. The pen is for me.

4. Formation of Past Participle of Regular Verbs

ar verbs — infinitive stem + **ado**
comprar comprado *bought*

er verbs — infinitive stem + **ido**
vender vendido *sold*

ir verbs — infinitive stem + **ido**
vivir vivido *lived*

Some verbs have irregular past participles:

abrir	**abierto**	morir	**muerto**
decir	**dicho**	poner	**puesto**
devolver	**devuelto**	romper	**roto**
escribir	**escrito**	ver	**visto**
hacer	**hecho**	volver	**vuelto**

5. Present Perfect Tense (Pretérito perfecto)

The present tense is formed in Spanish with the present tense of the auxiliary verb **haber** plus the past participle of the verb required. Note that in the perfect tenses the past participle ending remains unchanged:

yo	**he hablado**	*I have spoken*
tú	**has hablado**	*you have spoken*
él, ella, Ud.	**ha hablado**	*he, she has spoken; you have spoken*
nosotros	**hemos hablado**	*we have spoken*
vosotros	**habéis hablado**	*you have spoken*
ellos, ellas, Uds.	**han hablado**	*they, you have spoken*

EJERCICIO G

Cambie Ud. los verbos del tiempo presente del indicativo al tiempo pretérito perfecto del indicativo:

MODELO: Yo **contesto.** Yo **he contestado.**

1. Ella te habla.
2. Tú me engañas.
3. Nosotros discutimos el asunto.
4. Ellos aprenden la lección.
5. Vosotros jugáis bien.
6. Yo la bebo.
7. Ud. come demasiado.
8. Uds. le critican mucho.
9. El señor Martínez canta bien.
10. Jorge y Enrique me ayudan.
11. ¿Dónde lo pones?
12. ¿Qué hacen ellos?
13. Yo no digo nada.
14. Tu sobrino vuelve.
15. Nosotros escribimos los ejercicios.
16. Arturo y yo abrimos la puerta.
17. Los estudiantes devuelven los cuadernos.

6. Saber and conocer

The concept *to know* is expressed in Spanish by the verbs **saber** and **conocer,** each with different connotations.

Saber is used:

a. To indicate knowledge of something factual.

Yo sé donde vive él.	*I know where he lives.*
Él sabe la lección.	*He knows the lesson.*

b. To express the idea *to know how.*

Ellos saben hablar español.	*They know how to speak Spanish.*
Él sabe tocar la guitarra.	*He knows how to play the guitar.*

c. With de to express the idea *to know about.*

Él no sabe de eso.	*He doesn't know about that.*

Conocer is used:

a. To indicate *knowing* in the sense of *being acquainted with.*

Yo conozco a tu amigo.	*I know your friend.*
Él conoce las obras del autor famoso.	*He is acquainted with the works of the famous author.*

EJERCICIO H

Complete Ud. las oraciones con las formas apropiadas de **saber** *o* **conocer** *en el tiempo presente del indicativo:*

1. Él ______ a tu amigo.
2. Yo no ______ dónde están ellos.
3. Margarita ______ hablar español.
4. Ella no ______ que tú me ______ .
5. ¿ ______ Ud. a mi prima?
6. El profesor ______ las obras de Galdós.
7. ¿ ______ Ud. tocar la guitarra?
8. ¿Qué ______ tú de este asunto?
9. Los estudiantes ______ hacer los ejercicios.
10. Yo ______ a tu hermano.

7. Hacer in Time Expressions

The third person singular of **hacer** in the present tense plus a specified period of time are used to express duration of time. Note that when the expression with **hace** comes first in the sentence, **que** is used with it, whereas when it comes last, **que** is not used:

Hace una hora que Roberto estudia. Roberto estudia **hace una hora.**	*Robert has been studying for an hour.*
Hace dos días que Alicia y Elena están aquí. Alicia y Elena están aquí **hace dos días.**	*Alice and Helen have been here for two days.*
¿Cuánto (tiempo) hace que tú esperas?	*How long have you been waiting?*

EJERCICIO I

Conteste Ud. a las preguntas según el modelo:

MODELO: Hace una hora que Jorge estudia.
Luis ha estudiado una hora más que Jorge.
¿Cuánto tiempo hace que Luis estudia?
Hace dos horas que Luis estudia.

1. Hace tres horas que los chicos juegan.
   Las chicas han jugado una hora menos.
   ¿Cuánto tiempo hace que las chicas juegan?
2. Hace cuatro días que Pablo está en Houston.
   Enrique ha estado aquí tres días más.
   ¿Cuánto tiempo hace que Enrique está aquí?
3. Hace media hora que espero a mi amigo.
   David ha esperado media hora más.
   ¿Cuánto tiempo hace que David espera?
4. Hace un año que Luisa vive en San Francisco.
   Marta ha vivido en San Francisco dos años más.
   ¿Cuánto tiempo hace que Marta vive en San Francisco?

8. Cardinal Numbers 11–20

once	*eleven*
doce	*twelve*
trece	*thirteen*
catorce	*fourteen*
quince	*fifteen*
diez y seis (dieciséis)	*sixteen*
diez y siete (diecisiete)	*seventeen*
diez y ocho (dieciocho)	*eighteen*
diez y nueve (diecinueve)	*nineteen*
veinte	*twenty*

EJERCICIO J

Conteste Ud. en español con respuestas apropiadas:

1. Carmen compra unas medias que cuestan cinco dólares y una blusa que cuesta siete dólares.
   ¿Cuánto dinero gasta Carmen?
2. Manuel tiene veinte dólares y gasta catorce dólares.
   ¿Cuánto dinero tiene Manuel ahora?
3. Luis compra tres camisas que cuestan cinco dólares cada una.
   ¿Cuánto dinero gasta Luis?

4. Pablo tiene diez y ocho dólares y le presta la mitad a su amigo Andrés. ¿Cuánto dinero le presta a Andrés?

EJERCICIO K

Exprese Ud. en español:

1. I know your cousin but I have not seen her today.
2. Do you know where she is?
3. I want to study with her.
4. She knows how to write the exercises.
5. I have not written them yet.
6. She has helped me before.
7. Therefore, I know she can help me.
8. Have you finished your homework?

EJERCICIO L

Escriba Ud. una composición de un lugar interesante que ha visitado:

1. ¿Dónde está?
2. ¿Cómo es?
3. ¿Por qué es interesante?

EJERCICIOS PARA EL LABORATORIO, LA CLASE, O LA TAREA DE ESTUDIO PARTICULAR

EJERCICIO A

Cambie Ud. los sujetos y verbos al plural:

MODELO: **Yo prefiero** café. **Nosotros preferimos** café.

1. Ella me lo muestra.
2. ¿Quién cierra la ventana?
3. El timbre suena.
4. La niña ríe.
5. Yo sonrío.
6. Él entiende.
7. El traje cuesta mucho.
8. El hijo riñe.
9. ¿Qué piensas tú?
10. ¿Cuándo vuelve Ud.?
11. Ella sirve los refrescos.
12. El estudiante repite las frases.
13. El avión vuela muy alto.
14. Yo cuento el dinero.
15. El policía persigue al criminal.
16. Tú impides mis esfuerzos.
17. Yo recuerdo las direcciones.
18. El abogado nos defiende.
19. La criada cuelga la ropa.
20. Él me devuelve el sombrero.
21. ¿Quién vuelve contigo?
22. Ella almuerza con nosotros.
23. Ud. pierde el dinero.
24. Ella lo niega.
25. Yo lo confieso.
26. ¿Cuándo empiezas tú?

27. Tu primo juega bien.
28. La niña duerme.
29. El gato muere de hambre.
30. Yo lo siento mucho.
31. La madre viste a la niña.
32. ¿Quién lo pide?
33. ¿Cuándo comienzas tú?
34. Ella acuesta al niño.
35. Yo lo quiero.
36. Yo no puedo.
37. Yo te lo devuelvo.
38. Él sigue este camino.
39. Yo no encuentro nada aquí.
40. Tú despiertas a los niños.

EJERCICIO B

Cambie Ud. los verbos del presente al pretérito perfecto:

MODELO: Mi amigo **llega.** Mi amigo **ha llegado.**

1. Tu prima viene.
2. Nosotros comemos.
3. Yo vendo la casa.
4. Antonio paga la cuenta.
5. Elena pierde la bolsa.
6. Teresa y Marta reciben la invitación.
7. El cajero cuenta el dinero.
8. Nadie lo ve.
9. ¿Quién rompe el vaso?
10. Ellos dicen eso.
11. ¿Qué haces tú?
12. Yo le escribo a ella.
13. Nosotros ponemos los libros allí.
14. Los estudiantes abren los cuadernos.
15. Mi abuelo vuelve temprano.
16. Nuestra vecina devuelve los platos.
17. Los científicos descubren algo importante.
18. La criada cubre la mesa.
19. El animal muere.
20. Tu tía está aquí.
21. El niño es bueno.
22. Yo tengo la carta.
23. Nadie lo quiere.
24. Mi hermano lo conoce a él.
25. Todos lo saben.

EJERCICIO C

Conteste Ud. a las preguntas sustituyendo los pronombres apropiados en lugar de los sustantivos:

MODELOS: ¿Hablas **a Juan?** — Sí, yo **le** hablo.
¿Habla Ud. **a los amigos?** — Sí, yo **les** hablo.

1. ¿Escribes a la hermana?
2. ¿Lee Ud. a la amiga?
3. ¿Mandas algo a los padres?
4. ¿Habla Ud. a Carlos y a Jorge?
5. ¿Contestas a tus tíos?

EJERCICIO D

Conteste Ud. a las preguntas sustituyendo los pronombres apropiados en lugar de los sustantivos:

MODELOS: ¿Escriben Uds. **a los parientes?**
Sí, **les** escribimos.
¿Escribís vosotros **a los amigos?**
Sí, **les** escribimos.

1. ¿Hablan Uds. a los estudiantes?
2. ¿Habláis vosotros a la profesora?
3. ¿Ven Uds. a los niños?
4. ¿Contestan Uds. a los amigos?
5. ¿Mandan Uds. algo a los vecinos?

EJERCICIO E

Conteste Ud. a las preguntas siguientes según los modelos:

MODELOS: ¿**Me** hablas? — Sí, yo **te** hablo.
¿**Me** habla Ud.? — Sí, yo **le** hablo.

1. ¿Me escribes?
2. ¿Me contesta Ud.?
3. ¿Me lees el poema?
4. ¿Me da Ud. el periódico?
5. ¿Me mandas una fotografía?

EJERCICIO F

Conteste Ud. a las preguntas siguientes según los modelos:

MODELOS: ¿**Nos** hablan Uds.? — Sí, **les** hablamos.
¿**Nos** habláis vosotros? — Sí, **os** hablamos.

1. ¿Nos escriben Uds.?
2. ¿Nos contestan Uds.?
3. ¿Nos mandan Uds. el paquete?
4. ¿Nos escribís vosotros?
5. ¿Nos dan Uds. el regalo?

EJERCICIO G

Sustituya Ud. los pronombres apropiados en lugar de los sustantivos:

MODELOS: Él ha encontrado **la revista.**
Él **la** ha encontrado.
Yo he escrito **la carta a Jorge.**
Yo **se la** he escrito.

1. Gustavo ha invitado a mis primas.
2. Nosotros hemos mandado la camisa a Julián.
3. Yo he enseñado la fotografía a mis amigos.
4. Carlos ha visto el coche.
5. Diego ha comprado los zapatos.

EJERCICIO H

Repita Ud. las oraciones en español:

MODELO: *She goes with me.* **Ella va conmigo.**

1. Who talks with her?
2. Who is in front of him?
3. Rose is behind them.
4. Is your friend with you?
5. Theresa and Martha are coming with us.

EJERCICIO I

Conteste Ud. a las preguntas con respuestas apropiadas en español:

MODELO: La señora Morales quiere comprar una docena de manzanas en el mercado.
¿Cuántas manzanas quiere comprar ella?
Ella quiere comprar doce manzanas.

1. La señora González quiere comprar media docena de naranjas.
   ¿Cuántas naranjas quiere comprar ella?
2. La señora Ramírez quiere comprar una docena y media de huevos.
   ¿Cuántos huevos quiere comprar ella?
3. El señor Pérez quiere comprar dos camisas que cuestan seis dólares cada una.
   ¿Cuánto dinero necesita él para comprar las dos camisas?
4. Rodolfo quiere comprar tres libros que cuestan seis dólares cada uno.
   ¿Cuánto dinero necesita él para comprar los tres libros?

LECTURA: Cuando la columna falla

Centenares de libros tratan de explicar las razones por las que fue derrotada Alemania en la segunda guerra mundial. Conocemos las causas políticas, económicas, militares y psicológicas. Ahora bien, cada una de ellas parece tener contrapartida lógica: abstenerse de atacar a la URSS, concentrar el esfuerzo bélico en un solo frente, explotar más racionalmente los recursos de los territorios ocupados, etc.

Ahora bien, un equipo de psiquiatras norteamericanos acaba de lanzar una nueva teoría justificativa del desmoronamiento del Tercer Reich. Si las campañas militares hitlerianas terminaron en fracaso, se debe, según estos científicos, a la exigencia del mando militar germano, que obligaba a los soldados a dar unos terribles taconazos a cada giro o a cada saludo al superior. Y esos golpes repercutían en la columna vertebral, lo que terminaba por provocar en el individuo perturbaciones cerebrales. Y un ejército de probables psicópatas no podía llevar a buen fin una guerra.

De modo que a juicio de los citados doctores norteamericanos, los taconazos fueron la ruina de un gran Estado. Ya se sabía que los que triunfan son los que se introducen en la sociedad de puntillas o arrastrándose.

Semana, Madrid 13 de diciembre de 1975

Lección 3

DIÁLOGO: Una carta de casa

MARICARMEN: Anita, recibí una carta de mis papás.
ANITA: ¿Qué te dicen?
MARICARMEN: Que están bien. Apenas regresaron de sus vacaciones. Estuvieron dos semanas en la Florida.
ANITA: Pues para mí, nada de cartas. Ya ni mi gato se acuerda de mí.
MARICARMEN: Ay, chica. No debes decir eso. Tú bien sabes que por lo menos tu gato te recuerda. El único problema es que no sabe escribir . . .
ANITA: Te digo en serio que me preocupa no recibir carta. Esta noche voy a llamar a casa.
MARICARMEN: Bueno. Pero no te dije todo. Me mandaron un cheque por treinta dólares por ser mi cumpleaños.
ANITA: ¡Fantástico! Y a propósito,¿cuándo es tu cumpleaños? ¿Qué día cae?
MARICARMEN: El veinticuatro. Pero empezamos a celebrarlo hoy mismo.
ANITA: Bien, ¿qué piensas hacer?
MARICARMEN: Ir de compras. Ayer vi un suéter y unas blusas divinas. Además, necesito unos zapatos y una falda. Y tal vez unos pantalones . . .
ANITA: ¿Todo eso con treinta dólares?

Modismos

mis papás my parents
apenas regresaron (regresar apenas) they just returned

Halperin de Monkmeyer

pues it seems
nada de no ______ at all
ni mi gato se acuerda not even my cat remembers
ay, chica (o) listen, girl (boy)
no debes decir eso you shouldn't say that.
no sabe escribir (no saber + *infinitive*) doesn't know how to write
te digo en serio (decir en serio) I really mean to tell you
me preocupa I'm worried (it worries me)
esta noche tonight
bueno O.K.
por ser mi cumpleaños because it is my birthday
a propósito by the way
¿Qué día cae? On what day (specifically)?
¿Qué piensas hacer? (pensar + *infinitive*) What do you plan to do?
ir de compras to go shopping
divino (a, os, as) wonderful
¿Todo eso? all of that?

Cuestionario

1. ¿De quién recibió carta Maricarmen?
2. ¿Dónde estuvieron sus papás?
3. ¿Qué piensa/dice Anita?
4. ¿Por qué no escribe el gato de Anita?
5. ¿Qué le mandaron a Maricarmen?
6. ¿Por qué?
7. ¿Qué piensa hacer Maricarmen?

Composición oral

Complete las frases en forma apropiada:

1. Te digo en serio que . . .
2. Y a propósito . . .
3. Ayer vi. . . . . .

GRAMÁTICA Y EJERCICIOS

1. Preterit Tense of Regular Verbs (Tiempo pretérito del indicativo)

llamar		*to call*
yo	**llamé**	*I called*
tú	**llamaste**	*you called*

él, ella, Ud.	**llamó**	*he, she, you called*
nosotros	**llamamos**	*we called*
vosotros	**llamasteis**	*you called*
ellos, ellas, Uds.	**llamaron**	*they, you called*

perder		*to lose*
yo	**perdí**	*I lost*
tú	**perdiste**	*you lost*
él, ella, Ud.	**perdió**	*he, she, you lost*
nosotros	**perdimos**	*we lost*
vosotros	**perdisteis**	*you lost*
ellos, ellas, Uds.	**perdieron**	*they, you lost*

escribir		*to write*
yo	**escribí**	*I wrote*
tú	**escribiste**	*you wrote*
él, ella, Ud.	**escribió**	*he, she, you wrote*
nosotros	**escribimos**	*we wrote*
vosotros	**escribisteis**	*you wrote*
ellos, ellas, Uds.	**escribieron**	*they, you wrote*

2. Verbs with Irregular Forms in Preterit Tense

	andar *to walk, go*	**dar** *to give*	**decir** *to say*
yo	**anduve**	**di**	**dije**
tú	**anduviste**	**diste**	**dijiste**
él, ella, Ud.	**anduvo**	**dio**	**dijo**
nosotros	**anduvimos**	**dimos**	**dijimos**
vosotros	**anduvisteis**	**disteis**	**dijisteis**
ellos, ellas Uds.	**anduvieron**	**dieron**	**dijeron**

	estar *to be*	**haber** *to have*	**hacer** *to do*
yo	**estuve**	**hube**	**hice**
tú	**estuviste**	**hubiste**	**hiciste**
él, ella, Ud.	**estuvo**	**hubo**	**hizo**
nosotros	**estuvimos**	**hubimos**	**hicimos**
vosotros	**estuvisteis**	**hubisteis**	**hicisteis**
ellos, ellas, Uds.	**estuvieron**	**hubieron**	**hicieron**

	ir *to go*	**poder** *to be able*	**poner** *to put*
yo	**fui**	**pude**	**puse**
tú	**fuiste**	**pudiste**	**pusiste**
él, ella, Ud.	**fue**	**pudo**	**puso**
nosotros	**fuimos**	**pudimos**	**pusimos**
vosotros	**fuisteis**	**pudisteis**	**pusisteis**
ellos, ellas, Uds.	**fueron**	**pudieron**	**pusieron**

	querer *to want*	**saber** *to know*	**ser** *to be*
yo	**quise**	**supe**	**fui**
tú	**quisiste**	**supiste**	**fuiste**
él, ella, Ud.	**quiso**	**supo**	**fue**
nosotros	**quisimos**	**supimos**	**fuimos**
vosotros	**quisisteis**	**supisteis**	**fuisteis**
ellos, ellas, Uds.	**quisieron**	**supieron**	**fueron**

	tener *to have*	**traer** *to bring*	**venir** *to come*
yo	**tuve**	**traje**	**vine**
tú	**tuviste**	**trajiste**	**viniste**
él, ella, Ud.	**tuvo**	**trajo**	**vino**
nosotros	**tuvimos**	**trajimos**	**vinimos**
vosotros	**tuvisteis**	**trajisteis**	**vinisteis**
ellos, ellas, Uds.	**tuvieron**	**trajeron**	**vinieron**

Some verbs have irregular forms in the third person singular and plural of the preterit tense:

	leer *to read*	**creer** *to believe*	**oír** *to hear*
él, ella, Ud.	**leyó**	**creyó**	**oyó**
ellos, ellas, Uds.	**leyeron**	**creyeron**	**oyeron**

	caer *to fall*	**huir** *to flee*	**pedir** *to ask for*
él, ella, Ud.	**cayó**	**huyó**	**pidió**
ellos, ellas, Uds.	**cayeron**	**huyeron**	**pidieron**

	dormir *to sleep*	**sentir** *to feel*	**elegir** *to elect*
él, ella, Ud.	**durmió**	**sintió**	**eligió**
ellos, ellas, Uds.	**durmieron**	**sintieron**	**eligieron**
	morir *to die*	**vestir** *to dress*	**seguir** *to follow*
él, ella, Ud.	**murió**	**vistió**	**siguió**
ellos, ellas, Uds.	**murieron**	**vistieron**	**siguieron**
	reír *to laugh*	**servir** *to serve*	
él, ella, Ud.	**rió**	**sirvió**	
ellos, ellas, Uds.	**rieron**	**sirvieron**	

3. Uses of Preterit Tense

a. To indicate a completed action in the past:

Carmen compró un vestido ayer.
Carmen bought a dress yesterday.

El niño bebió la leche.
The child drank the milk.

Los estudiantes escribieron los ejercicios.
The students wrote the exercises.

b. To indicate an action or state in the past with an expressed period of time:

Carlos vivió en San Antonio tres años.
Charles lived in San Antonio three years.

Tu prima estuvo aquí dos horas.
Your cousin was here two hours.

c. With the verb form **hace** plus a time period, to express the English idea of *ago:*

Yo le vi a él hace cuatro días.
or
Hace cuatro días que yo le vi a él.
I saw him four days ago.

EJERCICIO A

Dé Ud. las formas apropiadas de los infinitivos en el tiempo pretérito del indicativo:

1. Él nos (hablar) ayer.
2. ¿Quién lo (comer)?
3. Nosotros se la (escribir).
4. Tú lo (perder).
5. Yo te (ver).
6. Nadie lo (traer).
7. El gato (morir).
8. La criada (servir) la comida.
9. Yo lo (oír).
10. Ellos lo (oír) también.
11. La niña (caerse).
12. Los niños (levantarse) y (vestirse).
13. ¿A dónde (ir) el joven?
14. Ella nunca lo (saber).
15. Nosotros (andar) por el parque.
16. Los ladrones (huir).
17. Nosotros (leer) la lección.
18. José (leer) la novela.
19. Ellas no lo (creer).
20. ¿Cuándo (morir) el viejo?
21. Los jóvenes (reír) mucho.
22. El abogado (seguir) hablando.
23. Margarita me (pedir) un favor.
24. Yo le (pedir) un favor también.
25. ¿Quiénes (venir) con Ud?
26. Ricardo y Tomás (ir) conmigo.
27. ¿Qué (ser) ese ruido?
28. Nosotros (querer) hacerlo.
29. ¿Dónde los (poner) tú?
30. Yo no le (decir) nada.
31. Pablo ya me lo (dar).
32. ¿Qué (elegir) Uds.?
33. Mi padre (tener)que volver.
34. Es verdad que Enrique lo (hacer).
35. Los estudiantes no (poder) venir.
36. ¿Quién (estar) con ella?
37. Yo lo (sentir) mucho.
38. Después de que ella (haber) salido, él salió también.
39. Nosotros (hablar) con él.
40. Nosotros (vivir) allí un año.

EJERCICIO B

Cambie Ud. los verbos del presente al pretérito del indicativo:

MODELO: Él **se sienta.** Él **se sentó.**

1. Ella nos llama.
2. Tú pierdes el dinero.
3. Ellos reciben muchas cartas.
4. Eloísa no lo cree.
5. Nosotros oímos un ruido.
6. Yo pongo la pluma en el escritorio.
7. ¿Cuándo vienes?
8. ¿Por qué lo hace Ud.?
9. Mi tía me lo trae.
10. Tengo que estudiar.
11. Teodoro sabe la verdad.
12. Yo voy al cine.
13. ¿Dónde está tu madre?
14. Nosotros andamos por el jardín.
15. Ellos me lo dan.
16. Tú lees mi libro.
17. Josefina lee la novela.
18. ¿Qué dice Carolina?
19. Puedo hallarlo.
20. Nadie quiere averiguarlo.
21. ¿Qué es eso?
22. ¿El ladrón huye.
23. La hoja cae de un árbol.
24. La chica ríe mucho.
25. Yo elijo este cuaderno.
26. ¿Quién le sigue a él?
27. La niñita se viste sin ayuda.
28. ¿Cuándo sirven Uds. la comida?
29. El animal muere.
30. Ella nos lo pide.
31. ¿Dónde duerme él?
32. Ellos no lo sienten.
33. Carlota se sienta.
34. Ellas se lavan las manos.
35. ¿Qué bebes?
36. ¿Quién te escribe?
37. Ellos nos hablan.
38. Yo lo veo.
39. Ellos me lo traen.
40. Ya se van.

EJERCICIO C

Conteste Ud. según los modelos:

MODELOS:	¿**Hallaste** el saco?	Sí, lo **hallé.**
	¿**Hallaron Uds.** los libros?	Sí, los **hallamos.**
	¿**Se lavó Ud.** las manos?	Sí, **me** las **lavé.**
	¿Me **mandó Ud.** la carta?	Sí, se la **mandé.**

1. ¿Viste los zapatos?
2. ¿Vendieron Uds. la casa?
3. ¿Perdió Ud. el pañuelo?
4. ¿Compraste la camisa?
5. ¿Trajeron Uds. las manzanas?
6. ¿Te lavaste las manos?
7. ¿Escribió Ud. esa carta?
8. ¿Me mandaste este recado?
9. ¿Leyeron Uds. la lección?
10. ¿Lavaste el vestido?

EJERCICIO D

Conteste Ud. según los modelos:

MODELOS: ¿Cuándo **hiciste** el trabajo?
Lo **hice** hace media hora.
¿Cuándo **vieron Uds.** al hombre?
Lo **vimos** hace media hora.

1. ¿Cuándo compraste el traje?
2. ¿Cuándo vendió la casa?
3. ¿Cuándo bebió Ud. la leche?
4. ¿Cuándo terminaron Uds. los ejercicios?
5. ¿Cuándo escribiste el recado?
6. ¿Cuándo recibieron Uds. los regalos?
7. ¿Cuándo leíste la revista?
8. ¿Cuándo descubrió Ud. el error?
9. ¿Cuándo pagaste la cuenta?
10. ¿Cuándo devolvieron Uds. las camisas?

4. Preterit Perfect Tense (Tiempo pretérito anterior del indicativo)

The preterit perfect tense in Spanish corresponds to the English past perfect. It is formed with the appropriate preterit tense form of **haber** plus the past participle of the main verb. Its use is limited to clauses containing certain time conjunctions such as **cuando** (*when*), **después** (*after*), **tan pronto como** (*as soon as*):

Tan pronto como nuestro amigo hubo llegado, la ceremonia comenzó.
As soon as our friend had arrived, the ceremony began.

EJERCICIO E

Exprese Ud. en español:

1. When I had read the lesson, I wrote the exercises.
2. After she had left, we entered the house.

5. Reflexive Pronouns and Verbs

a.

me	*myself*
te	*yourself*
se	*himself, herself, yourself, itself*
nos	*ourselves*
os	*yourselves*
se	*themselves, yourselves*

b. Many verbs in Spanish are made reflexive by use of reflexive pronouns:

bañarse		*to bathe (oneself)*
yo	**me baño**	*I bathe (myself)*
tú	**te bañas**	*you bathe (yourself)*
él, ella, Ud.	**se baña.**	*he, she bathes (himself, herself), you bathe (yourself)*
nosotros	**nos bañamos**	*we bathe (ourselves)*
vosotros	**os bañáis**	*you bathe (yourselves)*
ellos ellas, Uds.	**se bañan**	*they, you bathe (themselves, yourselves)*

c. Reflexive pronouns can also be used to show reciprocity:

Ellos se miran. *They look at each other.*

This sentence can also be translated: *They look at themselves.* The true intent can be indicated by adding supplementary phrases as follows:

Ellos se miran el uno al otro. (or **unos a otros** for more than two)	*They look at each other.*
Ellos se miran a sí mismos.	*They look at themselves.*

EJERCICIO F

Cambie Ud. los infinitivos al tiempo pretérito del indicativo:

MODELO: Yo (**sentarse**). **Yo me senté.**

1. Ellos (levantarse).
2. La niña (lavarse).
3. Nosotros (despertarse) temprano.
4. ¿Por qué (despedirse) tú tan temprano?
5. ¿Por qué (quejarse) Ud. tanto?
6. Vosotros (vestirse) muy de prisa.

6. Pronouns Used Reflexively as Objects of Prepositions

mí	*myself*
ti	*yourself (familiar singular)*
sí	*himself, herself, itself, yourself (formal singular)*
nosotros, -as	*ourselves*
vosotros, -as	*yourselves (familiar plural)*
sí	*themselves, yourselves (formal plural)*

Voy a comprarlo **para mí.**	*I am going to buy it for myself.*
Él lo compró **para sí.**	*He bought it for himself.*
Tú lo trajiste **para ti.**	*You brought it for yourself.*
Lo trajimos **para nosotros.**	*We brought it for ourselves.*

EJERCICIO G

Exprese Ud. en español:

1. I brought it for myself.
2. They bought it for themselves.
3. Did you buy it for yourself?
4. We bought them for ourselves.
5. He brought it for himself.
6. She bought it for herself.
7. The girls are looking at each other.
8. The girls are looking at themselves in the mirror.
9. They are writing to each other.
10. They are writing to themselves.
11. We are writing to each other.
12. We are writing to ourselves.

7. Cardinal Numbers 21–30

veinte y uno (veintiuno)	*twenty-one*
veinte y dos (veintidós)	*twenty-two*
veinte y tres (veintitrés)	*twenty-three*
veinte y cuatro (veinticuatro)	*twenty-four*
veinte y cinco (veinticinco)	*twenty-five*
veinte y seis (veintiséis)	*twenty-six*
veinte y siete (veintisiete)	*twenty-seven*
veinte y ocho (veintiocho)	*twenty-eight*
veinte y nueve (veintinueve)	*twenty-nine*
treinta	*thirty*

EJERCICIO H

Conteste Ud. a las preguntas con respuestas apropiadas en español:

MODELO: Eduardo recibió treinta dólares de sus padres.
Después él gastó catorce dólares.
¿Cuánto dinero tiene Eduardo ahora?
Ahora Eduardo tiene diez y seis dólares.

1. Rafael compró unos zapatos por quince dólares y una camisa por siete dólares.
   ¿Cuánto dinero gastó?
2. La señora González compró dos boletos para el teatro a seis dólares cada uno.
   ¿Cuánto pagó ella por los boletos?
3. Rosa necesita cuatro libros que cuestan seis dólares cada uno.
   ¿Cuánto dinero necesita ella para comprar los cuatro libros?
4. Salvador necesita cuatro dólares más para comprar el saco que quiere.
   Si el saco cuesta veinte y seis dólares, ¿cuánto dinero tiene Salvador?

EJERCICIO I

Exprese Ud. en español:

1. How long have you been waiting here?
2. I am arriving late because I went to Theresa's house.
3. She is sick today.
4. I am sorry to arrive late.
5. Have you seen her cousin Alice?
6. She came from El Paso to visit Theresa.
7. I spoke to her when I saw her at Theresa's house.
8. She brought me a gift.

9. The gift is from Acapulco, Mexico.
10. It is a record of popular Mexican songs.

EJERCICIO J

Escriba Ud. una composición describiendo el hecho más importante que Ud. hizo la semana pasada, incluyendo por lo menos:

1. ¿Por qué lo hizo?
2. ¿Por qué fue tan importante?
3. ¿Cómo lo hizo?
4. ¿Le dio gusto a Ud.?
5. ¿Qué resultó de lo que hizo?
6. ¿Piensa Ud. hacerlo otra vez? ¿Por qué?

EJERCICIOS PARA EL LABORATORIO, LA CLASE O LA TAREA DE ESTUDIO PARTICULAR

EJERCICIO A

Cambie Ud. los sujetos y verbos del singular al plural:

MODELOS: **Yo** le **hablé.** — **Nosotros** le **hablamos.**
El joven me lo **trajo.** — **Los jóvenes** me lo **trajeron.**

1. Él anduvo por allí.
2. El alumno vino ayer.
3. ¿Quién fue?
4. Ud. lo supo.
5. Tú lo tuviste.
6. Yo quise hallarlo.
7. ¿Dónde lo puso ella?
8. ¿El hombre no pudo venir?
9. El ladrón huyó.
10. ¿Quién lo hizo?
11. ¿Dónde estuviste?
12. ¿Qué dijo Ud.?
13. Yo fui al cine.
14. La hoja cayó del árbol.
15. Ella eligió ésta.
16. La tía sirvió la comida.
17. Yo serví los refrescos.
18. Él siguió este camino.
19. Tú seguiste el otro.
20. El hijo se vistió pronto.
21. Ud. leyó la novela.
22. Yo oí un ruido.
23. Mi amiga lo oyó también.
24. ¿Cómo dormiste anoche?
25. ¿Dónde durmió tu hermana?
26. Mi prima lo creyó.
27. ¿Qué compró Ud.?
28. Yo comí tarde.
29. Mi hermano vivió allí un año.
30. ¿Por qué te reíste?

EJERCICIO B

Cambie Ud. los sujetos y verbos del singular al plural:

MODELOS: **Él se sienta.** — **Ellos se sientan.**
Yo lo repito. — **Nosotros lo repetimos.**

1. Él se acuerda de eso.
2. La hija se acuesta.
3. Yo almuerzo ahora.
4. Tú comienzas tarde.
5. Ud. lo confiesa.
6. Mi sobrino se despierta temprano.
7. ¿Quién devuelve el reloj?
8. Yo vuelvo con ustedes.
9. Tú duermes demasiado.
10. Yo no lo impido.
11. El mexicano juega bien a la pelota.
12. ¿Por qué lo niega Ud.?
13. Yo te lo pido.
14. ¿Qué piensa Ud. de eso?
15. Yo pierdo mi dinero.
16. El jardinero puede hacerlo.
17. Tu primo prefiere éste.
18. Yo quiero verte.
19. El dependiente sigue trabajando.
20. ¿Por qué nos persigue ese hombre?
21. Yo lo siento mucho.
22. La bailarina se viste ahora.
23. El abogado la defiende a ella.
24. Yo no encuentro nada aquí.
25. ¿Dónde cuelga Ud. la ropa?
26. ¿Cuánto cuesta el anillo?
27. Tu hermana ríe mucho.
28. Tú nunca sonríes.
29. ¿Quién lo entiende?
30. ¿Por qué cuenta Ud. el dinero?
31. El pájaro vuela hacia el bosque.
32. Yo cierro las ventanas.
33. Ud. no lo repite bien.
34. Él no me lo muestra.
35. El teléfono suena de vez en cuando.
36. Yo le sirvo el café.

EJERCICIO C

Cambie Ud. los verbos del pretérito al presente:

MODELO: **Yo fui.** **Yo voy.**

1. Él te llamó.
2. Ella nos escribió.
3. Yo la perdí.
4. ¿Dónde anduvieron?

5. ¿Qué dijiste?
6. Nadie lo hizo.
7. No pudimos encontrarlo.
8. ¿Dónde lo puso Ud.?
9. El hombre no quiso dármelo.
10. Tú supiste la verdad.
11. ¿Quién fue?
12. Yo tuve que regresar.
13. ¿Quién lo trajo.
14. ¿Quiénes vinieron?

EJERCICIO D

Conteste Ud. a las preguntas en español:

MODELOS: ¿Cuántos son cuatro más veinte?
Cuatro más veinte son veinte y cuatro.
¿Cuántos son quince multiplicado por dos?
Quince multiplicado por dos son treinta.
¿Cuántos son veinte y nueve menos seis?
Veinte y nueve menos seis son veinte y tres.

1. ¿Cuántos son quince más catorce?
2. ¿Cuántos son treinta menos diez y seis?
3. ¿Cuántos son cuatro multiplicado por seis?
4. ¿Cuántos son veinte y ocho dividido por siete?
5. ¿Cuántos son diez y nueve más ocho?
6. ¿Cuántos son veinte y siete dividido por tres?
7. ¿Cuántos son veinte y cinco menos once?
8. ¿Cuántos son tres multiplicado por siete?

LECTURA: Consecuencia del desayuno

Recordarán ustedes esa invitación que hizo el presidente francés, Giscard d'Estaing, en el pasado mes de enero, a cuatro basureros de la zona del Elíseo, a los que sentó a su mesa para desayunar en santa paz y armonía. Quiso seguramente M. Giscard acortar distancias entre lo más alto y lo más humilde de la sociedad francesa. Pero ¿saben que los resultados no han sido todo lo felices que pudiera esperarse de ese compartir el café con leche y el "croissant"?

Verán: uno de esos honestos trabajadores, que vivía relativamente satisfecho del rendimiento que le proporcionaba su importante labor sanitaria, ha sido detenido ahora en Deauville, donde, provisto de documentación falsa y con un talonario de cheques robado, se daba la gran vida en uno de los grandes hoteles de la costa.

Su breve permanencia en los salones palaciegos, su desayuno bajo el artesonado del Elíseo, su contacto con el primer mandatario de la República le trastornó el seso. Probablemente, se dijo que unas manos que habían estrechado la de la personalidad más importante del país no podían seguir acarreando cubos de basura. O bien consideró que su lugar en el mundo estaba entre las cortinas de damasco y los divanes de raso, y no en el asfalto húmedo de las calles, durante los amaneceres parisienses. El caso es que el hombre se lanzó a su nueva vida, saltando por encima del Código, hasta que, lógicamente, su sueño terminó cuando sus cheques, con los que pagó ropas nuevas y hospedajes de lujo, fueron devueltos.

Ahora, ha tornado a darle a la escoba, pero en la cárcel, a donde no irá a verle M. Giscard d'Estaing.

Semana, Madrid 13 de diciembre de 1975

Lección 4

DIÁLOGO: Discutiendo el futuro

JORGE: Nunca te he contado esto, pero cuando era chico quería ser general.
LUIS: ¿General? ¿Del ejército?
JORGE: Sí, como dije: General. Y todavía pienso que era una buena idea.
LUIS: Pues, entonces ¿qué estás haciendo aquí, estudiando biología?
JORGE: La verdad es que no sé a ciencia cierta. ¿Qué es más difícil, ser biólogo o ser general?
LUIS: En primer lugar, tienes que comprender que si terminas tus estudios puedes ser biólogo, pero no hay seguridad de llegar a ser general si entras al ejército.
JORGE: Eso es muy cierto. En realidad no tengo que ser general; estaba exagerando un poco.
LUIS: Si hablabas en serio acerca de una carrera en el ejército, ¿por qué no vas a hablar con uno de los consejeros? A ver qué dice.
JORGE: De acuerdo. Mañana voy a verlo. Mientras tanto tengo que estudiar un poco más pues mañana hay examen de biología y hay que saberse bien los tres primeros capítulos.
LUIS: Yo acabé mi tarea mientras tú estabas en el laboratorio. Ahora voy a ver a Anita para ir a tomar un café. Buena suerte en el examen.
JORGE: Gracias, viejo, la voy a necesitar mañana. Esa profesora dicen que es durísima.

Modismos

ser chico to be a child, a kid
como dije like I said

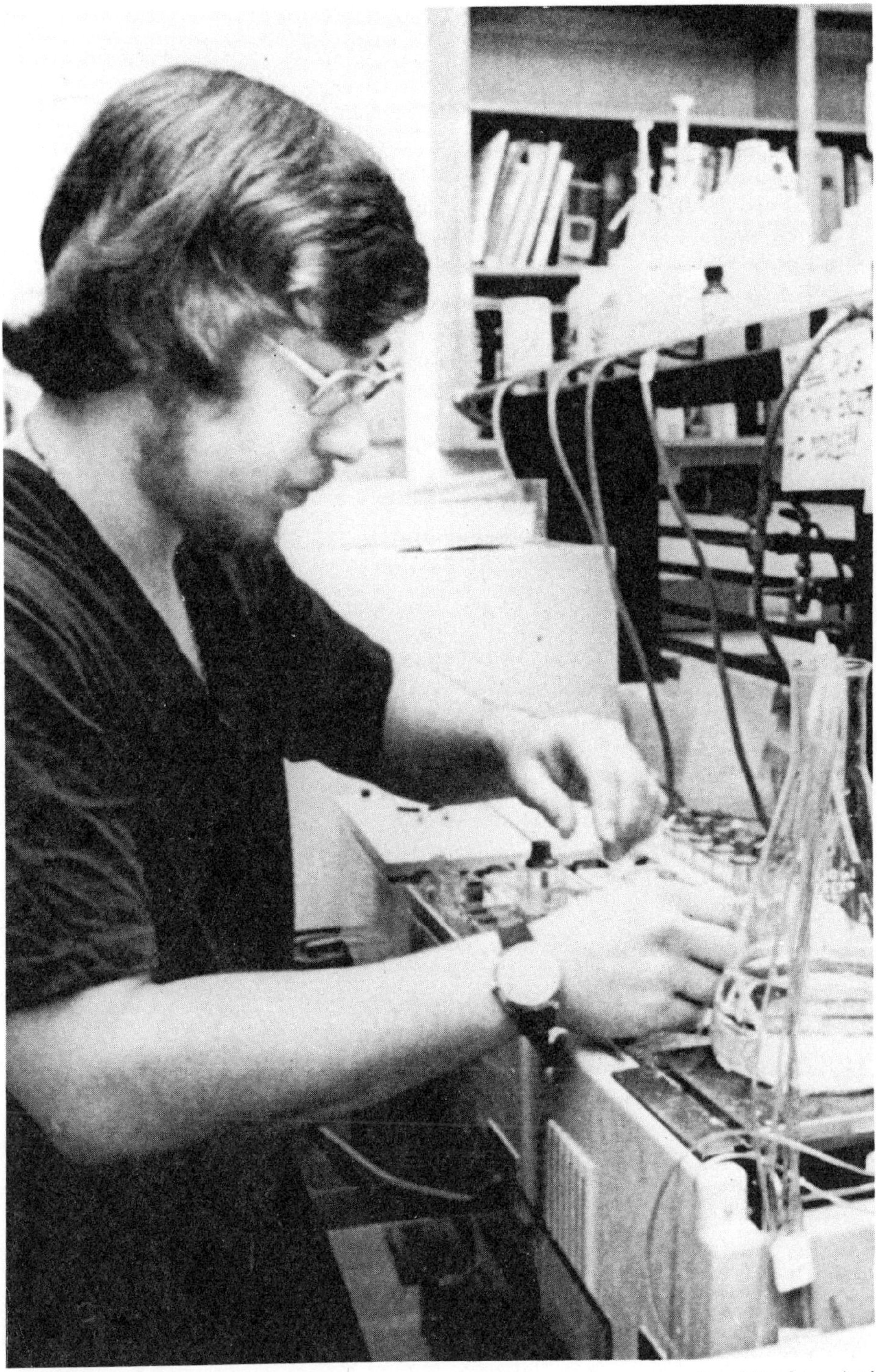

United Press International

pues, entonces well, then
a ciencia cierta for sure
en primer lugar in the first place
no hay seguridad there is no certainty
entrar al ejército (la fuerza aérea, la armada) to join the Army (Air Force, Navy)
hablar en serio to really mean (something)
a ver qué dice to find out what (someone) would say
de acuerdo I agree
mientras tanto in the meantime
saberse (bien) to know by heart
buena suerte good luck
viejo (old) friend, buddy
durísima (o, as, os) very difficult, tough

Cuestionario

1. ¿Qué quería ser Jorge cuando era chico?
2. ¿Qué le dijo Luis a Jorge?
3. ¿De qué no hay seguridad?
4. ¿Quién estaba exagerando un poco?
5. ¿Quién puede ayudarle a Jorge con relación a su carrera?
6. Mientras tanto, ¿qué tiene que hacer?
7. ¿Cuándo acabó su tarea Luis?
8. Después de acabar su tarea, ¿dónde va Luis?

Composición oral

Complete las frases en forma apropiada:

1. En realidad. . . . .
2. Pues, entonces, qué . . .

GRAMÁTICA Y EJERCICIOS

1. Imperfect Past Tense of Regular Verbs (Tiempo imperfecto del indicativo)

estudiar		*to study*
yo	**estudiaba**	*I was studying*
tú	**estudiabas**	*you were studying*
él, ella, Ud.	**estudiaba**	*he, she was studying; you were studying*
nosotros	**estudiábamos**	*we were studying*
vosotros	**estudiabais**	*you were studying*
ellos, ellas, Uds.	**estudiaban**	*they, you were studying*

aprender		*to learn*
yo	**aprendía**	*I was learning*
tú	**aprendías**	*you were learning*
él, ella, Ud.	**aprendía**	*he, she was learning; you were learning*
nosotros	**aprendíamos**	*we were learning*
vosotros	**aprendíais**	*you were learning*
ellos, ellas, Uds.	**aprendían**	*they, you were learning*

escribir		*to write*
yo	**escribía**	*I was writing*
tú	**escribías**	*you were writing*
él, ella, Ud.	**escribía**	*he, she was writing; you were writing*
nosotros	**escribíamos**	*we were writing*
vosotros	**escribíais**	*you were writing*
ellos, ellas, Uds.	**escribían**	*they, you were writing*

2. Verbs with Irregular Forms in Imperfect Past Tense

	ir *to go*	**ser** *to be*	**ver** *to see*
yo	**iba**	**era**	**veía**
tú	**ibas**	**eras**	**veías**
él, ella, Ud.	**iba**	**era**	**veía**
nosotros	**íbamos**	**éramos**	**veíamos**
vosotros	**ibais**	**erais**	**veíais**
ellos, ellas, Uds.	**iban**	**eran**	**veían**

3. Uses of Imperfect Past Tense

a. To express the English *used to* plus an infinitive:

Él vivía en San Antonio.	*He used to live in San Antonio.*
Nosotros íbamos allí con frecuencia.	*We used to go there frequently.*
Ella era mi buena amiga.	*She used to be my good friend.*

b. To show a continuing past action equivalent to the English *was* or *were* plus a present participle:

Ellos leían las revistas.	*They were reading the magazines.*
Él leía el periódico.	*He was reading the newspaper.*

c. To show repeated, habitual, or customary past action:

Ellos venían aquí todos los días. *They came here every day.*
Ella siempre nos ayudaba. *She always helped us.*

d. To describe mental action in the past:

Yo sabía que él quería hacerlo. *I knew he wanted to do it.*
Creíamos que tú lo sabías. *We thought you knew it.*

e. To express time in the past:

Eran las diez. *It was ten o'clock.*

f. To describe in the past:

La bailarina era muy alta. *The dancer was very tall.*
Era un día bonito. *It was a pretty day.*

g. To express emotion or feeling in the past:

Yo tenía ganas de hacerlo. *I felt like doing it.*
Ella tenía miedo. *She was afraid.*
¿Por qué estabas triste? *Why were you sad?*

h. To express desire in the past:

Enrique quería vernos. *Henry wanted to see us.*

i. With **hacía** plus an interval of time to express the English *had been* plus the present participle:

Hacía una hora que ellos trabajaban.
They had been working for an hour.

Ella cantaba hacía cinco minutos.
She had been singing for five minutes.

j. To express *had just* using the idiom **acabar de:**

Ella acababa de salir. *She had just left.*

Note: To express *have just* in the idiom **acabar de,** the present tense is used.

Yo acabo de llegar. *I have just arrived.*
Él acaba de llegar. *He has just arrived.*

4. Comparison of Imperfect and Preterit Past Tenses

The imperfect tense refers to continuing, recurring, or customary past actions, whereas the preterit tense refers to completed past actions. The imperfect tells what was happening and the preterit tells what happened:

Ellos **comían** cuando él **llegó.**
They were eating when he arrived.

Mientras yo **leía,** tú me **llamaste.**
While I was reading, you called me.

EJERCICIO A

Dé Ud. las formas apropiadas de los infinitivos en el tiempo imperfecto del indicativo:

1. Él (andar) por el parque.
2. ¿Quién te (llamar)?
3. ¿Qué (beber) ellos?
4. ¿Yo (escribir) los ejercicios.
5. ¿Adónde (ir) Ud.?
6. Ellos (ser) muy amables.
7. Nosotros no (ver) nada.
8. ¿Qué (querer) tu amigo?
9. ¿Por qué (reñir) Uds.?
10. Tú (comer) demasiado.
11. Vosotros (asistir) con frecuencia.

5. Progressive Construction in Imperfect Tense

The progressive construction in the imperfect tense is formed by using the imperfect tense of **estar** plus the present participle.

Ellos estaban jugando.	*They were playing.*
Carolina estaba comiendo.	*Caroline was eating.*
Yo estaba escribiendo una carta.	*I was writing a letter.*

EJERCICIO B

Dé Ud. las formas apropiadas de los infinitivios empleando el imperfecto del progresivo:

1. José (escribir) una carta cuando salí.
2. Carmen (cenar) cuando llegamos.
3. Los estudiantes (empezar) la tarea cuando entró el profesor.
4. Tú (dormir) cuando te llamé.
5. Los hijos (despertarse) cuando llegó la madre.
6. Los niños (reñir) anoche.
7. Yo (acostarse) cuando sonó el teléfono.
8. Los soldados (perseguir) al enemigo.

9. Nosotros (bailar) cuando llegaron ellos.
10. Vosotros (cantar) cuando llegué.

6. Pluperfect Tense (Tiempo pluscuamperfecto del indicativo)

The pluperfect tense is formed by using the imperfect tense of **haber** plus the past participle:

aprender		*to learn*
yo	**había aprendido**	*I had learned*
tú	**habías aprendido**	*you had learned*
él, ella, Ud.	**había aprendido**	*he, she, you had learned*
nosotros	**habíamos aprendido**	*we had learned*
vosotros	**habíais aprendido**	*you had learned*
ellos, ellas, Uds.	**habían aprendido.**	*they, you had learned*

EJERCICIO C

Dé Ud. las formas apropiadas de los infinitivos en el pluscuamperfecto del indicativo:

1. Tú ya (terminar) cuando te vi.
2. Los alumnos (aprender) mucho.
3. Nosotros (discutir) el asunto.
4. Vosotros (hacer) muchas promesas.
5. Yo (abrir) las ventanas.
6. ¿Dónde los (poner) Ud.?
7. ¿Qué le (decir) Uds.?
8. No (volver) nadie.
9. Ella nunca (dormir) tanto.
10. Él no me (escribir) nunca.

7. Negative Words

When a negative word in Spanish follows the verb, it is necessary to use the negative adverb **no** before the verb. When the negative word precedes the verb, **no** is not required:

Yo no voy nunca.	*I never go.*
Yo nunca voy.	*I never go.*
Nosotros no vemos nada.	*We don't see anything.*
Él no vio a nadie.	*He didn't see anyone.*

EJERCICIO D

Exprese Ud. en español:

1. We never see her.
2. I don't hear anything.
3. They don't see anyone.

4. There is nothing here.
5. There is no one here.
6. She has just arrived.
7. He had just left when she arrived.

8. Salir and dejar

The Spanish verbs **salir** and **dejar** may both express the English *to leave.* However, care must be exercised to use them properly. **Dejar** may have a direct object but **salir** may not:

Él siempre **deja el sombrero** aquí.	*He always leaves his hat here.*
Él siempre **sale** temprano.	*He always leaves early.*
Ellas **dejaron sus libros** en la biblioteca.	*They left their books in the library.*
Ellas **salieron** de la biblioteca.	*They left the library.*

EJERCICIO E

Exprese Ud. en español:

1. She left early.
2. She left her books here.
3. He is leaving for Mexico with a friend.
4. He is leaving his car here.

9. Tener que and haber que

Tener que meaning *to have to* is used with a definite subject. **Haber que** meaning *to be necessary to* is used without direct reference to a specific subject:

Él tiene que hacerlo.	*He has to do it.*
Tú tienes que ir conmigo.	*You have to go with me.*
Hay que hacerlo.	*It is necessary to do it.*
Hay que volver pronto.	*It is necessary to return soon.*

EJERCICIO F

Exprese Ud. en español:

1. I have to leave now.
2. It is necessary to leave the car here.
3. They have to return by Friday.
4. It is necessary to return by Friday.
5. You have to help me.

10. Para and por

a. Para is used

1. To indicate purpose:

Ella quiere venir **para verte.**	*She wants to come in order to see you.*

2. To indicate destination:

Elena salió **para Dallas.**	*Helen left for Dallas.*

3. To express *by* or *for* in relation to a point in time:

Yo puedo terminarlo **para las dos.**	*I can finish it by two o'clock.*
¿Qué lección tenemos **para el miércoles?**	*What lesson do we have for Wednesday?*

4. To indicate for whom something is intended:

Estas rosas son **para su novia.**	*These roses are for his sweetheart.*
El regalo es **para ti.**	*The gift is for you.*

5. To express *for* showing how a person or thing differs from others in the same class:

Juanito escribe bien **para ser un niño.**	*Johnnie writes well for a young child.*

6. With **estar** to show proximity of an action:

Ellos **están para llegar.**	*They are about to arrive.*

7. To denote use:

Estas máquinas son **para fabricar herramientas.**	*These machines are for making tools.*

b. Por is used

1. To indicate exchange:

Carlos pagó cinco dólares **por la camisa.**	*Charles paid five dollars for the shirt.*

2. To indicate rate:

Lo hacíamos tres veces **por mes.**	*We used to do it three times a month.*

José manejaba el coche a sesenta millas **por hora.**	*Joe was driving the car sixty miles an hour.*

3. To indicate the purpose of an errand:

La madre mandó al hijo **por pan.**	*The mother sent her son for bread.*

4. To indicate an interval of time:

Él me lo prestó **por dos días.**	*He loaned it to me for two days.*

5. To introduce the agent in passive voice constructions:

El libro fue escrito **por un autor famoso.**	*The book was written by a famous author.*

6. To specify means of transportation or communication:

Yo mandé la carta **por avión.**	*I sent the letter by plane.*
Ella me llamó **por teléfono.**	*She called me on the phone.*

7. To express a reason in the sense of *because of:*

No pudimos ir **por la lluvia.**	*We couldn't go because of the rain.*
Por eso ella no viene.	*For that reason she is not coming.* *That's why she is not coming.*

8. To express *for* in the sense of *for the sake of, on behalf of, in favor of,* or *in place of:*

Ellos lo hicieron **por su padre.**	*They did it for their father.*
Arturo lo hace **por su hermano.**	*Arthur is doing it for (on behalf of) his brother.*
Nosotros estamos **por esa ley.**	*We are for (in favor of) that law.*
Juan estaba enfermo y Jorge jugó **por él.**	*John was sick and George played for him (in place of).*

9. To express the English *through, along, by:*

Él pasó **por el bosque.**	*He went through the forest.*
Ella iba **por la calle.**	*She was going along the street.*
Nosotros pasamos **por la universidad.**	*We passed by the university.*

10. To express *for* with the idea of identification:

    Ellos lo tomaron **por ladrón.** *They took him for a robber.*

EJERCICIO G

Complete Ud. las oraciones con **para** *o* **por** *y explique por qué:*

1. Ellos vienen (para, por) ver a sus abuelos.
2. ¿Cuánto pagaste (para, por) la corbata?
3. Mañana salgo (para, por) California.
4. ¿Cuántas veces (para, por) semana lo hacía él?
5. Ella nos mandó (para, por) la leche.
6. Yo quiero volver (para, por) el sábado.
7. Él me prestó el coche (para, por) dos meses.
8. Yo traje los dulces (para, por) Carmen.
9. Nosotros trabajamos (para, por) gusto.
10. Ella toca bien el piano (para, por) ser tan joven.
11. El avión está (para, por) despegar.
12. Estas tazas son (para, por) café.
13. El trabajo fue terminado (para, por) Enrique.
14. Yo mandé el regalo (para, por) tren.
15. Ella no quería volver (para, por) miedo.
16. Él quiere venir (para, por) ayudarnos.
17. Los soldados lucharon (para, por) su patria.
18. Yo estoy haciéndolo (para, por) caridad.
19. La profesora está enferma y Rosa está dando clases (para, por) ella.
20. Nosotros no estamos (para, por) esas reglas.
21. Ellos me tomaron (para, por) médico.
22. Nosotros andábamos (para, por) el jardín.
23. ¿Quién pasó (para, por) esa puerta?
24. Quiero terminar los ejercicios (para, por) las dos de la tarde.
25. Lo vamos a hacer (para, por) un amigo.

11. Cardinal Numbers 31–40

treinta y uno	*thirty-one*
treinta y dos	*thirty-two*
treinta y tres	*thirty-three*
treinta y cuatro	*thirty-four*
treinta y cinco	*thirty-five*
treinta y seis	*thirty-six*
treinta y siete	*thirty-seven*
treinta y ocho	*thirty-eight*
treinta y nueve	*thirty-nine*
cuarenta	*forty*

EJERCICIO H

Conteste Ud. a las preguntas con respuestas apropiadas en español:

1. Yo compré unos zapatos por diez y seis dólares y un sombrero por quince dólares.
   ¿Cuánto costaron los zapatos y el sombrero?
2. Ramón quiere comprar unas camisas que cuestan seis dólares cada una.
   Si él compra seis camisas, ¿cuánto le van a costar?
3. Ricardo leyó veinte y dos páginas anoche y diez y ocho hoy.
   ¿Cuántas páginas ha leído él?
4. Margarita tenía treinta y siete dólares. Ella gastó veinte y cuatro dólares.
   ¿Cuánto dinero tiene Margarita ahora?

EJERCICIO I

Exprese Ud. en español:

1. Henry used to live in Puerto Rico.
2. He lived there ten years.
3. He came to the United States a year ago.
4. He told me that he was very happy in Puerto Rico.
5. He came to the United States because his father had to come here in order to work.
6. Henry had to come with his father and the rest of the family.
7. He is happy here but he misses some of the things he used to do there.
8. I went to visit him yesterday.
9. He was reading a magazine when I arrived.
10. We spent a pleasant afternoon talking about Puerto Rico.

EJERCICIO J

Escriba Ud. una composición corta describiendo algo que Ud. hacía cuando era joven.

EJERCICIOS PARA EL LABORATORIO, LA CLASE, O LA TAREA DE ESTUDIO PARTICULAR

EJERCICIO A

Cambie Ud. los verbos del tiempo presente al tiempo imperfecto del indicativo:

MODELO: Yo lo **hago**. — Yo lo **hacía**.

1. El hombre abre el arca.
2. Los estudiantes leen mucho.
3. Yo lo dudo.
4. Un extranjero se acerca.
5. Tú lo sabes.
6. Nosotros jugamos.

7. La niña duerme.
8. Vosotros empezáis bien.
9. ¿Quién cuenta el dinero?
10. ¿Quiénes sirven la comida?
11. El timbre suena.
12. Uds. riñen.
13. Llueve muchísimo.
14. Ud. lo defiende.
15. ¿Qué haces?
16. Él cuelga el saco.
17. Nadie lo impide.
18. No lo niega nadie.
19. Yo tengo que acabarlo.
20. Hay que repetirlo.
21. Ella acaba de acostarse.
22. ¿Quién lo busca?
23. ¿Quiénes lo quieren?
24. No nos gusta.
25. ¿A dónde vas?
26. Él es delgado.
27. ¿Qué ven?
28. Ella nunca lo discute.
29. Ellos no lo beben nunca.
30. Él no dice nada.
31. ¿Qué traen ellos?
32. ¿Dónde está?
33. Es difícil.
34. ¿Por qué van Uds.?

EJERCICIO B

Cambie Ud. los verbos del imperfecto al imperfecto progresivo:

MODELO: Ella **cantaba.** Ella **estaba cantando.**

1. Él dormía.
2. Los estudiantes leen mucho.
3. Nadie fumaba.
4. Las chicas bailaban.
5. ¿Por qué lo hacías?
6. Yo se lo enseñaba.
7. Nosotros esperábamos.
8. Ella se peinaba.
9. Llovía mucho.
10. Ellos cenaban.

EJERCICIO C

Cambie Ud. los verbos del imperfecto al pluscuamperfecto:

MODELO: Él **llegaba.** Él **había llegado.**

1. Yo lo explicaba.
2. El estudiante escribía los ejercicios.
3. El ladron lo robaba.
4. Nadie lo decía.
5. ¿Quién lo hacía?
6. Alguien lo veía.
7. Nosotros volvíamos.
8. Tú lo bebías.
9. Él se caía.
10. Ellos escuchaban.

EJERCICIO D

Cambie Ud. los verbos del presente al pretérito del indicativo:

MODELO: Él **llega.** Él **llegó.**

1. Tú lo comes.
2. Ella lo escribe.
3. Ellos se despiertan.
4. Yo no quiero hacerlo.

5. Nosotros lo hacemos.
6. ¿Quién lo trae?
7. ¿Dónde lo ponen Uds.?
8. Los niños juegan en el parque.
9. ¿Quiénes vienen?
10. Él se lo da.

EJERCICIO E

Conteste Ud. con respuestas apropiadas en español:

MODELO: Si un par de zapatos cuesta diez y seis dólares, ¿cuánto cuestan dos pares?
Dos pares cuestan treinta y dos dólares.

1. Si un saco cuesta diez y nueve dólares, ¿cuánto cuestan dos sacos?
2. Si una blusa cuesta nueve dólares, ¿cuánto cuestan cuatro blusas?
3. Si una taza de café cuesta diez centavos, ¿cuánto cuestan cuatro tazas de café?
4. Si un impermeable cuesta diez y siete dólares, ¿cuánto cuestan dos impermeables?

LECTURA: Otra forma de crueldad

La crueldad mental que tantas veces sirve como pretexto para la disolución de los matrimonios en Norteamérica, adopta las formas más diversas en la práctica. Por ejemplo, la señora Sempson, habitante en Filadelfia, ha pedido el divorcio, alegando un motivo que puede calificarse de cruel, sin añadirle cosa alguna de la mente.

Afirma esta señora que su marido, con el pretexto de que engorda ella demasiado, le limita brutalmente su ración alimenticia. La infeliz se ha presentado ante el juez, nadando dentro de un vestido que meses antes le adjustaba, y ha declarado que le era imprescindible recuperar los kilos perdidos para volver a su equilibrio normal y a su carácter alegre de siempre, olvidado a causa de la dieta forzada que le ha estado imponiendo el señor Sempson.

El juez se ha mostrado certero y rápido en su decisión: libertad de alimento para la dama y, por si fuera poco, pensión alimenticia abundante a satisfacer por el marido, que pasa a ser "ex" con todas las agravantes.

En fin, lo que para unas es un martirio, para otras es una necesidad. Ya se ha dicho que una tercera parte de las mujeres se empeña en perder peso, mientras otra tercera parte desea ganar unos kilos. El otro tercio del censo no se ha pesado todavía.

Semana, Madrid 13 de diciembre de 1975

Lección 5

DIÁLOGO: Una comida campestre

ANITA: ¡Qué lindo domingo! Hoy no hace ni frío, ni calor.

LUIS: Es un día perfecto porque yo así lo inventé.

JORGE: Sí, por supuesto.

MARICARMEN: El clima ideal de otoño de hoy fue creado por el gran Luis.

ANITA: Andar en bicicleta es divertido, pero qué bueno que ya llegamos al parque, porque ya empezaba a cansarme.

LUIS: Esa mesita bajo esos árboles la pusieron ahí especialmente para nosotros cuatro. Vamos.

(*Los cuatro sentados a la mesa.*)

JORGE: Yo les traje una sorpresa.

MARICARMEN: Yo también traje algo sensacional . . .

ANITA: La comida que se va a comer esta tarde no va a ser una sorpresa.

LUIS: Porque el menú fue seleccionado por los cuatro comensales.

ANITA: Pero sí es sensacional porque el arroz con pollo que Luis y yo preparamos está delicioso.

MARICARMEN: Para celebrar el otoño compré un queso importado, como dije, sensacional.

JORGE: Y por tratarse de un grupo tan especial, decidí traer una botella de sangría para la comida.

ANITA: A comer se ha dicho.

LUIS: Buen provecho y salud.

Spanish National Tourist Office

Modismos

¡Qué lindo . . ! How beautiful, how neat, how great!
ni. . . . . ni . . . neither, nor
así that way, thus
por supuesto of course
andar en bicicleta to ride a bicycle
esa mesita that little table
vamos let's go, let's move
arroz con pollo chicken and rice (*hispanic style*)
por tratarse because we (I, you, he, she, etc.) are dealing with
(a comer) se ha dicho Let's (+ *infinitive*) eat
buen provecho enjoy your meal, bon appetit
salud cheers

Cuestionario

1. ¿Por qué es un día perfecto?
2. ¿Qué dice Anita acerca de las bicicletas?
3. ¿Para quiénes pusieron la mesita bajo los árboles?
4. ¿Quiénes trajeron sorpresas?
5. ¿Cuáles son?
6. ¿Y por qué la comida no es una sorpresa?
7. ¿Qué prepararon Anita y Luis?
8. ¿Por qué decidió Jorge traer una botella de sangría?

Composición oral

Complete las frases en forma apropiada:

1. Pero sí es sensacional porque . . . . .
2. Qué bueno que ya . . . . .

GRAMÁTICA Y EJERCICIOS

1. Passive Voice

In the passive voice the subject receives the action of the verb, whereas in the active voice the subject performs the action. The passive voice construction is formed in Spanish by using the verb plus a past participle which agrees in gender and number with the subject referred to. The passive construction may be used in Spanish in the following situations:

a. When the subject is personal:

La muchacha fue invitada al baile. *The girl was invited to the dance.*

Las muchachas fueron invitadas al baile.	*The girls were invited to the dance.*
El muchacho fue invitado al baile por Juana.	*The boy was invited to the dance by Jane.*
Los muchachos fueron invitados al baile por Elena.	*The boys were invited to the dance by Helen.*

b. When the subject is non-personal and who or what (agent) does the action to the subject is known or strongly implied:

El coche fue comprado por mi amigo.	*The car was bought by my friend.*
Los libros fueron comprados por Juana.	*The books were bought by Jane.*
Su pierna fue rota por el coche.	*His leg was broken by the car.*
Las cartas fueron escritas por Carlos.	*The letters were written by Charles.*
¿Cuándo fue descubierta esa isla?	*When was that island discovered? (agent implied)*
¿Cuándo fue escrito ese libro?	*When was that book written? (agent implied)*

EJERCICIO A

Cambie Ud. las oraciones de la voz pasiva a la voz activa según el modelo:

MODELO: **Mi hermano fue nombrado capitán.** — **Nombraron capitán a mi hermano.**

1. Carlos fue elegido presidente del club.
2. Los ladrones fueron encarcelados.
3. El enemigo fue vencido.
4. Los actores fueron aplaudidos.
5. Los salvajes fueron conquistados.
6. Carolina fue elegida reina de la fiesta.
7. El oficial fue adelantado.
8. Los asesinos fueron matados.
9. El embajador fue enviado a Europa.
10. El niño fue castigado.

EJERCICIO B

Cambie Ud. las oraciones de la voz activa a la voz pasiva según el modelo:

MODELO: **Elena mandó la carta.** — **La carta fue mandada por Elena.**

1. Margarita preparó la comida.
2. Luis abrió las ventanas.
3. Pepe vendió el libro.
4. Jorge compró los lápices.
5. El sastre hizo los trajes.
6. El cazador mató el venado.
7. La costurera hizo los vestidos.
8. La criada limpió la casa.
9. Un autor distinguido escribió la novela.
10. El jardinero cortó las flores.

2. Substitute for Passive

In Spanish a reflexive construction may be used to express the passive voice in the following situations:

a. When the subject is personal and there is no agent, an arbitrary third person singular reflexive form of the verb may be used. The English subject becomes the object of the verb and the object pronouns **le, les, la,** and **las** are used as indicated in the following examples:

Se la invitó a la muchacha al baile.	*The girl was invited to the dance.*
Se las invitó a las muchachas al baile.	*The girls were invited to the dance.*
Se le invitó al muchacho al baile.	*The boy was invited to the dance.*
Se les invitó a los muchachos al baile.	*The boys were invited to the dance.*

b. When the subject is non-personal and there is no agent or implied agent, a reflexive construction as indicated in the following examples may be used:

Se venden muchos libros todos los años.	*Many books are sold every year.*
Se exportan muchos productos de los Estados Unidos.	*Many products are exported from the United States.*

EJERCICIO C

Cambie Ud. las oraciones de la voz pasiva al reflexivo según el modelo:

MODELO: **Mi hermano fue nombrado capitán.**
Se le nombró capitán a mi hermano.

1. El pianista fue aplaudido.
2. Los moros fueron derrotados.
3. Los estudiantes fueron mandados al gimnasio.
4. La niña fue llevada al hospital.
5. El extranjero fue presentado al grupo.
6. Las doncellas fueron cortejadas.
7. Los recién llegados fueron saludados.
8. El dictador fue denunciado.
9. Los directores fueron presentados.
10. Los ganadores fueron felicitados.

3. Active Voice Used to Express Passive

An arbitrary third person plural active voice construction may be used in lieu of passive voice in Spanish when the subject is a living thing or things and when no agent is indicated:

Invitaron a la muchacha al baile.	*The girl was invited to the dance.*
Invitaron a los muchachos al baile.	*The boys were invited to the dance.*

EJERCICIO D

Exprese Ud. en español con voz activa:

1. The woman was taken to the hospital.
2. John was not sent home.

4. Estar and Past Participle

Statements with **estar** and a past participle refer to conditions resulting from an action and should not be confused with the true passive voice construction. The true passive, formed by **ser** and a past participle, refers to actions:

La puerta **fue cerrada** por Enrique y todavía **está cerrada.**	*The door was closed by Henry and is still closed.*
Este recado **fue escrito** por Daniel y **está muy bien escrito.**	*This message was written by Daniel and is very well written.*

EJERCICIO E

Exprese Ud. las oraciones siguientes en español:

1. The windows were opened by the students.
   They are open now.
2. That house is sold.
   It was sold by my neighbor.

3. This bridge was constructed by a good engineer.
   It is well constructed.
4. The doors were closed by the policeman.
   They are still closed.
5. The work is completed.
   It was completed by the gardener.

5. Conjunctions y, e, o, and u

a. *And* is expressed in Spanish by **y.** However, when the following word begins with **i** or **hi,** then **e** is used instead of **y.** Before words that begin with a diphthong such as **hielo** and **hierro, y** is used:

José y Ramón vienen.	*Joseph and Raymond are coming.*
María y Carmen bailaron.	*Mary and Carmen danced.*
Me mandaron por **refrescos y hielo.**	*They sent me for drinks and ice.*
La mesa está hecha de **madera y hierro.**	*The table is made of wood and iron.*

but:

Él es **aplicado e inteligente.**	*He is industrious and intelligent.*
Ellos trajeron **plátanos e higos.**	*They brought bananas and figs.*

b. *Or* is expressed in Spanish by **o.** However, when the following word begins with **o** or **ho,** then **u** is used instead of **o:**

Él tiene **cinco o seis** dólares.	*He has five or six dollars.*
Ella tiene **diez u once** dólares.	*She has ten or eleven dollars.*
¿Te trajeron **flores u hojas?**	*Did they bring you flowers or leaves?*

EJERCICIO F

Complete Ud. las oraciones can **y** *o* **e:**

1. El juez ______ el abogado están hablando.
2. Muchas personas cantan ______ bailan en la fiesta.
3. Esto es espantoso ______ increíble.
4. Esa butaca es grande ______ incómoda.
5. Ella necesita tela ______ hilo.
6. Ese hombre es malo ______ incapaz.
7. Él quiere ir ______ volver mañana.
8. Ellos quieren comprar plomo ______ hierro.

EJERCICIO G

Complete Ud. las oraciones con **o** *si es apropiado o con* **u:**

1. ¿Quieres trabajar ______ descansar?
2. ¿Quieren leer ______ hojear el libro?
3. Ella tiene diez ______ once dólares.
4. Él tiene catorce ______ quince dólares.
5. Vamos a comer carne ______ pescado.
6. Él va a la biblioteca ______ a la librería.
7. Ella quiere bailar ______ cantar.
8. ¿Quiere Ud. siete ______ ocho?
9. Ella nos trajo nueve ______ diez naranjas.
10. ¿Quieres leer ______ descansar un rato?

6. Weather Expressions

¿Qué tiempo hace?	*How is the weather?*
Hace buen tiempo.	*The weather is good.*
Hace mal tiempo.	*The weather is bad.*
Hace sol.	*It is sunny.*
Hace viento.	*It is windy.*
Hace frío.	*It is cold.*
Hace fresco.	*It is cool.*
Hace calor.	*It is hot.*
Está lloviendo. (Llueve.)	*It is raining.*
Está nevando. (Nieva.)	*It is snowing.*

7. Seasons

la primavera	*spring*
el verano	*summer*
el otoño	*autumn*
el invierno	*winter*

8. Months

enero	*January*
febrero	*February*
marzo	*March*
abril	*April*
mayo	*May*
junio	*June*
julio	*July*

agosto	*August*
septiembre	*September*
octubre	*October*
noviembre	*November*
diciembre	*December*

9. Days of the Week

el domingo	*Sunday*
el lunes	*Monday*
el martes	*Tuesday*
el miércoles	*Wednesday*
el jueves	*Thursday*
el viernes	*Friday*
el sábado	*Saturday*

10. Expressions of Dates

¿Qué día es hoy?	*What is the date?*
¿Cuál es la fecha?	*What is the date?*
¿A cuántos estamos?	*What is the date?*
el primero de septiembre	*the first of September*
el dos de noviembre	*the second of November*

11. Time Expressions

¿Qué hora es?	*What time is it?*
Es la una.	*It is 1:00.*
Es la una y diez.	*It is 1:10.*
Es la una y cuarto.	*It is 1:15.*
Es la una y media.	*It is 1:30.*
Son las dos.	*It is 2:00.*
Son las dos y veinte.	*It is 2:20.*
Son las tres menos veinte.	*It is 2:40.*
Son las tres en punto.	*It is 3:00 sharp.*
Es (el) mediodía.	*Is is noon.*
Es (la) medianoche.	*It is midnight.*
por la mañana	*in the morning*
a las diez de la mañana	*at ten in the morning*
por la tarde	*in the afternoon*
a las cuatro de la tarde	*at 4:00 in the afternoon*
de noche	*at night*
a las once de la noche	*at eleven P.M.*
Son las cinco y pico.	*It is a little after 5:00.*

de día	*by day*
a eso de las siete	*about seven*
Es temprano.	*It is early.*
Es tarde.	*It is late.*

EJERCICIO H

Conteste Ud. a las preguntas con respuestas apropiadas:

1. Si hace sol, ¿qué tiempo hace?
2. Si llueve, ¿qué tiempo hace?
3. Si nieva, ¿hace frío?
4. Si hace frío, ¿te pones saco?
5. Si hace calor, ¿necesitas abanico?
6. Si hace viento, ¿vuelan las cometas?
7. Si hace fresco, ¿hace mal tiempo?
8. ¿Qué estación viene después del invierno?
9. ¿Qué estación sigue al verano?
10. ¿Cuáles son los meses del verano?
11. ¿Cuáles son los meses del invierno?
12. ¿Cuáles son los tres meses que siguen al invierno?
13. ¿Cuáles son los tres meses que siguen al verano?
14. Teresa va al cine el sábado y su amiga Perla va el día siguiente. ¿Cuándo va Perla al cine (qué día)?
15. Yo pienso ir a la biblioteca el viernes y mi amigo Carlos piensa ir el día anterior. ¿Cuándo piensa ir Carlos a la biblioteca (qué día)?
16. Tomás y Pancho van a San Antonio. Tomás va a volver el lunes y Pancho el día siguiente. ¿Cuándo va a volver Pancho (qué día)?
17. Enrique va a sufrir un examen hoy, lunes, y su amigo José va a sufrir uno pasado mañana. ¿Cuándo va a sufrir José su examen (qué día)?
18. Patricia llegó de Arizona hace dos días. Si ella llegó el treinta de septiembre, ¿a cuántos estamos?
19. Si Humberto salió ayer, el primero de noviembre, para Los Angeles, ¿cuál es la fecha hoy?
20. Conchita salió hace diez minutos. Si son las tres y veinte ahora, ¿a qué hora salió Conchita?
21. Es mediodía y Pablo piensa trabajar dos horas. ¿Hasta qué hora piensa trabajar Pablo?
22. Son las nueve menos cuarto ahora. Jorge tiene que acabar sus lecciones en quince minutos. ¿A qué hora tiene que acabar Jorge sus lecciones?
23. Guillermo tenía cincuenta dólares y le prestó quince dólares a Alberto. ¿Cuánto dinero tiene Guillermo ahora?
24. Margarita compró dos vestidos y pagó veinte y cuatro dólares por cada uno. ¿Cuánto pagó ella por los vestidos?

12. Uses of tiempo, vez, hora

Care must be exercised in expressing the English word *time* in Spanish.

a. **Tiempo** means time in a general sense and is also used in certain weather expressions:

Tenemos tiempo para hacerlo.	*We have time to do it.*
¿Qué tiempo hace?	*How is the weather?*
Hace buen tiempo.	*The weather is good.*

b. **Vez** refers to time in the sense of an occasion or occurrence:

Él vino aquí **una vez.**	*He came here one time (once).*
Ellos quieren hacerlo **tres veces.**	*They want to do it three times.*

c. **Hora** is used to mean time in the sense of *hour,* i.e., the time of day:

¿Qué hora es?	*What time is it?*
¿A qué hora llegaron ellos?	*At what time did they arrive?*

Hora is also used to mean *time* (*hour*) *for doing something* such as *dinner time, time to go home:*

Es **la hora de la cena.**	*It is supper time.*
Es **hora de irse** a casa.	*It is time to go home.*

EJERCICIO I

Exprese Ud. en español:

1. It is time to return.
2. I saw her four times.
3. She has time to study.

13. Cardinal Numbers 41–50

cuarenta y uno	*forty-one*
cuarenta y dos	*forty-two*
cuarenta y tres	*forty-three*
cuarenta y cuatro	*forty-four*
cuarenta y cinco	*forty-five*
cuarenta y seis	*forty-six*
cuarenta y siete	*forty-seven*
cuarenta y ocho	*forty-eight*
cuarenta y nueve	*forty-nine*
cincuenta	*fifty*

EJERCICIO J

Conteste Ud. a las preguntas:

1. Luis gastó cincuenta dólares.
   Jorge gastó seis dólares menos. ¿Cuánto dinero gastó Jorge?
2. Su papá le dio veinte dólares a Carolina. Su mamá le dio veinte y cinco dólares. ¿Cuánto dinero tiene Carolina?

EJERCICIO K

Exprese Ud. en español:

1. Tom doesn't work at night.
2. He works from about seven in the morning until noon.
3. He prefers to work by day.
4. One of his friends works from four o'clock in the afternoon until midnight.
5. His friend gets home about one in the morning.
6. It is a little after one when he goes to bed.
7. In the summer it is better to work at night because it is cool.
8. In the winter it is better to work by day when it is warm.

EJERCICIO L

Escriba Ud. una composición corta en español acerca de su estación predilecta, incluyendo por lo menos una descripción de la estación, por qué es su predilecta, y las cosas que hace Ud. durante esa estación.

EJERCICIOS PARA EL LABORATORIO, LA CLASE, O LA TAREA DE ESTUDIO PARTICULAR

EJERCICIO A

Cambie Ud. las oraciones de la voz activa a la voz pasiva según los modelos:

MODELOS: El director **arregló** el programa.
El programa **fue arreglado** por el director.
El enemigo **hirió** al soldado.
El soldado **fue herido** por el enemigo.
Pablo los **invitó** a ellos.
Ellos **fueron invitados** por Pablo.

1. Los socios eligieron tesorero a Carlos.
2. Pepe hizo estos ejercicios.
3. Adela puso las flores en la mesa.
4. Los estudiantes presentaron una conferencia.

5. La cocinera preparó la comida.
6. La criada limpió cuartos.
7. El jardinero regó el jardín.
8. Enrique las invitó a ellas.
9. Mi hermana mandó la ropa.
10. Ella planchó los vestidos.

EJERCICIO B

Cambie Ud. las oraciones de la voz pasiva a la voz activa según el modelo:

MODELO: La cárcel **fue cerrada** por el policía.
El policía **cerró** la cárcel.

1. Las flores fueron cortadas por tu prima.
2. La leche fue bebida por los niños.
3. Los vestidos fueron hechos por la costurera.
4. Esa casa fue vendida por mi vecina.
5. El coche fue compuesto por el mecánico.
6. Los papeles principales fueron hechos por los estudiantes.
7. La reunión fue dirigida por el presidente del club.
8. Los papeles fueron recogidos por Esteban.
9. El partido fue ganado por nuestro equipo.
10. Los recados fueron enviados por mis amigos.

EJERCICIO C

Cambie Ud. las oraciones de la voz pasiva a la voz activa según el modelo:

MODELO: Los jóvenes **fueron llevados** al concierto.
Llevaron a los jóvenes al concierto.

1. La bailarina fue aplaudida.
2. Las señoritas fueron invitadas a la fiesta.
3. Los estudiantes fueron castigados.
4. El ladrón fue perseguido.
5. Los trabajadores fueron traídos del campo.
6. El niño fue bajado de la mesa.
7. Los gatos fueron matados.
8. El médico fue llamado a las seis.
9. El extranjero fue visto más de una vez.
10. Mi hermano fue mandado a Europa.

EJERCICIO D

Cambie Ud. las oraciones de la voz pasiva al reflexivo según el modelo:

MODELO: Su novia **fue elegida** reina de la fiesta.
Se la eligió a su novia reina de la fiesta.

1. El capitán fue adelantado.
2. Los vecinos fueron llamados.
3. La niña traviesa fue castigada.
4. Las alumnas fueron mandadas a la biblioteca.
5. El asesino fue capturado.
6. El candidato bueno fue elegido.
7. La reina fue aplaudida.
8. Las chicas fueron enviadas a la reunión.
9. El enemigo fue derrotado.
10. Mi primo fue nombrado capitán del equipo.

EJERCICIO E

Conteste Ud. a las preguntas con respuestas apropiadas:

1. Si Carlos tenía cuarenta y nueve dólares y gastó diez y nueve, ¿cuánto dinero tiene Carlos ahora?
2. Si Margarita compró tres blusas a diez y seis dólares cada una, ¿cuánto dinero gastó Margarita?
3. Si José tenía cuarenta y ocho dólares y prestó la mitad a su amigo Ricardo, ¿cuánto dinero le prestó José a Ricardo?
4. Si Luis tiene once dólares y quiere un reloj que cuesta cuarenta dólares, ¿cuánto más necesita?

LECTURA: ¿Quiere decir que si usted está enamorado no se aburre nunca?

No mida usted el amor por lo que hace para usted; eso sería lo mismo que si le dan la noticia de que se batió el récord en el número de hot dogs que se consumieron en un juego en el que el grupo de usted perdió un punto valioso. El amor no significa [nada] a menos que usted no tenga otra cosa que ofrecerle a la persona amada.

El amor es también el elixir que hace que todas las cosas sean bellas y apropiadas entre usted y la persona a quien ama. El amor no impide que entre los dos se aburran algunas veces; lo que significa es que usted se sentirá bien, mucho mejor, aburrido con la persona a quien ama, que muy entretenido en presencia de cualquiera otra persona.

El Diario de Nuevo Laredo, 21 de junio de 1977

Lección 6

DIÁLOGO : Una invitación

LUIS: (*Pensando en voz alta*) ¿Será o no será una buena idea? ¿Valdrá la pena?

JORGE: ¿Qué tienes, hombre? Te veo preocupado.

LUIS: Ando con problemas. Ayer me invitaron a pasar el fin de semana a las montañas, a esquiar.

JORGE: ¿Y eso es problemático? Yo aceptaría sin más. Iría sin chistar. ¿Quiénes serán los que te invitaron?

LUIS: He ahí el problema: no son "quiénes", es "quién" y se llama Rosalía. Es una pelirroja despampanante. Está en mi clase de inglés.

JORGE: ¡Caracoles! Yo puedo ir en tu lugar si es que no quieres molestarte. Claro está, me sacrificaría. . . .

LUIS: Chico, nunca comprenderás el problema. Yo habría aceptado inmediatamente, pero estoy casi seguro que si voy con ella Anita se pone furiosa.

JORGE: ¿Furiosa? Pero, ¿por qué?

LUIS: Pues, porque sí.

JORGE: Algo le habrás dicho a Anita.

LUIS: La verdad es que le he dicho que la quiero, pero que todavía somos demasiado jóvenes y que. . . .

JORGE: Haberlo dicho desde un principio. Ahora sí comprendo tu situación.

LUIS: Y parece que con alguien tendré que quedar mal.

JORGE: En efecto. Y si no te cuidas, pues con las dos.

Cron de Monkmeyer

Modismos

pensando en voz alta thinking out loud
¿qué tienes? What's wrong?
andar con problemas to have problems
el fin de semana the weekend
sin más without asking (any) questions
sin chistar without a peep
he ahí that is (the) . . .
despampanante gorgeous
¡caracoles! wow!
claro está of course
chico guy, fellow, buddy
ponerse furiosa (o,as,os) to become furious
porque sí (porque no) just because
querer to love
haberlo dicho you should have mentioned it
desde un principio from the very beginning
ahora sí (comprendo) now I really (understand)
quedar mal to displease (someone), to look bad
en efecto indeed, as a matter of fact
y si no te cuidas (no cuidarse) if you don't watch out

Cuestionario

1. ¿Por qué anda con problemas Luis?
2. ¿Cómo es Rosalía?
3. ¿Qué va a pasar con Anita si Luis acepta la invitación?
4. ¿Qué le ha dicho Luis a Anita?
5. ¿Por qué parece que Luis tendrá que quedar mal con alguien?
6. ¿Qué piensa Jorge acerca de los problemas de Luis?

Composición oral

Complete las frases en forma apropiada:

1. ¿Qué tienes, hombre? . . . . .
2. He ahí el problema:
3. ¡Caracoles! Yo . . .
4. ¿Furiosa? Por qué? . . .

GRAMÁTICA Y EJERCICIOS

1. Future Tense of Regular Verbs (Tiempo futuro del indicativo)

The future tense in Spanish is formed by adding the following set of endings to the infinitive: **é, ás, á, emos, éis, án.**

hablar		*to speak*
yo	**hablaré**	*I shall (will) speak*
tú	**hablarás**	*you will speak*
él, ella, Ud.	**hablará**	*he, she, you will speak*
nosotros	**hablaremos**	*we will speak*
vosotros	**hablaréis**	*you will speak*
ellos, ellas, Uds.	**hablarán**	*they, you will speak*

comer		*to eat*
yo	**comeré**	*I shall (will) eat*
tú	**comerás**	*you will eat*
él, ella, Ud.	**comerá**	*he, she, you will eat*
nosotros	**comeremos**	*we shall (will) eat*
vosotros	**comeréis**	*you will eat*
ellos, ellas, Uds.	**comerán**	*they, you will eat*

vivir		*to live*
yo	**viviré**	*I shall (will) live*
tú	**vivirás**	*you will live*
él, ella, Ud.	**vivirá**	*he, she, you will live*
nosotros	**viviremos**	*we shall (will) live*
vosotros	**viviréis**	*you will live*
ellos, ellas, Uds.	**vivirán**	*they, you will live*

2. Verbs with Irregular Stems in Future Tense

Some verbs add the future tense endings to irregular stems rather than to the infinitives:

caber	yo **cabré,** tú **cabrás,** etc.
haber	yo **habré,** tú **habrás,** etc.
poder	yo **podré,** tú **podrás,** etc.
querer	yo **querré,** tú **querrás,** etc.
saber	yo **sabré,** tú **sabrás,** etc.
decir	yo **diré,** tú **dirás,** etc.
hacer	yo **haré,** tú **harás,** etc.
poner	yo **pondré,** tú **pondrás,** etc.
salir	yo **saldré,** tú **saldrás,** etc.
tener	yo **tendré,** tú **tendrás,** etc.
valer	yo **valdré,** tú **valdrás,** etc.
venir	yo **vendré,** tú **vendrás,** etc.

EJERCICIO A

Dé Ud. las formas apropiadas de los infinitivos en el futuro del indicativo:

MODELO: Carlos **(estudiar).** Carlos **estudiará.**

1. Yo lo (comer).
2. Enrique y Pablo nos (escribir).
3. Los alumnos lo (aprender).
4. La niña (dormir) pronto.
5. Nosotros (jugar) con ellos.
6. Tú lo (encontrar).
7. ¿Cuándo (volver) vosotros?
8. Mañana (llover).
9. ¿Cuándo (despertarse) esos jóvenes?
10. Las frutas no (caber) en el cesto.
11. ¿(Haber)mucha gente en la fiesta?
12. Nadie (poder) verlos.
13. Uds. (querer) regresar temprano.
14. ¿Quién lo (saber)?
15. ¿Qué te (decir) tus padres?
16. Tu vecino lo (hacer).
17. La criada los (poner) en la mesa.
18. ¿Por qué no (salir) sus primos?
19. Alguien (tener) que devolverlo.
20. Esto no (valer) la pena.
21. ¿(Venir) tus sobrinos mañana?
22. La mujer (colgar) la ropa.

3. Future Progressive Construction

The future progressive construction is formed by using the auxiliary verb **estar** in the future tense plus the present participle:

yo	**estaré escribiendo**	*I shall (will) be writing*
tú	**estarás escribiendo**	*you will be writing*
él, ella, Ud.	**estará escribiendo**	*he, she, you will be writing*
nosotros	**estaremos escribiendo**	*we shall (will) be writing*
vosotros	**estaréis escribiendo.**	*you will be writing*
ellos, ellas, Uds.	**estarán escribiendo.**	*they, you will be writing*

EJERCICIO B

Dé Ud. las formas apropiadas de los infinitivos en el futuro progresivo:

MODELO: Yo **(estar leyendo).** Yo **estaré leyendo.**

1. Tú (estar escuchando).
2. Mi tía (estar leyendo).
3. Los abuelos (estar comiendo).
4. Nosotros (estar comiendo).
5. Ud. (estar almorzando).
6. Vosotros (estar discutiendo) el asunto.
7. Uds. lo (estar repitiendo).
8. Carolina y yo (estar comprando) vestidos nuevos.

4. Future Perfect Tense (Tiempo futuro perfecto del indicativo)

The future perfect tense is formed by using the auxiliary verb **haber** in the future tense plus the past participle:

yo	**habré terminado**	*I shall (will) have finished*
tú	**habrás terminado**	*you will have finished*
él, ella, Ud.	**habrá terminado**	*he, she, you will have finished*
nosotros	**habremos terminado**	*we shall (will) have finished*
vosotros	**habréis terminado**	*you will have finished*
ellos, ellas, Uds.	**habrán terminado**	*they, you will have finished*

EJERCICIO C

Dé Ud. las formas apropiadas de los infinitivos en el futuro perfecto:

MODELO: Ella te **(haber llamado)** para el lunes.
Ella te **habrá llamado** para el lunes.

1. Nosotros les (haber escrito) para el martes.
2. Jorge lo (haber aprendido) para el jueves.
3. Yo los (haber mandado) para el miércoles.
4. Tú lo (haber devuelto) para el viernes.
5. Vosotros (haber empezado) para el sábado.
6. Los parientes (haber llegado) para el domingo.
7. Ud. se (haber despertado) para las seis.
8. Uds. lo (haber servido) para las ocho.
9. Yo lo (haber hecho) para el lunes.
10. Mi amigo los (haber puesto) aquí para mañana.

5. Conditional Tense (Tiempo condicional o potencial)

The conditional tense is formed by adding the following set of endings to the infinitive: **ía, ías, íamos, íais, ían.**

yo	**hablaría**	*I should (would) speak*
tú	**hablarías**	*you would speak*
él, ella, Ud.	**hablaría**	*he, she, you would speak*
nosotros	**hablaríamos**	*we should (would) speak*
vosotros	**hablaríais**	*you would speak*
ellos, ellas, Uds.	**hablarían**	*they, you would speak*

yo **comería,** tú **comerías,** etc. — *I should (would) eat, you would eat, etc.*

yo **viviría,** tú **vivirías,** etc. — *I should (would) live, you would live, etc.*

6. Verbs with Irregular Stems in Conditional Tense

The verbs that have irregular stems in the future tense (paragraph 2) also have them in the conditional tense.

yo **haría,** tú **harías,** etc.
yo **vendría,** tú **vendrías,** etc.
yo **habría,** tú **habrías,** etc.

EJERCICIO D

Dé Ud. las formas apropiadas de los infinitivos en el condicional:

MODELO: Nadie te lo **(pedir).** — Nadie te lo **pediría.**

1. ¿Quién lo (negar)?
2. Muchos lo (dudar).
3. Yo no (ir) con él.
4. Ella dijo que Luis (venir).
5. La madre creía que la niña (acostarse).
6. Él sabía que tú (venir).
7. ¿Por qué dijo él que Ud. lo (hacer)?
8. ¿Qué (decir) nuestros padres?
9. Pocos lo (creer).
10. El gerente dijo que (haber) muchos espectadores en el teatro.
11. Nosotros (tener) que pagarlo.
12. Alguien (querer) comprarlo.
13. ¿Quiénes (poder) volver?
14. Tu tío creía que (llover).
15. Sus primos lo (saber).
16. Las manzanas no (caber) en el cesto.
17. Las criadas (colgar) los vestidos.
18. Nosotros lo (poner) en ese cuarto.
19. ¿Cuándo (salir) los niños?
20. Él dijo que eso (valer) la pena.

21. ¿Dónde (sentarse) Uds.?
22. ¿Quiénes (servir) la comida?
23. Ellos no lo (acabar) nunca.
24. Nadie lo (comprender).
25. Él te lo (escribir).

7. Conditional Progressive Construction

The conditional progressive construction is formed by using the auxiliary verb **estar** in the conditional tense plus the present participle:

yo	**estaría comiendo**	*I should (would) be eating*
tú	**estarías comiendo**	*you would be eating*
él, ella, Ud.	**estaría comiendo**	*he, she, you would be eating*
nosotros	**estaríamos comiendo**	*we should (would) be eating*
vosotros	**estaríais comiendo**	*you would be eating*
ellos, ellas, Uds.	**estarían comiendo**	*they, you would be eating*

EJERCICIO E

Dé Ud. las formas apropiadas de los infinitivos en el condicional progresivo:

MODELO: Nosotros **(estar esperando).**
Nosotros **estaríamos esperando.**

1. Yo (estar escuchando).
2. Elena (estar cenando).
3. Los chicos (estar corriendo).
4. Tú (estar temblando).
5. Mi hermana y yo (estar cantando).
6. Vosotros (estar bailando).
7. Muchos (estar durmiendo).
8. Ud. lo (estar discutiendo).

8. Conditional Perfect Tense (Tiempo condicional perfecto)

The conditional perfect tense is formed by using the auxiliary verb **haber** in the conditional tense plus the past participle:

yo	**habría ido**	*I should (would) have gone*
tú	**habrías ido**	*you would have gone*
él, ella, Ud.	**habría ido**	*he, she, you would have gone*
nosotros	**habríamos ido**	*we should (would) have gone*
vosotros	**habríais ido**	*you would have gone*
ellos, ellas, Uds.	**habrían ido**	*they, you would have gone*

EJERCICIO F

Dé Ud. las formas apropiadas de los infinitivos en el condicional perfecto:

MODELO: Yo creía que él **(haber vuelto).**
Yo creía que él **habría vuelto.**

1. Ricardo dijo que Uds. lo (haber hecho).
2. Nadie dijo que tú lo (haber mandado).
3. El abuelo creía que su nieto le (haber visto).
4. ¿Por qué lo (haber dicho) Ud?
5. La criada (haber servido) la comida.
6. Los alumnos lo (haber aprendido).
7. Yo me (haber despertado) para las siete.
8. Pocos lo (haber comenzado).

9. Conjecture with Future and Conditional Tenses

In Spanish, speculation or conjecture in present time uses the future tenses and in past time uses the conditional tenses:

¿Quién será?	*Who can it be?*
¿Dónde estará?	*Where can it be?*
¿Habrá sido Carlos?	*Can it have been Charles?*
¿Habrán llegado ya?	*I wonder if they have arrived already.*
¿Quién lo haría?	*I wonder who did it.*
¿Quién sería?	*I wonder who it was.*
¿Quién lo habría hecho?	*Who could have done it?*
¿La habría visto Carmen?	*I wonder if Carmen could have seen her.*

EJERCICIO G

Exprese Ud. en español:

1. Who can they be?
2. I wonder who they were.

10. Relative Pronouns and Adjectives.

a. Que is the most commonly used relative pronoun. It may refer to persons or things and may be the subject or object of the verb. Its form is invariable:

El hombre **que** vino es mi tío.	*The man who came is my uncle.*
El hombre **que** viste es mi tío.	*The man whom you saw is my uncle.*

El libro **que** compré es difícil.	*The book that I bought is difficult.*

When **que** is used as the object of a preposition, it refers only to things. It is used with the prepositions **a, con, de,** and **en:**

El libro de que hablabas es interesante.	*The book which you were talking about is interesting.*

b. **Quien** and its plural **quienes** are used only to refer to persons. They may be the subject or object of the verb and also the object of prepositions:

El hombre **quien** vino es mi tío.	*The man who came is my uncle.*
El niño **a quien** viste es mi hermano.	*The boy whom you saw is my brother.*
La muchacha **con quién** hablabas es mi hermana.	*The girl with whom you were speaking is my sister.*

Quien and **quienes** are sometimes used as substitutes for **que** to introduce non-restrictive clauses:

Ese estudiante, **quien (que)** es de Nueva York, es mi amigo.	*That student, who is from New York, is my friend.*
Esos estudiantes, **quienes (que)** son de Dallas, son mis amigos.	*Those students, who are from Dallas, are my friends.*

Quien and **quienes** are sometimes used to translate *he who* and *the ones who:*

Quien trabaja gana dinero.	*He who works earns money.*
Quienes trabajan ganan dinero.	*The ones who (those who) work earn money.*

c. **El que, los que, la que, las que** are used to translate *the one which, the one that (who), the ones which* and *the ones that (who),* and may be used as the subject or object of the verb and may refer to persons or things as follows:

El que (quien) trabaja gana dinero.	*The one who (he who) works earns money.*
Los que (quienes) trabajan ganan dinero.	*The ones who (those who) work earn money.*
El que compraste es un buen libro.	*The one that you bought is a good book.*
Los que compraste son buenos libros.	*The ones that you bought are good books.*
La que compraste es una pluma buena.	*The one that you bought is a good pen.*

Las que compraste son plumas buenas.	*The ones that you bought are good pens.*

d. **El que, la que, los que,** and **las que** are normally used after longer prepositions and prepositional phrases instead of **que** which is normally used after the shorter prepositions **a, con, de,** and **en** as indicated in paragraph 10a. **El cual, la cual, los cuales,** and **las cuales** may be used interchangeably with **el que,** etc. as objects of prepositions:

La casa **delante de la que (la cual)** nos paramos era muy grande.	*The house in front of which we stopped was very large.*
El árbol **debajo del que (del cual)** los niños jugaban era muy alto.	*The tree beneath which the children were playing was very tall.*

El que, la que, los que, and **las que** may also be used to refer to the more remote of two possible antecedents. **El cual, la cual, los cuales,** and **las cuales** may be used interchangeably with **el que,** etc. in this case:

Ricardo dice que habló con **la hermana** de José **la que (la cual)** vive en San Antonio.	*Richard says that he spoke with Joe's sister who lives in San Antonio.*
Juan vino con **el primo** de María **el que (el cual)** asiste a la Universidad de California.	*John came with Mary's cousin who attends the University of California.*

e. **Lo que** and **lo cual** are neuter and are used to refer to a statement, an idea, an action, or a fact:

Ellos lo hicieron, **lo que (lo cual)** me sorprendió mucho.	*They did it, which surprised me very much.*
Él cree **lo que** le dijiste.	*He believes what you told him.*
Lo que dice él es verdad.	*What he says is the truth.*

Note: **lo cual** may not be used to translate *what* in the sense of *that which* (last two sentences).

f. **Cuyo, cuyos, cuya, cuyas** is used to translate the relative possessive adjective *whose:*

Ése es el muchacho **cuyo padre** vino a verlo.	*That is the boy whose father came to see him.*
Ése es el muchacho **cuyos padres** vinieron a verlo.	*That is the boy whose parents came to see him.*

Ése es el muchacho **cuya hermana** vino a verlo.	*That is the boy whose sister came to see him.*
Ése es el muchacho **cuyas hermanas** vinieron a verlo.	*That is the boy whose sisters came to see him.*

Note: In the interrogative, *whose* is expressed by **de quién** or **de quiénes:**

¿De quién es esa camisa?	*Whose shirt is that?*
¿De quiénes son estos vestidos?	*Whose dresses are these?*

11. Interrogative Pronouns

a. **¿Qué?** means:

What when it is the object of a verb or preposition.

¿Qué trajiste?	*What did you bring?*
¿En qué consiste?	*What does it consist of?*

What when an identification or definition is desired.

¿Qué es eso?	*What is that?*
¿Qué es un cometa?	*What is a comet?*

Which as an interrogative adjective.

¿Qué traje compraste?	*Which suit did you buy?*

b. **¿Cuál? (¿cuáles?)** means:

What before the verb **ser** when a selection is desired.

¿Cuál es la fecha?	*What is the date?*
¿Cuál es la capital de España?	*What is the capital of Spain?*

Which (*one*) or *which* (*ones*) as a pronoun.

¿Cuál de los dos quieres?	*Which of the two do you want?*
Manuel quiere tres camisas.	*Manuel wants three shirts.*
¿Cuáles prefiere él?	*Which ones does he prefer?*

c. **¿Quien? (¿quiénes?)** is used to refer to persons:

¿Quién viene?	*Who is coming?*
¿Quiénes vienen?	*Who is coming?* (*pl.*)
¿De quién es el coche?	*Whose car is it?*
¿De quiénes son todos estos libros?	*Whose are all these books?*

EJERCICIO H

Exprese Ud. en español:

1. The girl who came is his sister.
2. The girl who came with her is from Michigan.
3. The man whom you see is his father.
4. He is the one who did it.
5. The young lady whom I saw was very pretty.
6. This is the picture of which I spoke to you.
7. He has the money with which we are going to buy it.
8. That is the house in which he was born.
9. To what are you referring?
10. Whose is this book?
11. There is the boy whose mother spoke to you.
12. The girl with whom he was walking is his sister.
13. He who studies, learns.
14. Those who study, learn.
15. The trees behind which they play are large.
16. He did not come, which surprised me.
17. I believe what you say.
18. What they say is true.
19. What did you buy?
20. What do you know about this?
21. What is this?
22. What is a comet?
23. Which shoes do you want?
24. Which ones do you want?
25. Which one do you want?
26. Who is he?
27. Who are they?
28. Who is she?
29. The boy who is from Denver is very nice.
30. What is the date?
31. What is the capital of Mexico?
32. The boy whose friends are here is her brother.

12. Use of Infinitives with Prepositions

In Spanish a preposition is normally followed by the infinitive to translate the English gerund:

antes de salir	*before leaving*
después de llegar	*after arriving*
sin verlo	*without seeing it*
al entrar	*upon entering*

Él lo hizo antes de salir.	*He did it before leaving.*
Lo hice después de llegar.	*I did it after arriving.*
Ella entró sin verlo.	*She entered without seeing it.*
Al entrar, él nos saludó.	*Upon entering, he greeted us.*

EJERCICIO I

Exprese Ud. en español:

1. Before entering, they knocked on the door.
2. After dancing, they went to eat.
3. He left without seeing it.
4. Upon arriving, they spoke to us.

13. Cardinal Numbers 51–60

cincuenta y uno	*fifty-one*
cincuenta y dos	*fifty-two*
cincuenta y tres	*fifty-three*
cincuenta y cuatro	*fifty-four*
cincuenta y cinco	*fifty-five*
cincuenta y seis	*fifty-six*
cincuenta y siete	*fifty-seven*
cincuenta y ocho	*fifty-eight*
cincuenta y nueve	*fifty-nine*
sesenta	*sixty*

EJERCICIO J

Conteste Ud. a las preguntas con respuestas apropiadas:

1. Si Pepe le debía sesenta dólares a Pancho y le pagó treinta y cinco dólares, ¿cuánto le debe a Pancho todavía?
2. Si Anita compró tres pares de zapatos a diez y ocho dólares el par, ¿cuánto pagó ella por los tres pares?
3. Si Guillermo recibió veinte y ocho dólares de su abuelo y lo mismo de su abuela, ¿cuánto dinero recibió?
4. Si Arturo pagó treinta dólares por diez camisas de igual precio, ¿cuánto pagó por cada camisa?

EJERCICIO K

Exprese Ud. en español:

1. There will be many new students at the university next fall.
2. The president of the university said in a recent meeting that there would be many who would come from other countries.

3. It will be necessary to have more buildings for so many new students.
4. The university will have constructed two more new ones by September.
5. They will be constructing more new ones every year from now on.
6. An official of the university said that they would have built more already but they did not have enough money.
7. He also said that they would be receiving more money in the future.
8. With this they will be able to construct the necessary buildings.
9. Can all this be possible?
10. What would our forefathers have done in these circumstances?

EJERCICIO L

Escriba Ud. una composición acerca de lo que piensa hacer la semana que viene, incluyendo una descripción de lo que va a hacer y por qué lo va a hacer.

EJERCICIOS PARA EL LABORATORIO, LA CLASE, O LA TAREA DE ESTUDIO PARTICULAR

EJERCICIO A

Cambie Ud. los verbos del presente al futuro:

MODELO: **Yo estudio.** **Yo estudiaré.**

1. Los jóvenes comienzan.
2. Tú lo entiendes.
3. Él abre la caja.
4. Uds. lo creen.
5. ¿Quién te lo da?
6. Nosotros jugamos al tenis.
7. Ud. lo pierde.
8. Ellos se lo dicen.
9. Yo los compro.
10. Vosotros cantáis bien.

EJERCICIO B

Cambie Ud. los verbos del pretérito perfecto al futuro perfecto:

MODELO: **Yo lo he arreglado.** **Yo lo habré arreglado.**

1. Él lo ha aprendido.
2. Tú lo has discutido.
3. Ellos lo han leído.
4. Ella ha manejado el coche.
5. Nadie te ha visto.
6. Nosotros lo hemos descrito.
7. Ud. lo ha comprendido.
8. Alguien lo ha cambiado.
9. Yo lo he buscado.
10. Uds. han comido.

EJERCICIO C

Cambie Ud. los verbos del presente progresivo al futuro progresivo:

MODELO: **Él está durmiendo.** **Él estará durmiendo.**

1. Ellos están criticándole.
2. Yo estoy escogiéndolos.
3. Tú estás pagando demasiado.
4. La niña está cenando.
5. Vosotros estáis explicándolo.
6. Uds. están descansando.
7. La profesora está enseñándoselo.
8. El padre está castigándolos.
9. Las chicas están peinándose.
10. Alguien lo está describiendo.

EJERCICIO D

Cambie Ud. los verbos del imperfecto al condicional:

MODELO: Yo **iba** al mercado con ella. Yo **iría** al mercado con ella.

1. Él era tu amigo.
2. ¿Quién lo veía?
3. Tú escribías mucho.
4. Alfredo bebía poco.
5. La criada lavaba la ropa sucia.
6. ¿Qué decía ella?
7. ¿Dónde lo ponían Uds.?
8. Nadie venía con Pepe.
9. ¿Qué hacía Ud.?
10. Yo se lo daba.

EJERCICIO E

Cambie Ud. los verbos del pluscuamperfecto al condicional perfecto:

MODELO: Ella lo **había** acabado. Ella lo **habría** acabado.

1. Muchos habían ido.
2. Carolina y yo lo habíamos hecho.
3. Pedro y José lo habían puesto allí.
4. Yo había vuelto.
5. La familia había almorzado con ellos.
6. ¿Quiénes habían llamado?
7. Yo no le había criticado.
8. Alguien había devuelto el paraguas.
9. La gente lo había pedido.

EJERCICIO F

Cambie Ud. los verbos del imperfecto progresivo al condicional progresivo:

MODELO: Ella **estaba** pintando el cuadro. Ella **estaría** pintando el cuadro.

1. Yo estaba vendiendo los pasteles.
2. Nadie estaba regresando.
3. Los ladrones estaban robándolo.
4. Nosotros estábamos siguiéndole.
5. La vecina estaba secando las toallas.
6. Las mujeres estaban comprando pan.

7. El muchacho estaba rompiendo la camisa.
8. El estudiante estaba leyendo la novela.
9. La artista estaba tocando el piano.
10. El abogado estaba firmando los papeles.

EJERCICIO G

Conteste Ud. a las preguntas siguientes con respuestas apropiadas:

MODELO: Enrique compra unas camisas que cuestan treinta dólares y unos pantalones que cuestan veinte y cuatro dólares.
¿Cuánto dinero gasta Enrique?
Enrique gasta cincuenta y cuatro dólares.

1. Carmen quiere comprar un vestido que cuesta sesenta dólares. Ella tiene cuarenta dólares.
¿Cuánto más necesita ella para comprar el vestido?
2. Alfredo quiere dos trajes que cuestan veinte y seis dólares cada uno.
¿Cuánto dinero necesita Alfredo para comprar los dos trajes?
3. Luis debe cincuenta y dos dólares a Benito y ocho dólares a José.
¿Cuánto dinero debe Luis a los dos?
4. Esteban tiene cincuenta y ocho dólares y va a dar la mitad a su hermano.
¿Cuánto dinero le va a dar a su hermano?

LECTURA: ¿Quienes dejan para mañana lo que pueden hacer hoy es que son básicamente perezosos?

Alguna gente que habitualmente deja las pequeñas obligaciones y necesidades hasta que no pueden retardarse más podría llamarse perezoso. Pero la mayoría surge de causas más complejas. Tomemos por ejemplo a los contribuyentes que se hacen el propósito de rendir desde luego sus declaraciones, pero que a pesar de sus buenas intenciones llevan sus documentos a la oficina fiscal a última hora y a veces hasta más tarde.

Estas personas más que perezosas, lo que les pasa es que son renuentes a resolver el conflicto interior que abrigan, queriendo por una parte hacer lo que tienen que hacer, y por otra resintiéndose de tener que hacerlo.

El Diario de Nuevo Laredo, 21 de junio de 1977

Repaso Oral 1

EJERCICIO A

Cambie Ud. las frases al plural:

MODELO: **el libro bueno** — **los libros buenos**

1. la escoba buena
2. el rubí caro
3. la canción encantadora
4. el joven simpático
5. el sofá grande
6. este lápiz
7. esta mesa
8. ese cuchillo
9. esa navaja
10. aquel país
11. aquella iglesia
12. mi cuaderno
13. tu carta
14. su flor
15. nuestro cuadro
16. nuestra silla
17. vuestro plato
18. vuestra pluma

EJERCICIO B

Sustituya Ud. pronombres posesivos apropiados según los modelos:

MODELOS: **mi casa** — **la mía**
su coche — **el suyo**

1. tu abuelo
2. nuestra prima
3. mis pantalones
4. sus corbatas
5. tus hermanas
6. nuestros sobrinos
7. vuestro coche
8. vuestras flores

EJERCICIO C

Sustituya Ud. pronombres demostrativos apropiados según el modelo:

MODELO: **este cuadro** — **éste**

1. esta plancha
2. aquel joven
3. ese lápiz
4. estos papeles
5. esos problemas
6. aquellas casas

EJERCICIO D

Dé Ud. las formas apropiadas de los infinitivos entre paréntesis en los tres tiempos indicados (pretérito, presente, futuro), según el modelo:

MODELO: Él **(ir).** — **Él fue. Él va. Él irá.**

1. Ellos (venir).
2. Yo lo (hacer).
3. Tú (poder) hacerlo.
4. Ella lo (traer).
5. ¿Quién lo (llevar)?
6. Mis amigos no (querer) volver.
7. ¿Quiénes lo (acabar)?
8. Nadie los (comer).
9. ¿Dónde (vivir) vosotros?
10. ¿Quién (ser)?
11. Yo lo (poner) aquí.
12. Tomás me lo (pedir).
13. Nosotros lo (decir).
14. Las artistas (cantar).
15. ¿Qué (oír) Uds.?
16. Los estudiantes la (leer).
17. Las frutas no (caber) en el cesto.
18. ¿Cómo lo (saber) tú?
19. ¿Dónde lo (conocer) Ud.?
20. Nuestros amigos (sentarse) allí.
21. Yo te lo (dar).
22. Ella nos (ver).
23. Juana (salir).
24. ¿Cuándo (volver) Uds.?

EJERCICIO E

Dé Ud. las formas apropiadas de los infinitivos entre paréntesis en los tres tiempos indicados (imperfecto, presente, condicional), según el modelo:

MODELO: Ellos **(ir).** — **Ellos iban. Ellos van. Ellos irían.**

1. Él (venir).
2. Mis primos lo (pensar).
3. Yo le (escribir).
4. Tú me (contestar).
5. Rosita y yo (comenzar).
6. ¿Por qué no lo (entender) los estudiantes?
7. Enrique se lo (decir).
8. ¿Quién lo (hacer)?
9. Nadie (poder) encontrarlo.
10. ¿Cuándo lo (traer) Uds.?

11. ¿Qué (querer) tu hermana?
12. El timbre (sonar).
13. Ellas (ser) hermosas.
14. Alguien las (poner) allí.
15. Él nos (llevar) al cine.
16. Todos la (ver).
17. Todo el mundo lo (saber).
18. La familia (volver).
19. El portero (cerrar) la puerta.
20. El animal (morir).
21. Los pájaros (volar).
22. Su madre se lo (mostrar).
23. Los espectadores (sentarse).
24. La cocinera la (servir).

EJERCICIO F

Cambie Ud. las oraciones del presente al pretérito perfecto:

MODELO: José **duerme.** José **ha dormido.**

1. Ellos empiezan.
2. Su cuñado vuelve.
3. Nuestra vecina viene.
4. No lo veo.
5. ¿Quién lo hace?
6. ¿Por qué lo pones allí?
7. Los escribimos bien.
8. No lo encuentra tu tía.
9. Ya las cierran los ayudantes.
10. La fiesta comienza temprano.
11. Tu hijo come mucho.
12. Esa chica vive en Laredo.

EJERCICIO G

Cambie Ud. las oraciones del imperfecto al pluscuamperfecto:

MODELO: El artista **tocaba el piano.** El artista **había tocado el piano.**

1. Los espectadores reían mucho.
2. El policía los perseguía.
3. Los trabajadores lo hacían.
4. Lorenzo se acordaba de la tarea.
5. La cajera contaba el dinero.
6. La familia se desayunaba temprano.
7. Mi abuela colgaba la ropa.
8. Los estudiantes repetían las oraciones.
9. Llovía mucho.
10. Ella estaba enferma.
11. El pájaro volaba.
12. El joven se caía.

EJERCICIO H

Cambie Ud. las oraciones del futuro al futuro perfecto:

MODELO: Pablo **volverá** para mañana. — Pablo **habrá vuelto** para mañana.

1. ¿Quién lo hará?
2. Yo lo devolveré para el lunes.
3. Tú terminarás para el sábado.
4. Todos lo verán.
5. Tú le aconsejarás.

EJERCICIO I

Cambie Ud. las oraciones del condicional el condicional perfecto:

MODELO: Yo no lo **llevaría.** — Yo no lo **habría llevado.**

1. Enrique lo compraría.
2. Pablo se lo vendería.
3. Jorge y Pepe gastarían el dinero.
4. Ese artista lo haría.
5. ¿Por qué la abriría Carmen?

EJERCICIO J

Cambie Ud. las oraciones del presente al presente progresivo:

MODELO: ¿Quién **escucha?** — ¿Quién **está escuchando?**

1. Tu primo descansa ahora.
2. Los convidados comen.
3. Él se sienta.
4. Sus parientes viven con él.
5. Tú juegas bien.

EJERCICIO K

Cambie Ud. las oraciones del imperfecto al imperfecto progresivo:

MODELO: Su padre **firmaba** los papeles. — Su padre **estaba firmando** los papeles.

1. Él nos criticaba.
2. Nadie lo bebía.
3. Un extranjero se acercaba.
4. ¿Qué decían sus abuelos?
5. ¿Qué buscabas?

EJERCICIO L

Cambie Ud. las oraciones del futuro al futuro progresivo:

MODELO: Ella **cantará.** — Ella **estará cantando.**

1. El niño correrá por el jardín.
2. Los directores descansarán.
3. Lloverá mañana.
4. Tú lo escribirás.
5. Leeré esta noche.

EJERCICIO M

Cambie Ud. las oraciones del condicional al condicional progresivo:

MODELO: Ella **volvería.** Ella **estaría volviendo.**

1. El criminal confesaría.
2. Llovería.
3. Ellos lo explicarían.
4. ¿Quién lo decidiría?
5. ¿Quiénes bailarían?

EJERCICIO N

Haga Ud. una oración de las dos oraciones según el modelo en cada grupo:

MODELO: Escribo bien. Tengo una pluma buena.
Escribo bien **porque** tengo una pluma buena.

1. Estamos leyendo. Tenemos un buen libro.
2. El niño no bebía agua. Tenía leche.
3. Comprendí la lección. Estudié mucho.
4. Ricardo hablaba demasiado. Era muy hablador.
5. Tu amigo no está aquí. Está en casa.

MODELO: Carlos tiene un libro. Es interesante.
Carlos tiene un libro **que** es interesante.

1. Josefina tiene una idea. Vale la pena.
2. Éstos son vestidos buenos. Son baratos.
3. Él es un amigo. Quiere ayudarte.
4. Tengo una bolsa. Le gusta a Conchita.
5. Pepe compró un coche. Me gusta.

MODELO: Quiero ir. No tengo el dinero.
Quiero ir **pero** no tengo el dinero.

1. Roberto sabe algo. No quiere decírnoslo.
2. Quiero volver. No puedo hacerlo ahora.
3. Mis amigos quieren estos libros. Yo quiero aquéllos.
4. Mi hermano va a trabajar. No tiene que hacerlo.
5. Vimos a tu prima. No vimos a tu hermana.

MODELO: Los estudiantes aprenden. Estudian.
Los estudiantes aprenden **cuando** estudian.

1. Sus amigos le ayudan. Él se lo pide.
2. ¿Por qué no le hablaste? Ella te saludó.
3. Tu sobrino dejó el sombrero. Se fue.
4. La madre bañó a la hija. Llegó a casa.
5. Le contesté. Ricardo me habló.

Repaso Escrito 1

EJERCICIO A

Escriba Ud. oraciones originales en español empleando el verbo **ser** *si es apropiado o el verbo* **estar** *si es apropiado para ilustrar lo siguiente:*

1. con un adjetivo para describir a un amigo o a una amiga.
2. con un adjetivo para indicar el estado de salud de un amigo o de una amiga.
3. para indicar la hora del día.
4. para indicar el origen de una persona.
5. usando la construcción gramatical progresiva.
6. para indicar el material de una cosa.
7. para indicar ubicación.
8. con un sustantivo complemento del sujeto.
9. con un pronombre complemento del sujeto.
10. con un adjetivo para indicar la condición de una cosa.

Escriba Ud. en español los ejercicios **B** *hasta* **M** *inclusive:*

EJERCICIO B

1. They sent me the book. They sent it to me today.
2. She bought the blouses. She bought them yesterday.
3. I showed her the pen. I showed it to her this morning.
4. He wrote the letter to us. He wrote it to us last week.
5. I brought you the present. I just brought it to you.

EJERCICIO C

1. I don't know where he is.
2. I know him very well.
3. The students are acquainted with the literary works of that author.
4. Do you know of a good Mexican restaurant where we can eat?
5. Where did you meet her?
6. Do you know my sister?
7. Richard knows how to dance very well.
8. Are you sure you know this lesson?
9. Henry knows a famous pianist.
10. Charles doesn't know what to do.

EJERCICIO D

1. That family has lived here four years.
2. They came here four years ago.
3. They had lived in Los Angeles five years.

EJERCICIO E

1. They are looking at themselves in the mirror.
2. They are looking at each other.
3. Rosita bathed her young sister and then she bathed herself.
4. Henry came with them.
5. Paul went with me.
6. I thought she was going with you.
7. They are in front of him.
8. He is behind them.

EJERCICIO F

1. What time is it?
2. I saw her three times.
3. We have time to do it.
4. He doesn't see anyone.

EJERCICIO G

1. We never see them.
2. I don't hear anything.
3. There is nothing in that room.
4. He doesn't see anyone.

EJERCICIO H

1. She is leaving now.
2. She left her coat with me.
3. She has just left.
4. Her friend had just left a little before.

5. I have to leave soon.
6. He has seven or eight dollars.
7. His friend has nine or ten.
8. They brought us apples and figs.
9. We gave them cookies and lemonade.
10. She bought cool drinks and ice.
11. Upon arriving, he greeted us.
12. Before leaving, she finished the task.
13. After reading the book, he understood it.

EJERCICIO I

1. The girls were invited to the party. (*Write three different ways.*)
2. These dresses were bought by Jane.
3. Many houses are built every year.

EJERCICIO J

1. At what time did he arrive?
2. It was 9:20.
3. It is 9:40 now.
4. He said he would come at 8:30.
5. I did not expect him until noon.

EJERCICIO K

1. How is the weather today?
2. Joe says the weather is bad.
3. He says it is hot.
4. I think it is cool today.
5. Naturally, I think the weather is good.

EJERCICIO L

1. What is the date today?
2. Today is the first of December.
3. The twenty-fifth of December is a very important day.
4. The winter months are December, January, and February.
5. The months of spring are March, April, and May.
6. The summer months are June, July, and August.
7. September, October, and November are the autumn months.
8. We do not attend classes on Saturday and Sunday.
9. Some students attend classes on Monday, Wednesday, and Friday.
10. Other students attend classes on Tuesday and Thursday.

W.B.

EJERCICIO M

1. Henry is doing it for your sake.
2. He brought this gift for you.
3. Alfred works for an insurance company.
4. His father sent Richard for medicine.
5. We took him for a lawyer.
6. Margaret is coming in order to help us.
7. For a young boy he plays the guitar very well.
8. He wants to leave it for tomorrow.
9. I want to finish it by five o'clock today.
10. We can get out through here.
11. She left through that door.
12. I paid twenty dollars for these shoes.
13. This play was written by Lope de Vega.
14. These cups are for coffee.
15. He sent the letter by airmail.
16. I believe they are about to sing.
17. We could not hear because of the noise.
18. He drove the car fifty miles an hour.

Lección 7

DIÁLOGO: Cuestión de gustos

(*Jorge está tocando la guitarra y cantando cuando entra Maricarmen*)

JORGE: "Me gusta cantarle al viento
porque vuelan mis cantares
y digo lo que yo siento
por toditos los lugares . . ."

MARICARMEN: ¡Qué linda canción! ¿En dónde la aprendiste?

JORGE: En mi clase de español. Es una vieja canción mexicana.

MARICARMEN: ¿Y por qué no sigues cantando?

JORGE: Porque ya se me olvidaron las otras estrofas.

MARICARMEN: Cuánto lo siento. Me gustó lo que estabas cantando.

JORGE: Mi repertorio de canciones hispánicas es bastante limitado.

MARICARMEN: El mío es inexistente, principalmente porque siempre se me ha hecho difícil cantar. Soy medio desafinada.

JORGE: A mí no. A mí la música me encanta, pero lo que me cuesta trabajo es recordar la letra.

MARICARMEN: Así es la vida. Cuando no es una cosa, es otra.

JORGE: Ni modo, ¿qué le vamos a hacer?

MARICARMEN: ¿De veras se te ha olvidado la letra de las otras canciones que has aprendido?

JORGE: Recuerdo solamente trozos. Por ejemplo, en el colegio, hace ya unos años, aprendí una canción cubana muy bella.

MARICARMEN: ¿Por qué no me la cantas? A lo mejor te acuerdas.

JORGE: Vamos a ver. ¿No te importa si meto la pata?

MARICARMEN: Anda, Jorgito.

Will Faller de Monkmeyer

JORGE: "Yo soy un hombre sincero
de donde crece la palma.
Yo soy un hombre sincero
de donde crece la palma.
Y antes de morirme quiero
echar mis versos del alma."
Guantanamera, guajira, guantanamera
guantanamera, guajira, guantanamera.
"Mi verso es de un verde claro
y de un carmín encendido.
Mi verso es de un verde claro
y de un carmín encendido.
Mi verso es un ciervo herido
que busca en el monte amparo."

MARICARMEN: ¡Qué linda canción! ¡Cómo me gusta!

JORGE: A mí me gusta mucho, pero más me gustas tú . . .

MARICARMEN: ¡Caramba!

JORGE: Y si me das un beso, te canto otra canción.

Modismos

todito (a,os,as) (*emphatic diminutive*) every single [place]
seguir + *present participle* to keep on
cuánto lo siento that's too bad, I'm sorry
bastante quite
medio desafinada somewhat tone deaf (I sing off key)
costar trabajo to be difficult, to be hard
así es la vida that's life
ni modo; ¿qué le vamos a hacer? what can you (one) do?
trozos excerpts; bits and pieces
el colegio K-12 school (*not college*)
¡anda! go on; come on
buscar amparo to seek refuge, shelter
¡cómo me gusta! I really like it!
gustar más to like (something, somebody) better

Cuestionario

1. ¿Qué instrumento está tocando Jorge cuando entra Maricarmen?
2. ¿De dónde es la primera canción que cantó Jorge?
3. ¿Por qué no sigue cantando Jorge?
4. ¿Qué le dijo Maricarmen a Jorge acerca de la canción?
5. ¿A quién le encanta la música?
6. ¿Qué le cuesta trabajo a Jorge?
7. ¿De veras se le ha olvidado todo a Jorge?

Composición oral

Complete las frases en forma apropiada:

1. El mío es . . . . .
2. Ni modo . . . . .
3. A mí me. . . . . .
4. Y si me das. . . . .
5. "Mi verso es un. . . . .

GRAMÁTICA Y EJERCICIOS

1. Gustar Construction

With the **gustar** construction the object of the verb in English becomes the subject of the verb in Spanish. The subject of the verb in English becomes an indirect object in Spanish:

	Subject	Verb	Object
English:	*I*	*like*	*the dress.*
	Indirect Object	Verb (agrees with subject)	Subject
Spanish:	**Me**	**gusta**	**el vestido.**
	Subject	Verb	Object
English:	*I*	*like*	*the dresses.*
	Indirect Object	Verb (agrees with subject)	Subject
Spanish:	**Me**	**gustan**	**los vestidos.**

Although **gustar** is used extensively with third person subjects, other subjects may be used:

Me gustas (tú) mucho. — *I like you very much. (You are very pleasing to me.)*

Also, any tense may be used:

Me gustó la película. — *I liked the movie.*

OTHER EXAMPLES:

Me gusta el traje. — *I like the suit.*
Me gustan los trajes. — *I like the suits.*
¿Te gustó la casa? — *Did you like the house?*
¿Te gustaron las casas? — *Did you like the houses?*
Le gusta a él el drama. — *He likes the play.*

Le gusta a ella el drama.	*She likes the play.*
Le gustan a él los dramas.	*He likes the plays.*
Le gustan a ella los dramas.	*She likes the plays.*
Nos gusta el baile.	*We like the dance.*
Nos gustan los bailes.	*We like the dances.*
Os gusta la fiesta.	*You like the party.*
Os gustan las fiestas.	*You like the parties.*
Les gusta el vestido.	*They like the dress.*
Les gustan los vestidos.	*They like the dresses.*
Le gusta al joven el coche.	*The young man likes the car.*
Le gustan al joven los coches.	*The young man likes the cars.*
Les gusta a los muchachos nadar.	*The boys like to swim.*
Les gusta a las muchachas bailar y cantar.	*The girls like to dance and sing.*

Note: Instead of **gustar,** use **querer (amar)** for *to love.*

Él quiere a Margarita.	*He loves Margaret.*

EJERCICIO A

Conteste Ud. a las preguntas según los modelos:

MODELOS:	
¿**Te gusta** la falda?	Sí, **me gusta** la falda.
¿**Les gusta** la alfombra?	Sí, **nos gusta** la alfombra.
¿**Le gustan** las medias?	Sí, **me gustan** las medias.
¿**Te gustan** los zapatos?	Sí, **me gustan** los zapatos.
¿No **te gusta** la bolsa?	No, no **me gusta** bolsa.

1. ¿Te gusta el traje?
2. ¿No les gusta la casa?
3. ¿Le gustan los calcetines?
4. ¿Les gusta el baile?
5. ¿No te gustan los anillos?
6. ¿Les gustan las camisas?
7. ¿Le gusta el reloj?
8. ¿No les gusta la pulsera?
9. ¿Te gusta bailar?
10. ¿Le gusta el retrato?

2. Other Verbs Using Gustar Construction

There are other verbs in Spanish that use the same construction as **gustar** such as **faltar** (*to lack, to need*), **hacer falta** (*to lack, to need*), **quedar** (*to have left*), **interesar** (*to interest*), **encantar** (*to charm, to enchant, to be "crazy" about*), **parecer** (*to seem*), **doler** (*to hurt*), **importar** (*to matter*), and **caer bien** (*to like*).

Caer bien is generally used to express that one simply likes a person of either sex (*"Just friends"*).

Me cae bien mi profesor de historia.	*I like my history professor.*

Me gusta mi profesor de historia would mean that you are romantically inclined toward him.

Sometimes **caer bien** (or **caer mal,** the opposite) is used to express that one likes or dislikes an object or a situation:

No te cayó bien esto, ¿eh?	*You didn't like this, did you?*
Te cayó mal eso, ¿no?	*You didn't like that, did you?*
Te cayó bien eso, ¿verdad?	*You liked that, didn't you?*

EXAMPLES:

Me falta un dólar.	*I need (lack) one dollar.*
Te faltan dos dólares.	*You need (lack) two dollars.*
Le hace falta a él otra corbata.	*He needs (lacks) another necktie.*
Le hacen falta a ella tres blusas.	*She needs (lacks) three blouses.*
Nos queda un lápiz.	*We have one pencil left.*
Nos quedan cuatro lápices.	*We have four pencils left.*
Os interesa esa novela.	*That novel interests you.*
Os interesan esas novelas.	*Those novels interest you.*
Les encanta ese jardín.	*They are crazy about that garden.*
Les encantan esos jardines.	*They are crazy about those gardens.*
Me parece que es caro. **Me parece ser caro.**	*It seems to me that it is expensive.*
Le duele a ella la mano.	*Her hand hurts.*
Le duelen a ella las manos.	*Her hands hurt.*
¿No te importa lo que hacen ellos? Sí me importa.	*Doesn't it matter to you what they do? Yes it does matter to me.*
Nos aburría la conferencia.	*The lecture was boring to us. (bored us)*
Nos aburrían las conferencias.	*The lectures were boring to us. (bored us)*
Les cansaba el trabajo.	*The work was tiring to them. (tired them)*
¿Le cansaban a él los ensayos?	*Were the practices tiring to him?* *Did the practices tire him?*
¿Te agradaron las canciones?	*Were the songs pleasing to you?* *Did the songs please you?*
Me agrada el baile.	*The dance is pleasing to me.* *The dance pleases me.*
Les divertía a ellos la comedia.	*The play was pleasing to them.*

EJERCICIO B

Cambie Ud. los verbos y sujetos al plural:

MODELO: **Le falta el lápiz.** **Le faltan los lápices.**

1. Nos hace falta el cuaderno.
2. Me queda el folleto.
3. Les interesa el drama.
4. ¿Te encanta la fiesta?
5. Le duele el pie.
6. Les cae bien el director.
7. Nos aburre la tertulia.
8. Me cansa la tarea.
9. Le agrada la pintura.
10. Te divierte la comedia.

EJERCICIO C

Cambie Ud. los complementos indirectos (objetos indirectos) al plural:

MODELO: **Me** falta un dólar.	**Nos** falta un dólar.
Al joven le gustan las fiestas.	**A los jóvenes les** gustan las fiestas.

1. Te faltan los pañuelos.
2. Le hace falta la tarjeta.
3. Me quedan las camisetas.
4. Te duele el brazo.
5. Le interesan los dramas.
6. Me cansa el trabajo.
7. A la niña le gustan las muñecas.
8. Al hombre le gusta el partido.
9. A la mujer le gusta la cafetera.
10. Al niño le gustan los juguetes.

3. Verbs Used with Reflexive Construction and Indirect Object

Some verbs are used with a reflexive construction of the verb and an indirect object:

Se me hace que es tarde.	*It seems late to me.*
Se les hace barato.	*It seems cheap to them.*
Se le hizo difícil.	*It seemed difficult to him.*
Se nos perdió el dinero.	*We lost the money.*
¿Se te perdieron las llaves?	*Did you lose the keys?*
Se le paró a él el coche.	*His car stopped (on him).*
Se le cayó a ella la bolsa.	*She dropped the purse.*
¿Se te presentó una oportunidad para hablar?	*Did you have an opportunity to speak?*
Se me olvidó hacerlo.	*I forgot to do it.*
Se nos olvidó la fecha.	*We forgot the date.*
Se le olvidaron a él las referencias.	*He forgot the references.*
¿Se te olvidó traérmelo?	*Did you forget to bring it to me?*
Se le rompió el vaso.	*He broke the glass.*
Se le rompieron a ella los platos.	*She broke the dishes.*
Se me fue el perro.	*The dog got away from me.*
¿Se te acabó el dinero?	*Did you run out of money?*
Nada se les ocurre.	*Nothing occurs to them.*

Ya se me quitó el dolor.	*I don't have the pain any longer.*
Se le quebró a él el bastón.	*He broke his cane (walking stick).*
Se le descompuso el coche.	*His car broke down.*

EJERCICIO D

Conteste Ud. a las preguntas según los modelos:

MODELO:	¿Se **te** hace tarde?	Sí, se **me** hace tarde.
	¿No se **les** hace caro a Uds.?	No, no se **nos** hace caro.
	¿Se **le** perdió a Ud. la cartera?	Sí, se **me** perdió la cartera.

1. ¿Se te paró el coche?
2. ¿Se les cayó la caja?
3. ¿No se le cayeron los papeles?
4. ¿Se le olvidó dárselo?
5. ¿Se le rompió la camisa?
6. ¿Se les fueron los conejos?
7. ¿No se te acabó el dinero?
8. ¿Se le ocurre algo?
9. ¿Se te quita el dolor?
10. ¿Se les quebraron los palos?

EJERCICIO E

Cambie Ud. los verbos y sujetos al plural:

MODELO: **Se me olvidó el nombre.** — **Se me olvidaron los nombres.**

1. Se le cayó la caja.
2. Se nos acabó el papel.
3. Se les quita el dolor.
4. Se me rompió el plato.
5. Se te fue la idea.

EJERCICIO F

Cambie Ud. los complementos indirectos (objetos indirectos) al plural:

MODELO: Se **me** hace tarde. — Se **nos** hace tarde.

1. Se le caen las cartas.
2. Se le pierde el dinero.
3. Se me hace barato.
4. Se te presenta una oportunidad.
5. Se le olvidó volver.
6. Se te olvidó pagarles.

4. Pero, mas, sino, and sino que

But is expressed in Spanish by **pero, mas, sino,** and **sino que.**

a. **Pero** and **mas** are used after positive statements, but **mas** is a more literary form:

Él vino ayer **pero** no vino hoy.	*He came yesterday but he did not come today.*
Él es poeta **mas** escribe novelas también.	*He is a poet but he writes novels also.*

b. **Sino** is used after a negative statement followed by a contrasting word or words:

Este vestido no es verde **sino** azul.	*This dress is not green but blue.*
Él no quiere jugar **sino** dormir.	*He doesn't want to play but sleep.*
Ellos no están trabajando **sino** descansando.	*They are not working but resting.*
Ella no está enferma **sino** cansada.	*She is not sick but tired.*

c. **Sino que** is used after a negative statement when a contrasting statement with a conjugated verb follows:

Ella no fue al cine anoche **sino que** estudió sus lecciones.	*She did not go to the movies last night but she studied her lessons.*
Ellos no vinieron aquí **sino que** fueron a casa.	*They did not come here but they went home.*

Note: **Pero** may be used after a negative statement when *but* can be translated as *still* or *nevertheless.*

Él no es grande **pero** es un buen atleta.	*He is not big but (still, nevertheless) he is a good athlete.*

EJERCICIO G

Complete Ud. la oración con **pero, sino,** *o* **sino que:**

1. Ella dice que es su amiga, ______ no quiere ayudarla.
2. El sombrero no es negro ______ blanco.
3. Vamos con él, ______ volvemos con ella.
4. No pienso trabajar, ______ pienso descansar.
5. Él no es fuerte, ______ es muy valiente.
6. Yo no voy a nadar ______ a tomar el sol.
7. Ella no compró una blusa azul ______ amarilla.
8. Ella no regresó ______ se quedó allí.

5. Cardinal Numbers 61–70

sesenta y uno	*sixty-one*
sesenta y dos	*sixty-two*
sesenta y tres	*sixty-three*
sesenta y cuatro	*sixty-four*
sesenta y cinco	*sixty-five*
sesenta y seis	*sixty-six*

sesenta y siete	*sixty-seven*
sesenta y ocho	*sixty-eight*
sesenta y nueve	*sixty-nine*
setenta	*seventy*

EJERCICIO H

Conteste Ud. a las preguntas con respuestas apropiadas:

1. Jorge pidió prestados treinta dólares a Felipe y otros cuarenta a Ricardo. ¿Cuánto dinero pidió prestado Jorge?
2. Miguel debía sesenta y ocho dólares a Manuel. Miguel le pagó a Manuel treinta y dos dólares. ¿Cuánto dinero le debe todavía a Manuel?
3. Margarita compró dos vestidos a treinta y dos dólares cada uno. ¿Cuánto pagó por los dos vestidos?
4. Si vas de compras con sesenta y siete dólares y gastas diez y seis, ¿cuánto dinero te queda?

EJERCICIO I

Exprese Ud. en español:

1. That girl likes to dance and sing.
2. Therefore, her friends like her very much.
3. They always enjoy themselves when she is with them.
4. Sometimes her friends like to sing with her.
5. Naturally, she likes parties.
6. The parties give her opportunities to do what she likes to do.
7. Her friends like her and her sweetheart loves her.
8. She is a lovely person.
9. We are crazy about her.
10. It seems to me that she is very happy when she is singing and dancing.
11. How does it seem to you?

EJERCICIO J

Escriba Ud. una composición acerca de algo que le gusta hacer, incluyendo por lo menos:

1. ¿Por qué le gusta a Ud. hacerlo?
2. ¿Cómo lo hace?
3. ¿Cuándo lo hace?
4. ¿Dónde lo hace?
5. ¿Cuándo lo hizo la primera vez?
6. Si alguien le ayuda a hacerlo.

EJERCICIOS PARA EL LABORATORIO, LA CLASE, O LA TAREA DE ESTUDIO PARTICULAR

EJERCICIO A

Conteste Ud. a las preguntas según los modelos:

MODELO:	¿**Te** falta un lápiz?	Sí, **me** falta un lápiz.
	¿**Les** parece bueno a Uds. el libro?	Sí, **nos** parece bueno el libro.
	¿No **le** interesa a Ud. la película?	No, no **me** interesa la película.

1. ¿Te hace falta un sobre?
2. ¿Le duelen los pies?
3. ¿No les queda ningún lápiz?
4. ¿No te cae bien el asunto?
5. ¿Les cansan las conferencias?
6. ¿Te aburre la reunión?
7. ¿No le interesan esos deportes?
8. ¿Les encantan las flores?
9. ¿Te divierte lo que están haciendo?
10. ¿No te agradan las acciones de ella?
11. ¿Les gusta bailar?
12. ¿Te gustó el baile?

EJERCICIO B

Cambie Ud. los verbos y sujetos al singular:

MODELO: **Le faltan los pañuelos.** **Le falta el pañuelo.**

1. Nos faltan los papeles.
2. Me hacen falta los platos.
3. Te quedan las tazas.
4. Les cansan las tareas.
5. Le interesan los viajes a México.
6. A José y a Ricardo les gustan los dramas.
7. A tu vecina le gustan las flores.
8. Me duelen las piernas.
9. Te faltan los periódicos.
10. Les caen bien los convidados.
11. Le gustan las sillas.
12. Les gustaron las películas.

EJERCICIO C

Cambie Ud. los complementos indirectos (objetos indirectos) al singular:

MODELO:	**Nos** quedan las cucharas.	**Me** quedan las cucharas.
	A los muchachos les gusta el juguete.	**Al muchacho le** gusta el juguete.

1. Les hace falta el diccionario.
2. Os interesa la lección.
3. A los jóvenes les cansa el trabajo.
4. Nos cae bien la profesora.
5. A las muchachas les gusta cantar.
6. Les duelen los brazos.
7. Nos gustaron las fiestas.
8. No os queda ningún remedio.
9. A las mujeres les gusta charlar.
10. A los estudiantes les gusta la biblioteca.

EJERCICIO D

Conteste Ud. a las preguntas según los ejemplos:

MODELOS:	¿Se **te** paró el reloj?	Sí, se **me** paró el reloj.
	¿Se **les** cayó a Uds. el libro?	Sí, se **nos** cayó el libro.
	¿No se **le** acabó a Ud. la tinta?	No, no se **me** acabó la tinta.

1. ¿Se le olvidó devolvérselo?
2. ¿Se te quitó el dolor?
3. ¿No se les ocurrió eso?
4. ¿Se te rompieron los pantalones?
5. ¿No se le olvidó leerlo?
6. ¿Se les quebraron las cañas?
7. ¿No se te fue el gato?
8. ¿Se le cayó la tabla?
9. ¿Se les olvidó estudiar?
10. ¿Se te acabó el tiempo?

EJERCICIO E

Cambie Ud. los verbos y sujetos al singular:

MODELO: **Se** me **cayeron las cajas.** **Se** me **cayó la caja.**

1. Se nos acabaron los pasteles.
2. Se te fueron los caballos.
3. Se le rompieron los vasos.
4. Se me quitaron los dolores.
5. Se le olvidaron los problemas.

EJERCICIO F

Cambie Ud. los complementos indirectos (objetos indirectos) al singular:

MODELO: Se **nos** dificultó la tarea. Se **me** dificultó la tarea.

1. Se les hizo barato.
2. Se os caen las cartas.
3. Se les olvidó pagarme.
4. Se nos perdió el paraguas.

EJERCICIO G

Conteste Ud. a las preguntas con respuestas apropiadas:

1. Su madre va a mandar al niño por siete panecillos a diez centavos cada uno.
   ¿Cuánto dinero necesita el niño?
2. Rafael tenía sesenta y seis dólares cuando fue de compras. Él volvió con veinte dólares.
   ¿Cuánto dinero gastó?
3. Josefina quiere comprar una cafetera que cuesta treinta y tres dólares y unas tazas que cuestan treinta y cinco dólares.
   ¿Cuánto dinero necesita ella?
4. Ricardo tenía setenta dólares y le prestó la mitad a Pepe y la otra mitad a Manuel.
   ¿Cuánto le prestó a cada uno?

LECTURA: ¿Es posible engañar a un detector de mentiras?

Los escritores de fantásticas historias de misterio, largas y cortas, con frecuencia basan sus argumentos en la habilidad de los sospechosos de ser culpables de un crimen para eludir las revelaciones que pueden proporcionar los detectores de mentiras.

Pero ahora, tres psicólogos de la Universidad de Utah, los doctores Raskin, Barland y Podlesny, según una revista especializada, probaron que un detector de mentiras puede ser tomado como revelador de hechos ciertos en el 90 por ciento de los casos. Aseguran que un operador de este aparato que haya adquirido suficiente experiencia puede decir si hasta un psicópata criminal sin conciencia de su culpabilidad, puede estar diciendo mentiras o no.

El Diario de Nuevo Laredo, 21 de junio de 1977

Lección 8

DIÁLOGO: En el aire

AZAFATA: Buenas tardes, damas y caballeros. Bienvenidos abordo del vuelo 71 de Aerolíneas Internacionales. Hagan favor de observar la señal de no fumar y abróchense los cinturones de seguridad.

LUIS: Oye, ¿cómo se abrocha la cuestión ésta?

JORGE: Fíjate bien, así. Es bien fácil.

LUIS: ¿Te fijaste en la azafata a la entrada? Está guapísima.

JORGE: Eso no es nada, chico. Que venga la otra por aquí. Está de película.

AZAFATA: Señores, hemos recibido permiso de la torre para despegar y en unos minutos estaremos en el aire. Poco después se servirán cocteles o refrescos y un pequeño refrigerio.

(*El avión, un jet pequeño de tres motores, llega a la pista, acelera y despega en cosa de segundos. Unos minutos más tarde, el capitán ha apagado la señal de no fumar.*)

AZAFATA: ¿Qué les ofrezco? ¿Un coctel, un refresco, quizás un café?

LUIS: Tráigame dos martinis, por favor, bien secos.

JORGE: Yo, pues, un refresco de naranja.

AZAFATA: Déjeme ver. No sé si hay de naranja.

JORGE: No importa. Si no hay, tráigame lo que tenga.

LUIS: ¿Qué te parece la vista? Fantástica, ¿no?

JORGE: ¡Fenomenal! Pero, ahora que me acuerdo, dime, por qué pediste un martini? Nunca te he visto tomar martinis.

LUIS: Es que no comprendes. Es de categoría beber martinis. Es lo que siempre pide papá. Que se impresione la azafata con mi refinamiento.

TWA foto de Monkmeyer

JORGE:	No te hagas ilusiones. El que le ha gustado soy yo, pero . . .
LUIS:	No hay pero que valga. Hagamos una apuesta. A que a mí me da su teléfono y a ti no.
JORGE:	De acuerdo. Esto te costará diez dólares.
AZAFATA:	Aquí tiene usted sus dos martinis: son tres dólares. Y para usted no encontré nada de naranja. Le traje una limonada.
LUIS:	Señorita, ¿le puedo preguntar algo?
AZAFATA:	Por supuesto.
LUIS:	¿Cuál es su nombre completo?
AZAFATA:	Yo soy la Sra. Lucía Domínguez. ¿Por qué?
LUIS:	Por nada, señora. Es que me gusta saber siempre el nombre completo de las personas que nos atienden bien en nuestros vuelos.

Modismos

bienvenidos abordo welcome aboard
la cuestión esta this thing
hagan favor de + *infinitive* please
bien + *adjective* very, extremely
eso no es nada never mind; that's nothing
estar de película super, neat
no importa it doesn't matter
fenomenal super, neat
ser de categoría very chic
impresionarse to be impressed
refinamiento sophistication, worldliness
no te hagas ilusiones don't kid yourself
no hay pero que valga no ifs, ands or buts
a que (I bet you) that

Cuestionario

1. ¿Qué instrucciones da la azafata?
2. ¿Qué piensa Luis de la azafata?
3. ¿Está de acuerdo Jorge?
4. ¿Por qué pide dos martinis Luis?
5. ¿Qué les parece la vista a los dos?
6. ¿Con qué piensa Luis que va a impresionarse la azafata?
7. ¿Qué se sirve en el vuelo 71?

Composición oral

Complete las frases en forma apropiada:

1. Señores, hemos . . . . .
2. El que le . . . . .
3. Aquí tiene . . . . .
4. Señorita, ...
5. Es que me . . . . .

GRAMÁTICA Y EJERCICIOS

1. Present Subjunctive Mood of Regular Verbs (Tiempo presente del modo subjuntivo de verbos regulares)

The present subjunctive mood is usually formed in Spanish by attaching appropriate endings to the stem of the first person singular (**yo**) form of the present indicative:

	hablar	**tomar**	**comer**	**escribir**
yo	**hable**	**tome**	**coma**	**escriba**
tú	**hables**	**tomes**	**comas**	**escribas**
él, ella, Ud.	**hable**	**tome**	**coma**	**escriba**
nosostros	**hablemos**	**tomemos**	**comamos**	**escribamos**
vosotros	**habléis**	**toméis**	**comáis**	**escribáis**
ellos, ellas, Uds.	**hablen**	**tomen**	**coman**	**escriban**

	poner	**hacer**	**decir**	**venir**
yo	**ponga**	**haga**	**diga**	**venga**
tú	**pongas**	**hagas**	**digas**	**vengas**
él, ella, Ud.	**ponga**	**haga**	**diga**	**venga**
nosotros	**pongamos**	**hagamos**	**digamos**	**vengamos**
vosotros	**pongáis**	**hagáis**	**digáis**	**vengáis**
ellos, ellas, Uds.	**pongan**	**hagan**	**digan**	**vengan**

Note that **ar** verbs have an **e** series of endings and **er** and **ir** verbs have an **a** series of endings.

2. Present Subjunctive Mood of Irregular Verbs (Tiempo presente del modo subjuntivo de verbos irregulares)

a. Some verbs have special forms:

	dar	**saber**	**ir**
yo	**dé**	**sepa**	**vaya**
tú	**des**	**sepas**	**vayas**
él, ella, Ud.	**dé**	**sepa**	**vaya**
nosotros	**demos**	**sepamos**	**vayamos**
vosotros	**deis**	**sepáis**	**vayáis**
ellos, ellas, Uds.	**den**	**sepan**	**vayan**

	ser	**estar**	**haber**
yo	**sea**	**esté**	**haya**
tú	**seas**	**estés**	**hayas**

él, ella, Ud.	**sea**	**esté**	**haya**
nosotros	**seamos**	**estemos**	**hayamos**
vosotros	**seáis**	**estéis**	**hayáis**
ellos, ellas, Uds.	**sean**	**estén**	**hayan**

b. Verbs ending in **zar, car,** and **gar** have spelling (orthographic) changes in the present subjunctive mood as well as in the first person singular of the preterit tense of the indicative mood. The **z** changes to **c** before **e:**

Present Subjunctive

	comenzar	explicar	pagar
yo	**comience**	**explique**	**pague**
tú	**comiences**	**expliques**	**pagues**
él, ella, Ud.	**comience**	**explique**	**pague**
nosotros	**comencemos**	**expliquemos**	**paguemos**
vosotros	**comencéis**	**expliquéis**	**paguéis**
ellos, ellas, Uds.	**comiencen**	**expliquen**	**paguen**

Preterit

yo	**comencé**	**expliqué**	**pagué**
but tú	**comenzaste**	**explicaste**	**pagaste**
	etc.	**etc.**	**etc.**

c. Verbs ending in **guar** change **gu** to **gü** before **e** in the present subjunctive and the first person singular of the preterit tense of the indicative mood:

Present Subjunctive

	averiguar
yo	**averigüe**
tú	**averigües**
é, ella, Ud.	**averigüe**
nosotros	**averigüemos**
vosotros	**averigüéis**
ellos, ellas, Uds.	**averigüen**

Preterit

yo	**averigüé**
but tú	**averiguaste**
	etc.

d. Most verbs ending in **cer** or **cir** preceded by a vowel change **c** to **zc** before **a** or **o** in the present subjunctive and the first person singular of the present indicative:

Present Subjunctive

	conocer	introducir	ofrecer
yo	**conozca**	**introduzca**	**ofrezca**
tú	**conozcas**	**introduzcas**	**ofrezcas**
él, ella, Ud.	**conozca**	**introduzca**	**ofrezca**
nosotros	**conozcamos**	**introduz-camos**	**ofrezcamos**
vosotros	**conozcáis**	**introduzcáis**	**ofrezcáis**
ellos, ellas, Uds.	**conozcan**	**introduzcan**	**ofrezcan**

Present Indicative

yo	**conozco**	**introduzco**	**ofrezco**
but tú	**conoces**	**introduces**	**ofreces**
	etc.	**etc.**	**etc.**

EXCEPTION:

decir

Present subjuntive-yo **diga,** tú **digas,** etc.
Present indicative-yo **digo,** tú **dices,** etc.

hacer

Present subjunctive-yo **haga,** tú **hagas,** etc.
Present indicative-yo **hago,** tú **haces,** etc.

cocer

Present subjunctive-yo **cueza,** tú **cuezas,** etc.
Present indicative-yo **cuezo,** tú **cueces,** etc.

c. Verbs ending in **cer** or **cir** preceded by a consonant change **c** to **z** before **a** or **o** in the present subjunctive and the first person singular of the present indicative:

Present Subjunctive

	vencer	esparcir
yo	**venza**	**esparza**
tú	**venzas**	**esparzas**
él, ella, Ud.	**venza**	**esparza**
nosotros	**venzamos**	**esparzamos**

vosotros	**venzáis**	**esparzáis**
ellos, ellas, Uds.	**venzan**	**esparzan**

Present Indicative

yo	**venzo**	**esparzo**
but tú	**vences**	**esparces**
	etc.	**etc.**

f. Verbs ending in **ger** or **gir** change **g** to **j** before **a** or **o** in the present subjunctive and in the first person singular of the present indicative:

Present Subjunctive

	recoger	**corregir** (also an **e** to **i** stem-changing verb)
yo	**recoja**	**corrija**
tú	**recojas**	**corrijas**
él, ella, Ud.	**recoja**	**corrija**
nosotros	**recojamos**	**corrijamos**
vosotros	**recojáis**	**corrijáis**
ellos, ellas, Uds.	**recojan**	**corrijan**

Present Indicative

yo	**recojo**	**corrijo**
but tú	**recoges**	**corriges**
	etc.	**etc.**

g. Verbs ending in **guir** change the **gu** to **g** before **a** or **o** in the present subjunctive and the first person singular of the present indicative:

Present Subjunctive

	seguir	**conseguir**
yo	**siga**	**consiga**
tú	**sigas**	**consigas**
él, ella, Ud.	**siga**	**consiga**
nosotros	**sigamos**	**consigamos**
vosotros	**sigáis**	**consigáis**
ellos, ellas, Uds.	**sigan**	**consigan**

Present Indicative

yo	**sigo**	**consigo**
but tú	**sigues**	**consigues**
	etc.	**etc.**

h. Verbs ending in **uir** (except **guir** and **quir**) change **i** to **y** before **a, o,** or **e** in the present subjunctive and indicative:

Present Subjunctive

	distribuir	**contribuir**
yo	**distribuya**	**contribuya**
tú	**distribuyas**	**contribuyas**
él, ella, Ud.	**distribuya**	**contribuya**
nosotros	**distribuyamos**	**contribuyamos**
vosotros	**distribuyáis**	**contribuyáis**
ellos, ellas, Uds.	**distribuyan**	**contribuyan**

Present Indicative

yo	**distribuyo**	**contribuyo**
tú	**distribuyes**	**contribuyes**
él, ella, Ud.	**distribuye**	**contribuye**
nosotros	**distribuimos**	**contribuimos**
vosotros	**distribuís**	**contribuís**
ellos, ellas, Uds.	**distribuyen**	**contribuyen**

3. Direct Commands

Direct commands in Spanish involve the subjects **tú, vosotros, Ud. (usted)** and **Uds. (ustedes).**

a. Tú is the familiar singular *you* and is used with close friends and members of the family. For regular verbs the third person singular form of the present tense is used as the affirmative command form with **tú.**

Habla despacio (tú).	*Speak slowly.*
Come más (tú).	*Eat more.*
Escribe en español (tú).	*Write in Spanish.*

In negative commands **tú** requires the present subjunctive verb forms:

No hables despacio (tú).	*Don't speak slowly.*
No comas más. (tú).	*Don't eat more.*
No escribas en español (tú).	*Don't write in Spanish.*

Some common verbs have irregular imperative forms that are used with **tú** in the affirmative. However, in the negative, present subjunctive forms are used:

Affirmative		*Negative*
venir	**ven** (tú)	**no vengas** (tú)
decir	**di** (tú)	**no digas** (tú)
poner	**pon** (tú)	**no pongas** (tú)
tener	**ten** (tú)	**no tengas** (tú)
salir	**sal** (tú)	**no salgas** (tú)
hacer	**haz** (tú)	**no hagas** (tú)
ir	**ve** (tú)	**no vayas** (tú)
irse	**vete** (tú)	**no te vayas** (tú)
ser	**sé** (tú)	**no seas** (tú)

Where reflexive or object pronouns are required, they are attached to the verb in affirmative commands and precede the verb in negative commands:

Dile (tú).	*Tell him.*
No le digas (tú).	*Don't tell him.*
Vete (tú).	*Go away.*
No te vayas (tú).	*Don't go away.*

b. In affirmative commands with **vosotros,** for verbs that are not used with a reflexive pronoun, the **r** of the infinitive is replaced by **d:**

Hablad despacio (vosotros).	*Speak slowly.*
Comed más (vosotros).	*Eat more.*
Escribid en español (vosotros).	*Write in Spanish.*

In negative commands **vosotros** requires the present subjunctive verb forms:

No habléis despacio (vosotros).	*Don't speak slowly.*
No comáis más (vosotros).	*Don't eat more.*
No escribáis en español (vosotros).	*Don't write in Spanish.*

In affirmative commands with reflexive verbs, the reflexive pronoun **os** is attached to the verb form but the **d** is dropped.
In negative commands the pronoun precedes the verb:

Sentaos (vosotros).	*Sit down.*
Vestíos (vosotros).	*Dress yourselves.*
Poneos la ropa (vosotros).	*Put on your clothes.*
No os sentéis (vosotros).	*Don't sit down.*
No os vistáis (vosotros).	*Don't dress yourselves.*
No os pongáis la ropa (vosotros).	*Don't put on your clothes.*

EXCEPTION: In the affirmative **irse** retains the **d.**

Idos (vosotros).	*Go away.*
but	
No os vayáis (vosotros).	*Don't go away.*

When object pronouns are needed, they are attached to affirmative commands and precede negative commands:

Decidles (vosotros).	*Tell them.*
No les digáis (vosotros).	*Don't tell them.*

Note: **Vosotros** is not normally used in the Americas. Instead, the **ustedes** command is used for *you* in the plural.

c. With **Ud.** and **Uds.** present subjunctive forms are used for both affirmative and negative commands. **Ud.** and **Uds.** are used formally. In the Americas, the **Uds.** command is used in place of the **vosotros:**

Hable Ud. despacio.	*Speak slowly.*
No hable Ud. despacio.	*Don't speak slowly.*
Coma Ud. más.	*Eat more.*
No coma Ud. más.	*Don't eat more.*
Escriba Ud. en español.	*Write in Spanish.*
No escriba Ud. en español.	*Don't write in Spanish.*
Hablen Uds. despacio.	*Speak slowly.*
No hablen Uds. despacio.	*Don't speak slowly.*
Coman Uds. más.	*Eat more.*
No coman Uds. más.	*Don't eat more.*
Escriban Uds. en español.	*Write in Spanish.*
No escriban Uds. en español.	*Don't write in Spanish.*

As with the **tú** and **vosotros** commands, object pronouns and reflexive pronouns are attached when needed to the affirmative **Ud.** and **Uds.** commands:

Háblale (tú).	*Speak to him.*
Háblele Ud.	*Speak to him.*
Habladle (vosotros).	*Speak to him.*
Háblenle Uds.	*Speak to him.*
Vete (tú).	*Go away.*
Idos (vosotros).	*Go away.*
Váyase Ud.	*Go away.*
Váyanse Uds.	*Go away.*

As with the **tú** and **vosotros** commands, object pronouns and reflexive pronouns precede the negative **Ud.** and **Uds.** commands:

No te vayas (tú).	*Don't go away.*
No se vaya Ud.	*Don't go away.*
No os vayáis (vosotros).	*Don't go away.*
No se vayan Uds.	*Don't go away.*

EJERCICIO A

Dé Ud. las formas apropiadas de los infinitivos según los modelos:

MODELOS:	
(Hablar) tú.	**Habla** tú.
No (hablar) tú.	**No hables** tú.
(Hablar) Ud.	**Hable** Ud.
No (hablar) Ud.	**No hable** Ud.
(Hablar) vosotros.	**Hablad** vosotros.
No (hablar) vosotros.	**No habléis** vosotros.
(Hablar) Uds.	**Hablen** Uds.
No (hablar) Uds.	**No hablen** Uds.
(Decírselo) Ud.	**Dígaselo** Ud.
No (decírselo) Ud.	**No se lo diga** Ud.

1. (Comer) tú. No (comer) tú.
2. (Escribir) vosotros. No (escribir) vosotros.
3. (Tomar) Ud. No (tomar) Ud.
4. (Beber) Uds. No (beber) Uds.
5. (Poner) tú la bolsa allí. No (poner) tú la bolsa aquí.
6. (Hacer) Ud. eso. No (hacer) Ud. eso.
7. (Hacer) tú esto. No (hacer) tú más.
8. (Decir) tú la verdad. No (decir) tú eso.
9. (Venir) tú temprano. No (venir) tú tarde.
10. (Dar) Ud. más ayuda. No (dar) Ud. tanto dinero.
11. (Saber) Uds. estos datos. No (saber) Uds. esos datos.
12. (Irse) tú pronto. No (irse) tú después.
13. (Irse) Ud. ahora. No (irse) Ud. más tarde.
14. (Ser) buenos Uds. No (ser) malos Uds.
15. (Ser) bueno tú. No (ser) malo tú.
16. (Presentarse) Ud. aquí a las tres. No (presentarse) Ud. aquí a las tres.
17. (Comenzar) tú hoy. No (comenzar) tú mañana.
18. (Empezar) Ud. con ganas. No (empezar) Ud. sin ganas.
19. (Explicar) tú esto. No (explicar) tú más.
20. (Pagar) Uds. lo que deben. No (pagar) Uds. esas cuentas.
21. (Averiguar) Ud. la verdad. No (averiguar) Ud. lo inútil.
22. (Ofrecérselo) tú a ella. No (ofrecérselo) tú a él.
23. (Introducirlo) Ud. No (introducirlo) Ud.
24. (Traducirlo) Uds. No (traducirlo) Uds.

25. (Cocerla) tú. No (cocerla) tú más.
26. (Vencerlos) Ud. ahora. No (vencerlos) Ud. otro día.
27. (Esparcir) tú la semilla hoy. No (esparcirla) mañana.
28. (Recoger) Uds. todas estas hojas. No (recogerlas) Uds. más tarde.
29. (Corregirlos) Ud. ahora mismo. No (corregirlos) Ud. después.
30. (Seguir) tú este camino. No (seguir) tú ese camino.
31. (Conseguirme) Ud. más ayuda. No (conseguírmelo) Ud. hasta mañana.
32. (Distribuir) Uds. estas tarjetas. No (distribuir) Uds. aquellas tarjetas.
33. (Contribuir) tú más ayuda. No (contribuir) tú menos.
34. (Tenerlo) tú un momento. No (tenerlo) tú así.

4. Third Person Indirect Commands

Third person indirect commands are expressed in Spanish with present subjunctive forms preceded by **que:**

Que lo haga Tomás.	*Let Tom do it.*
Que lo hagan Tomás y Ricardo.	*Let Tom and Richard do it.*
Que se siente el convidado.	*Let the guest sit down.*
Que se sienten los convidados.	*Let the guests sit down.*

(Note the position of the pronouns.)

EJERCICIO B

Dé Ud. las formas apropiadas de los infinitivos entre paréntesis.

MODELO: Que se lo **(llevar)** Pepe. Que se lo **lleve** Pepe.

1. Que (sentarse) los niños aquí.
2. Que (escribir) más los estudiantes.
3. Que (pedir) ella más.
4. Que lo (hacer) Carlos.
5. Que lo (decir) ellos.
6. Que lo (comer) tus amigos.
7. Que lo (estudiar) Rosita.
8. Que (entrar) Elena y Josefina.

5. First Person Plural Commands

First person plural commands may be expressed with present subjunctive forms or with **vamos a** plus an infinitive.

Hagámoslo. **Vamos a hacerlo.**	*Let's do it.*
Sentémonos. (Note that **s** is dropped when **nos** is attached.) **Vamos a sentarnos.**	*Let's sit down.*

Note: For **ir** use

Vámonos. **Vamos.**	*Let's go.*

EJERCICIO C

Exprese Ud. en español según el modelo:

MODELO: *Let's begin.* **Empecemos.**
Vamos a empezar.

1. Let's return.
2. Let's buy them.
3. Let's dress now.
4. Let's get up.
5. Let's send it to her.
6. Let's dance.
7. Let's read it.
8. Let's go.
9. Let's write more.
10. Let's eat now.

6. Idioms with tener

Idioms with the verb **tener** are numerous in Spanish. Some of the most important follow:

tener sueño	*to be sleepy*
tener frío	*to be cold*
tener calor	*to be hot (warm)*
tener sed	*to be thirsty*
tener hambre	*to be hungry*
tener ______ años	*to be ______ years old*
Ella tiene sueño.	*She is sleepy.*
Tengo frío.	*I am cold.*
Tengo mucho frío.	*I am very cold.*
Él tiene calor.	*He is hot (warm).*
¿Tienes sed?	*Are you thirsty?*
Tengo mucha sed.	*I am very thirsty.*
Los niños tienen hambre.	*The children are hungry.*
¿Cuántos años tiene Felipe?	*How old is Philip?*
Felipe tiene diez y nueve años.	*Philip is nineteen years old.*

EJERCICIO D

Exprese Ud. en español:

1. The child is sleepy.
2. I am cold. Are you very cold?
3. He says he is hot in this room. Are you hot? I am not very hot.
4. They say they are thirsty. Are you very thirsty?

5. We are very hungry. Let's eat now.
6. Do you know how old he is? I think he is twenty years old.

7. Cardinal Numbers 71–80

setenta y uno	*seventy-one*
setenta y dos	*seventy-two*
setenta y tres	*seventy-three*
setenta y cuatro	*seventy-four*
setenta y cinco	*seventy-five*
setenta y seis	*seventy-six*
setenta y siete	*seventy-seven*
setenta y ocho	*seventy-eight*
setenta y nueve	*seventy-nine*
ochenta	*eighty*

EJERCICIO E

Conteste Ud. a las preguntas en español con respuestas apropiadas:

1. El señor Flores compró dos sacos. Uno le costó treinta y tres dólares y el otro le costó cuarenta y cinco dólares.
   ¿Cuánto pagó por los dos sacos?
2. Ayúdame con este problema.
   ¿Cuántos son setenta y ocho dividido por dos?
3. Ahí tiene Ud. setenta y nueve dólares. Pague Ud. diez y nueve dólares a la señora Gonzáles y veinte dólares a la señora Peña.
   ¿Cuánto dinero le va a quedar a Ud. después de pagarles?
4. Cómpreme cinco de aquellos cuadros de diez y seis dólares cada uno.
   ¿Cuánto dinero necesita?

EJERCICIO F

Exprese Ud. en español:

1. Henry wants to buy a new pair of shoes.
2. Take him to a good store to buy them.
3. Don't go today.
4. It is very late.
5. Go with him tomorrow.
6. Help him choose a good pair.
7. Don't pay too much for them.
8. However, be sure to buy good shoes.
9. Don't you choose the shoes.

10. Only advise him.
11. After all, he has to wear them.
12. Don't forget to take him tomorrow.

EJERCICIO G

Escriba Ud. a un amigo o a una amiga instrucciones para hacer lo siguiente:

1. Que vaya el amigo (la amiga) al centro por Ud. porque Ud. está enfermo.
2. Que le compre el amigo (la amiga) dos docenas de naranjas para hacer jugo.
3. Que le traiga el amigo (la amiga) un periódico o una revista.
4. Que busque el amigo (la amiga) una medicina buena para el catarro, que se la compre y que se la traiga.

EJERCICIOS PARA EL LABORATORIO, LA CLASE, O LA TAREA DE ESTUDIO PARTICULAR

EJERCICIO A

Cambie Ud. las oraciones del afirmativo al negativo:

MODELO: **Habla** (tú). **No hables** tú.

1. Come (tú).
2. Escribe (tú).
3. Dámelo (tú).
4. Hágalo Ud.
5. Díganle Uds.
6. Hacedlo vosotros.
7. Ponlo allí (tú).
8. Póngalo Ud. aquí.
9. Tráelo (tú).
10. Déselo Ud.
11. Bébanlo Uds.
12. Diles (tú).
13. Tómalo (tú).
14. Ven (tú) ahora.
15. Dénselos Uds.
16. Vete (tú).
17. Váyanse Uds.
18. Sentaos vosotros allí.
19. Sea Ud. actriz.
20. Preséntate aquí a las tres.
21. Comience Ud. mañana.
22. Explícamelo (tú).
23. Páguenos Ud.
24. Tradúcelo (tú).
25. Ofrézcanselo Uds.
26. Cuézalo Ud.
27. Escoge (tú) otros.
28. Convénzales Ud.
29. Recojan Uds. esos papeles.
30. Apacígüelos Ud.
31. Averígüenlo Uds.
32. Averígualo (tú).
33. Diríjalo Ud. bien.
34. Explícaselo (tú).
35. Consíganmelo Uds.
36. Distribúyelos (tú).
37. Contribúyalo Ud.
38. Ofrézcaselo Ud.
39. Pídanselo Uds.
40. Entra (tú) por allí.

EJERCICIO B

Cambie Ud. los sujetos y verbos al plural:

MODELO: Que los **corrija él.** Que los **corrijan ellos.**

1. Que venga él con nosotros.
2. Que termine su amiga ahora.
3. Que lea el estudiante esta novela.
4. Que empiece el músico.
5. Que nos siga nuestro compañero.
6. Que lo sepa él.
7. Que te lo traiga tu amigo.
8. Que salga el gato.
9. Que lo vea mi hermano.
10. Que se divierta ella.

EJERCICIO C

Cambie Ud. los verbos según el modelo:

MODELO: **Estudiemos** más. **Vamos a estudiar** más.

1. Cantemos con ellos.
2. Comamos ahora.
3. Escribamos todos los ejercicios.
4. Bebamos más.
5. Entremos.
6. Levantémoslo.
7. Levantémonos.
8. Llevémoslo.
9. Acabémoslo.
10. Busquémoslo.

EJERCICIO D

Conteste Ud. según los ejemplos:

MODELOS: **¿Tiene Ud. sueño?** **Sí, tengo sueño.**
¿Tienen Uds. sueño? **Sí, tenemos sueño.**
¿No tienes tú sueño? **No tengo sueño.**

1. ¿Tienen Uds. frío?
2. ¿Tienes veinte y dos años?
3. ¿No tiene Ud. sed?
4. ¿Tiene Ud. hambre?
5. ¿No tienen Uds. calor?
6. Tienes tú sueño?
7. ¿No tiene Ud. sueño?
8. ¿No tienes diez y ocho años?
9. ¿No tienen Uds. mucha sed?
10. ¿No tienes much frío?

EJERCICIO E

Conteste Ud. con respuestas apropiadas en español:

1. ¿Cuántos son veinte y cinco multiplicado por tres?
2. ¿Cuántos son setenta y cinco dividido por tres?

3. ¿Cuántos son cincuenta más veinte y tres?
4. ¿Cuántos son ochenta menos sesenta?

LECTURA: ¿Vivirían a gusto en un departamento quienes poseen casa propia?

Muchas personas de las que poseen casa propia alzan las manos al cielo en señal de protesta ante la idea de cambiarse a un departamento o vivienda alquilada, pero a menudo y allá en sus adentros piensan que pasarían menos apuraciones y vivirían más a gusto sin los cuidados que exige una casa propia.

Cuesta trabajo dejar de pensar en eso, sobre todo cuando el que es propietario tiene que desembolsar dinero, digamos para un calentador nuevo. Y después del gasto ¿qué es lo que gana . . . ? La misma agua caliente que el que vive en un departamento y no tienen que preocuparse ya que todo tiene que darlo el que le renta la vivienda.

El Diario de Nuevo Laredo, 24 de junio de 1977

Lección 9

DIÁLOGO: En un supermercado

ANITA: ¡Mi madre! ¡Qué frío hace aquí!
MARICARMEN: Sí, sobre todo cuando te acercas a los productos congelados.
ANITA: Qué lástima que no hubiera traído mi abrigo grueso.
MARICARMEN: Ay, chica. No me gusta que sufras. Ten, ponte mi chaqueta.
ANITA: ¿Y tú? Que te congeles, ¿no?
MARICARMEN: Claro que no. Con mi sudadera basta y sobra.
ANITA: Eres un encanto; gracias.
MARICARMEN: Bien, pero ahora convendría que nos diéramos prisa.
ANITA: Es verdad. Ya son casi las dos y el vuelo de Luis y Jorge llega a las cinco, ¿no?
MARICARMEN: Sí. Y parece mentira que todavía tengamos que hacer veinte mil cosas de aquí a las cinco.
ANITA: Ojalá les guste lo que vamos a prepararles.
MARICARMEN: Descuida. Les encantará. Te lo aseguro.
ANITA: Pues empecemos con el arroz. Medio kilo del fino.
MARICARMEN: Una pechuga de pollo, medio kilo de camarones . . .
ANITA: ¡Contra! No encuentro por ninguna parte el chorizo español.
MARICARMEN: No desesperes. Lo más probable es que sólo lo encontremos enlatado.
ANITA: Nos falta una lata de corazones de alcachofa . . .
MARICARMEN: Y un frasquito de pimientos no podía faltar.
ANITA: Y el más caro de todos los ingredientes: el azafrán.
MARICARMEN: Mira lo que está costando estos días: $3.00 por un sobrecito diminuto de azafrán.

Shelton de Monkmeyer

ANITA: Menos mal que ya tenemos todos los ingredientes.

MARICARMEN: Espera un momento. Aún faltan las almejas y las colas de langosta.

ANITA: ¡Más vale que les guste nuestra paella porque aquí se nos ha ido el cheque del mes!

Modismos

¡Mi madre! Oh dear; my goodness
sobre todo especially
qué lástima que . . . what a pity that . . .
abrigo grueso heavy coat
ten here; take it
sudadera sweatshirt
basta y sobra (to be) more than enough
ser un encanto to be an angel, especially good
hacer veinte mil cosas to have a million things to do
descuida don't worry
del fino/de la fina; de los finos/de las finas first class; class A
¡contra! darn it!
ninguna parte nowhere; anywhere
no desesperes relax; cool it
enlatado (a, os, as) canned
paella a very popular Hispanic dish made with rice, chicken, shrimp, etc.
se nos ha ido (el cheque) we have blown our money

Cuestionario

1. ¿En qué parte del supermercado hace más frío?
2. ¿Qué dice Maricarmen cuando Anita le dice "qué lástima"?
3. ¿Qué tienen que hacer Maricarmen y Anita entre dos y cinco?
4. ¿A qué hora llega el vuelo de Luis y Jorge?
5. ¿Cuánto compran de camarones?
6. ¿Qué no encuentra por ninguna parte Anita?
7. ¿Cuál es el más caro de todos los ingredientes?

Composición oral

Complete las frases en forma apropiada:

1. Qué lástima que . . . . .
2. Y parece mentira que . . . . .
3. Mira lo que . . . . .
4. Aún faltan . . . . .
5. Más vale que . . . . .

GRAMÁTICA Y EJERCICIOS

1. Imperfect Subjunctive (Imperfecto del subjuntivo)

The imperfect subjunctive in Spanish has two sets of endings (**ra** and **se**) and is formed by dropping the **ron** from the third person plural of the preterit tense and adding the appropriate endings:

	hablar
yo	**hablara (hablase)**
tú	**hablaras (hablases)**
él, ella, Ud.	**hablara (hablase)**
nosotros	**habláramos (hablásemos)**
vosotros	**hablarais (hablaseis)**
ellos, ellas, Uds.	**hablaran (hablasen)**

	comer
yo	**comiera (comiese)**
tú	**comieras (comieses)**
él, ella, Ud.	**comiera (comiese)**
nosotros	**comiéramos (comiésemos)**
vosotros	**comierais (comieseis)**
ellos, ellas, Uds.	**comieran (comiesen)**

	escribir
yo	**escribiera (escribiese)**
tú	**escribieras (escribieses)**
él, ella, Ud.	**escribiera (escribiese)**
nosotros	**escribiéramos (escribiésemos)**
vosotros	**escribierais (escribieseis)**
ellos, ellas, Uds.	**escribieran (escribiesen)**

2. Present Perfect Subjunctive (Pretérito perfecto del subjuntivo)

The present perfect subjunctive is formed with the present subjunctive of the verb **haber** plus the past participle of the verb used:

	hablar
yo	**haya hablado**
tú	**hayas hablado**
él, ella, Ud.	**haya hablado**

nosotros	**hayamos hablado**
vosotros	**hayáis hablado**
ellos, ellas, Uds.	**hayan hablado**

3. Pluperfect Subjunctive (Pluscuamperfecto del subjuntivo)

The pluperfect subjunctive is formed with the imperfect subjunctive of the verb **haber** plus the past participle of the verb used:

	hablar
yo	**hubiera (hubiese) hablado**
tú	**hubieras (hubiese) hablado**
él, ella, Ud.	**hubiera (hubiese) hablado**
nosotros	**hubiéramos (hubiésemos) hablado**
vosotros	**hubierais (hubieseis) hablado**
ellos, ellas, Uds.	**hubieran (hubiesen) hablado**

4. Subjunctive in Independent Clauses

The subjunctive mood is used in Spanish with **ojalá.** It is also used after **tal vez, quizás, quizá,** and **acaso** to express doubt:

Ojalá (que) él **venga.**	*I hope he comes.* *If only he comes (will come).*
Ojalá (que) ella **termine** los ejercicios.	*I hope she finishes the exercises.* *If only she finishes (will finish) the exercises.*
Ojalá (que) ellos **hayan llegado.**	*I hope they have arrived.* *If only they have arrived.*
Tal vez Luis lo **haga.**	*Perhaps Louis (is doing it) will do it.*
Quizás te lo **traigan** ellos.	*Perhaps they will bring (are bringing) it to you.*
Quizá la niña **esté** dormida.	*Perhaps the child is asleep.*
Acaso haya otro remedio.	*Perhaps there is another solution.*

5. Imperfect Subjunctive to Show Courtesy

The imperfect subjunctive (**ra** form) of the verbs **deber, poder,** and **querer** may be used to show courtesy:

Tú **debieras** decirle.	*You ought to tell him.*
¿Pudieras aconsejarme?	*Could you advise me?*
Yo **quisiera** verte mañana.	*I would like to see you tomorrow.*

6. Subjunctive in Noun Clauses

The subjunctive mood is used in noun clauses (clauses used as nouns) after certain verbs and expressions provided there is a change in subject from the main clause to the noun clause that follows:

a. Verbs of Desire or Emotion:

Él **quiere** que tú **vayas.**	*He wants you to go.*
No me gusta que **hagas** eso.	*I don't like you to do that.*
Esperamos que ellos **vengan.**	*We hope they come.*
Tengo miedo de que ella **esté** enferma.	*I am afraid she is sick.*
Ella **siente** que **estés** enfermo.	*She is sorry you are sick.*
Ellos **se alegran de** que **te diviertas.**	*They are happy that you are enjoying yourself.*

b. Most Impersonal Expressions:

In noun clauses after impersonal expressions indicating doubt, necessity, attitude, uncertainty, desire, emotion, persuasion, probability, and the like, the subjunctive mood is used:

Es necesario que los alumnos **estudien.**	*It is necessary for the pupils to study.*
Es posible que Pablo **vaya.**	*It is possible Paul is going (will go).*
Es dudoso que Carolina **baile** esta noche.	*It is doubtful Caroline will dance tonight.*
Es probable que Alicia y su amiga **canten.**	*It is probable that Alice and her friend will sing.*
Es lástima que ellos **estén** enfermos.	*It is a shame they are sick.*
Basta que se lo **mandes.**	*It is sufficient that you send it to them.*
No importa que Uds. **lleguen** tarde.	*It doesn't matter if you arrive late.*
Puede ser que él **esté** lastimado.	*It may be that he is hurt.*
Conviene que ella nos lo **diga.**	*It is advisable for her to tell us.*
Parece mentira que ellos **estudien** tanto.	*It seems incredible that they are studying (study) so much.*

Some impersonal expressions in the affirmative that indicate facts or certainty are followed by the indicative:

Es verdad que él **viene.**	*It is true he is coming.*
Es evidente que ella **está** contenta.	*It is evident she is happy.*

Es claro que nuestro equipo **está** ganando.	*It is clear that our team is winning.*
Es cierto que ellos **están** haciéndolo.	*It is certain (true) that they are doing it.*
Es seguro que Carlos **está** en casa.	*It is sure (certain) that Charles is at home.*

No es cierto and **no es seguro** are followed by the subjunctive:

No es cierto que lo **halles.**	*It is not certain you will find it.*
No es seguro que ellos **vengan.**	*It is not sure that they will come.*

No es verdad, no es evidente, and **no es claro** are normally followed by the subjunctive when present and future time are involved:

No es verdad que él lo **haga.**	*It isn't true that he is doing (will do) it.*
No es evidente que ellos **vengan.**	*It isn't clear that she is winning (will win).*

7. Sequence of Tenses

The proper sequence of tenses is necessary when utilizing the subjunctive in subordinate clauses. Generally, a present or present perfect subjunctive follows a present or future tense verb in the main clause. An imperfect or pluperfect subjunctive follows a past or conditional tense verb in the main clause:

Yo **quiero** que él **venga.**	*I want him to come.*
Ellos **querrán** que lo **hagas.**	*They will want you to do it.*
Yo **quería** que él **viniera.**	*I wanted him to come.*
Él **querría** que tú **vinieras.**	*He would want you to come.*
Es necesario que Tomás lo **haga.**	*It is necessary for Tom to do it.*
Era necesario que Tomás lo **hiciera.**	*It was necessary for Tom to do it.*
Ellos **se alegran** de que **hayas llegado.**	*They are happy that you have arrived.*
Ellos **se alegraban** de que **hubieras llegado.**	*They were happy that you had arrived.*

Sometimes it is necessary to use a different sequence:

Es posible que Eduardo lo **hiciera** ayer.	*It's possible that Edward did it yesterday.*

EJERCICIO A

Cambie Ud. las oraciones siguientes del presente al pasado:

MODELOS: Ella **quiere** que tú **vengas.** — Ella **quería** que tú **vinieras.**
Elena **se alegra** de que **hayas ganado.** — Elena **se alegraba** de que **hubieras ganado.**

1. Tengo miedo de que Manuel esté enojado.
2. Ellos esperan que lo haga Ud.
3. Queremos que Uds. lo pongan aquí.
4. Me alegro de que Juan lo haya hecho.
5. Es posible que ellos hayan llegado.
6. Basta que los alumnos escriban estos ejercicios.
7. Parece mentira que ese equipo esté ganando.
8. Es dudoso que Ud. lo encuentre.
9. Es probable que Enrique haya vuelto.
10. ¿Qué importa que Ricardo se vaya?
11. Yo espero que lo traigas.
12. Le gusta que yo lo haga.

EJERCICIO B

Complete Ud. las oraciones con el presente del subjuntivo o del indicativo:

MODELOS: **Ojalá** que Pepe **(volver).** — **Ojalá** que Pepe **vuelva.**
Es verdad que ella **(volver).** — **Es verdad** que ella **vuelve.**

1. Ojalá que el artista (tocar) ahora.
2. Tal vez los estudiantes (leer) la novela.
3. Quizás alguien lo (hallar).
4. Quizá nadie te (ver).
5. Acaso los (conocer) ella.
6. Quiere que Uds. me lo (traer).
7. Pablo siente que tú (estar) triste.
8. Es imposible que yo (ir).
9. Ellos se alegran de que te (gustar) las medias.
10. Tenemos miedo de que las niñas (lastimarse).
11. Es evidente que ellos (venir).
12. No es claro que él (ir).
13. Esperamos que ellos nos lo (traer).
14. Es verdad que él (ser) ingeniero.
15. Nos gusta que ella (acompañarnos).

EJERCICIO C

Complete Ud. las oraciones con el imperfecto del subjuntivo o del indicativo:

MODELOS:		
	Era necesario que yo **(descansar).**	**Era necesario** que yo **descansara.**
	Era evidente que él **(ir).**	**Era evidente** que él **iba.**

1. No importaba que ella (volver).
2. Era probable que Teresa le (llamar).
3. ¿Por qué querías que él te lo (mandar)?
4. Yo tenía miedo de que ellos (cansarse).
5. Nos alegrábamos de que todos (comer) bien.
6. Ellos sentían que tú no (poder) verlo.
7. Era dudoso que él lo (devolver).
8. Bastaba que nosotros (escribir) éstos.
9. Era imposible que la niña (beber) tanto.
10. Era necesario que yo se lo (dar).
11. Era claro quienes (ser).
12. Era verdad que mi hermana lo (querer).
13. Yo (querer) ayudarte.
14. ¿(Poder) tú accompañarme?
15. Él (deber) estudiar más.
16. Ella esperaba que tú se lo (decir).
17. No les gustaba que él (levantarse) tarde.

EJERCICIO D

Complete Ud. las oraciones con el pretérito perfecto (present perfect) del subjuntivo o del indicativo:

MODELOS:		
	Ojalá que ellos lo **(ver).**	**Ojalá** que lo **hayan visto.**
	Es evidente que ellos lo **(ver).**	**Es evidente** que ellos lo **han visto.**

1. Ojalá que alguien lo (hacer).
2. Tal vez Pablo y José lo (poner) en la caja.
3. Quizás nadie (llegar).
4. Quizá Carolina y Susana los (escribir).
5. Acaso tu hermano las (perder).
6. ¿Te alegras de que nosotros (volver)?
7. Es posible que Juana nos (llamar).
8. ¿Por qué sientes que yo no lo (acabar)?
9. Es probable que Jorge les (decir).
10. Es verdad que nosotros lo (encontrar).
11. Es claro que nadie lo (vender).

12. Basta que todos (volver).
13. Yo espero que Ud. (terminar).
14. Tal vez él (empezar).
15. Me gusta que Ud. (venir).

EJERCICIO E

Complete Ud. las oraciones con el pluscuamperfecto del subjuntivo o del indicativo:

MODELOS: Él **se alegraba de** que tú lo **(leer).**	Él **se alegraba de** que tú lo **hubieras leído.**
Era verdad que yo lo **(perder).**	**Era verdad** que yo lo **había perdido.**

1. Mis amigos sentían que yo (estar) enfermo.
2. Era evidente que Rodolfo (ganar).
3. Era posible que Salvador se lo (dar).
4. ¿Por qué tenías miedo de que ellos (lastimarse)?
5. Era verdad que ella lo (devolver).
6. Era imposible que Ricardo (terminar) el trabajo.
7. Me alegraba de que Ud. me lo (decir).
8. Era claro que ellos no (hacer) tanto.
9. No importaba que él (llegar) tarde.
10. Era evidente que nosotros lo (alcanzar).
11. Ellos esperaban que Uds. (acabar).
12. Le gustaba que Uds. (despertarse).

8. Cardinal Numbers 81–90

ochenta y uno	*eighty-one*
ochenta y dos	*eighty-two*
ochenta y tres	*eighty-three*
ochenta y cuatro	*eighty-four*
ochenta y cinco	*eighty-five*
ochenta y seis	*eighty-six*
ochenta y siete	*eighty-seven*
ochenta y ocho	*eighty-eight*
ochenta y nueve	*eighty-nine*
noventa	*ninety*

9. Ordinal Numbers 1–10

primero	*first*
segundo	*second*
tercero	*third*

cuarto	*fourth*
quinto	*fifth*
sexto	*sixth*
séptimo	*seventh*
octavo	*eighth*
noveno	*ninth*
décimo	*tenth*

Note the agreement in gender in the following examples;

el primer libro	*the first book*
la primera lección	*the first lesson*
el segundo tomo	*the second volume*
la segunda lección	*the second lesson*
el tercer ejercicio	*the third exercise*
la tercera lección	*the third lesson*
el cuarto asiento	*the fourth seat*
la cuarta lección	*the fourth lesson*
el quinto día	*the fifth day*
la quinta lección	*the fifth lesson*

Note: Only **primero** and **tercero** drop the **o** before a masculine singular noun they modify. **Segundo, cuarto, quinto, sexto, séptimo, octavo, noveno,** and **décimo** remain unchanged.

EJERCICIO F

Conteste Ud. a las preguntas con respuestas apropiadas:

1. Rosa llegó aquí hoy a las diez de la mañana y Alicia llegó a las once de la mañana.
   ¿Quién llegó primero?
2. Arturo compró un libro de comedias y después compró un libro de poemas.
   ¿Cuál fue el segundo libro que compró?
3. Ella leyó un libro de la página ochenta y dos a la página noventa.
   ¿Cuántas páginas leyó?
4. Esteban dice que me va a dar una tercera parte de los noventa dólares que tiene.
   ¿Cuánto dinero me va a dar?

EJERCICIO G

Dé Ud. la forma correcta del número ordinal:

1. (tercero) día
2. (cuarto) vez
3. (octavo) lección
4. (primero) oración
5. (tercero) película
6. (décimo) tomo

7. (séptimo) fila
8. (primero) asiento
9. (sexto) ejercicio
10. (noveno) petición

EJERCICIO H

Exprese Ud. en español:

1. I hope you go to the lecture tomorrow.
2. I hope to go also.
3. Helen and I would like to see all of our friends there.
4. I am sorry no one told you about the lecture before.
5. However, I am happy that you know now.
6. You ought to go with us.
7. Could you accompany us?
8. This will be the first lecture for our Spanish club.
9. They say the fourth lecture will be outstanding also.
10. However, I want to hear all of the lectures.
11. I want you to hear them also.
12. We all hope you will attend.
13. It is necessary for the secretary of the club to attend all of the lectures.
14. It is evident the lectures will be very good.
15. We like our friends to attend.

EJERCICIO I

Escriba Ud. una composición acerca de una cosa que Ud. quiere que un amigo o una amiga haga, usando:

1. los verbos **querer, sentir, esperar,** y **alegrarse** seguidos de una cláusula con un sujeto distinto.
2. algunas expresiones impersonales seguidas de cláusulas.
3. **ojalá** y **tal vez.**
4. los verbos **querer, poder,** y **deber** en el imperfecto del subjuntivo.

EJERCICIOS PARA EL LABORATORIO, LA CLASE, O LA TAREA DE ESTUDIO PARTICULAR

EJERCICIO A

Cambie Ud. los verbos en las cláusulas subordinadas del presente del subjuntivo o indicativo al pretérito perfecto (present perfect) del subjuntivo o indicativo:

MODELOS: Es posible que los chicos **riñan.** — Es posible que los chicos **hayan reñido.**

Es verdad que ella **llega.** — Es verdad que ella **ha llegado.**

1. Es imposible que la niña se vista.
2. Es evidente que el policía le sigue.

3. No es evidente que el policía le siga.
4. Es verdad que los padres se acuestan.
5. No es verdad que los padres se acuesten.
6. Es probable que la tía duerma.
7. Es claro que todos se sientan.
8. No es claro que todos se sienten.
9. ¿Tienes miedo de que nadie la cierre?
10. Él se alegra de que llueva.

EJERCICIO B

Cambie Ud. los verbos en las cláusulas subordinadas del imperfecto del subjuntivo o indicativo al pluscuamperfecto del subjuntivo o indicativo:

MODELOS:	Él sentía que ellos **fallaran.**	Él sentía que ellos **hubieran fallado.**
	Era evidente que todos **jugaban.**	Era evidente que todos **habían jugado.**

1. Bastaba que Uds. lo aceptaran.
2. Era verdad que yo no insistía.
3. Su madre tenía miedo de que su hija se enfermara.
4. Convenía que te quedaras en casa.
5. Era lástima que Uds. no almorzaran.
6. Ellos esperaban que Ud. anduviera por acá.
7. No importaba que ella escogiera ésta.
8. Me gustaba que mi prima se divirtiera.
9. Yo esperaba que mis abuelos se acostaran.
10. Era claro que sus tíos lo prometían.

EJERCICIO C

Conteste Ud. con respuestas apropiadas:

MODELOS:	**¿Quieres que lo haga?**	**Sí, quiero que lo hagas.**
	¿Quieren que le diga?	**Sí, queremos que le diga.**
	¿No quiere que vaya?	**No, no quiero que vaya.**

1. ¿Quieres que hable?
2. ¿Quiere que entre?
3. ¿Quieren que me acueste?
4. ¿No quieres que venga.
5. ¿Quiere que vuelva?
6. ¿No quiere que me siente?
7. ¿No quieren que me levante?
8. ¿Quieres que lo repita?
9. ¿Quieres que lo cierre?
10. ¿Quieren que juegue?

EJERCICIO D

Conteste Ud. con respuestas apropiadas:

MODELOS:	**¿Te alegrabas de que te lo dijera?**	**Sí, me alegraba de que me lo dijeras.**
	¿Se alegraban de que se lo dijera?	**Sí, nos alegrábamos de que nos lo dijera.**
	¿No se alegraba de que se lo dijera?	**No, no me alegraba de que me lo dijera.**

1. ¿Te alegrabas de que te llamara?
2. ¿Se alegraba de que le llamara?
3. ¿Se alegraban de que les hablara?
4. ¿No se alegraba de que le despertara?
5. ¿No te alegrabas de que te sirviera la comida?
6. ¿No se alegraban de que les pidiera ayuda?
7. ¿Se alegraban de que les diera de comer?
8. ¿Te alegrabas de que te siguiera?
9. ¿No se alegraba de que le olvidara?
10. ¿Se alegraban de que les leyera un cuento?
11. ¿No te alegrabas de que te engañara?

EJERCICIO E

Conteste Ud. con respuestas apropiadas:

1. ¿Cuántos son treinta multiplicado por tres?
2. ¿Cuántos son noventa dividido por dos?
3. ¿Cuántos son cincuenta más treinta y siete?
4. ¿Cuántos son ochenta y nueve menos diez y ocho?

LECTURA: ¿Les gusta a los niños estar solos?

Al parecer, los niños se cansan de estar vigilados todo el tiempo. Claro que se sienten bien al lado de los padres o de otros familiares, así como les complace la compañía de sus amiguitos de juegos o de sus compañeros de clase. Pero llega un momento en que preferirían estar a solas con sus pensamientos, o simplemente descansando.

En cierta ocasión, una institución escolar hizo un curioso experimento, asignó a los niños un tiempo especial para que estudiaran, dibujaran o hicieran lo que les viniera en gana. Y resultó que a los niños no solamente les encantaba estar solos durante cierto tiempo, sino que disfrutaban mejor de los momentos en que estaban acompañados.

El Diario de Nuevo Laredo, 24 de junio de 1977

Lección 10

DIÁLOGO: El modelo "peor es nada"

JORGE: ¡Encomendémonos a todos los santos!

LUIS: Tal vez hasta un poco de magia ayude.

JORGE: Tengo miedo de que esta compra salga mal.

LUIS: Yo también. Pero si no compramos esta carcacha, no compramos nada.

(Se acerca el vendedor de carros usados.)

VENDEDOR: Muchachos, veo que se interesan en este cuatro puertas automático.

JORGE: No creo que tengamos dinero para un auto más caro.

LUIS: ¿Cree usted que funcione bien siquiera un año? No queremos meternos en camisa de once varas.

VENDEDOR: Dudo que puedan encontrar ustedes algo mejor por este precio en todo el estado.

JORGE: El color no es el más atractivo, pero . . .

LUIS: Y las llantas se ven medio "veteranas."

VENDEDOR: Eso es lo de menos, chicos. El motor, lo principal, es una maravilla. Es un V-8 y la transmisión funciona como nueva.

JORGE: ¿Nos permite que lo echemos a andar?

VENDEDOR: Por supuesto. Aquí tienen las llaves.

(Jorge se mete al coche, pone la llave y arranca el motor.)

VENDEDOR: Yo sugeriría que le dieran la vuelta a la manzana.

JORGE: Manos a la obra. Móntate, Luis.

(Jorge y Luis dan la vuelta a la manzana y hacen comentarios.)

LUIS: No está mal. ¿Qué te parece? ¿Lo compramos?

United Press International

JORGE: Yo aconsejaría que sí lo compráramos. Total, el carro anda bien y sólo cuesta $300 dólares.

LUIS: Pues cerremos el trato. Oye, chico, mira que el radio también funciona.

JORGE: Ya tenemos nuestro "peor es nada."

Modismos

¡Encomendémonos a todos los Santos! May the Saints protect us!
salir mal to go wrong; awry
carcacha jalopy
(carro de) cuatro puertas a four-door car
meterse en camisa de once varas to get oneself in trouble; in a jam
medio sort of; kind of
"veteranas" (os, o, a) slang for "old"
eso es lo de menos that's the least important thing
lo principal what really matters
es una maravilla it's outstanding, really great
echar a andar to turn (a motor) on
arrancar el motor to start the engine
dar(le) la vuelta a la manzana to go around the block
manos a la obra let's do it
montarse to hop in; get in; get on
cerrar el trato to close the deal
"peor es nada" better than nothing

Cuestionario

1. ¿Cómo podemos saber que Jorge está preocupado?
2. ¿Qué dice Luis acerca del carro viejo?
3. ¿Qué se puede decir del color y de las llantas?
4. ¿Qué les dice el vendedor acerca del motor?
5. ¿Qué les sugiere a Luis y a Jorge?
6. Después de darle la vuelta a la manzana ¿qué piensa Jorge?
7. ¿Qué aconseja Luis?

Composición oral

Complete las frases en forma apropiada:

1. Tengo miedo. . . . .
2. ¿Cree usted. . . . .
3. Dudo que. . . . .
4. ¿Nos permite. . . . .
5. Total. . . . .

GRAMÁTICA Y EJERCICIOS

1. Subjunctive in Noun Clauses

In addition to being used with verbs of desire and emotion, the subjunctive mood is also used in noun clauses after certain other verbs, provided there is a change of subject from the main verb to the succeeding noun clause.

a. Verbs of doubt and denial in the affirmative:

Él **duda** que tú **vengas.**	*He doubts you are coming.*
Él **dudaba** que tú **vinieras.**	*He doubted you would come.*
Él **niega** que Uds. **vayan.**	*He denies you are going.*
Él **negaba** que Uds. **fueran.**	*He denied you went.*

When verbs of doubt and denial are used in the negative, they are followed by the indicative mood:

Él **no duda** que tú **vienes.**	*He doesn't doubt you are coming.*
Él **no dudaba** que tú **vendrías.**	*He didn't doubt you would come.*
Él **no niega** que Uds. **van.**	*He doesn't deny you are going.*
Él **no negaba** que Uds. **iban.**	*He didn't deny you were going.*

b. Verbs of belief in the negative with a change in subject from the main verb to the succeeding noun clause require the subjunctive mood:

Ella **no cree** que él lo **haga.**	*She doesn't think he will do it (is doing it).*
Ella **no creía** que él lo **hiciera.**	*She didn't think he would do it, (was doing it, or did it).*

The interrogative verbs of belief are normally followed by the subjunctive when there is doubt in the mind of the one asking the question:

¿Cree que ella le **escriba?**	*Do you think she will write to him?*

If there is no doubt in the mind of the one asking the question, the indicative mood is appropriate:

¿No cree que él lo **hace?** Yo sí lo creo.	*Don't you think he is doing it?* *I believe it.*

Likewise, verbs of belief in the affirmative are followed by the indicative mood:

Ella **cree** que él lo **hace.**	*She thinks he is doing it.*
Ella **creía** que él lo **hacía.**	*She thought he was doing it.*

EJERCICIO A

Dé Ud. las formas apropiadas de los infinitivos en el presente del subjuntivo o del indicativo:

MODELOS:	Ella **duda** que tú **(asistir).**	Ella **duda** que tú **asistas.**
	Ella **no duda** que tú **(asistir).**	Ella **no duda** que tú **asistes.**
	Él **niega** que tú lo **(aceptar).**	Él **niega** que tú lo **aceptes.**
	Él **no niega** que tú lo **(aceptar).**	Él **no niega** que tú lo **aceptas.**
	Ellos **creen** que tú lo **(saber).**	Ellos **creen** que tú lo **sabes.**
	Ellos **no creen** que tú lo **(saber).**	Ellos **no creen** que tú lo **sepas.**
	¿Cree Ud. que lo **(firmar)** él?	**¿Cree** Ud. que lo **firme** él?
	¿No cree Ud. que lo **(firmar)** él?	**¿No cree** Ud. que lo **firma** él?

1. Yo dudo que él (fumar). fume
2. Yo no dudo que él (fumar). fuma
3. Ella niega que ellos lo (comprar). compren
4. Ella no niega que ellos lo (comprar). compran
5. Nosotros creemos que Ud. lo (tener). tienen
6. Nosotros no creemos que Ud. lo (tener). tengan
7. ¿Crees que José (comer) ahora? coma
8. ¿No crees que José (comer) ahora? come

EJERCICIO B

Dé Ud. las formas apropiadas del pretérito perfecto (present perfect) del subjuntivo o del indicativo:

MODELOS:	Ellas **dudan** que Ud. **(escuchar).**	Ellas **dudan** que Ud. **haya escuchado.**
	Ellas **no dudan** que Ud. **(escuchar).**	Ellas **no dudan** que Ud. **ha escuchado.**

1. Él niega que tú lo (pagar). haya pagado
2. Él no niega que tú lo (pagar). has pagado
3. Mi padre cree que yo le (decir). he dicho
4. Mi padre no cree que yo le (decir). haya dicho
5. Margarita y Rosa dudan que Uds. (volver). hayan vuelto
6. Margarita y Rosa no dudan que Uds. (volver). han vuelto.
7. ¿Creen Uds. que ellos le (criticar)? hayan criticado
8. ¿No creen Uds. que ellos le (criticar)? han criticado

EJERCICIO C

Dé Ud. las formas apropiadas de los infinitivos en el imperfecto del subjuntivo o del indicativo:

MODELOS:		
	Él **dudaba** que Ud. lo **(discutir).**	Él **dudaba** que Ud. lo **discutiera.**
	Él **no dudaba** que Ud. lo **(discutir).**	Él **no dudaba** que Ud. lo **discutía.**

1. Tu hermano negaba que tú (aburrirse). te aburrieras
2. Tu hermano no negaba que tú (aburrirse). te aburrías.
3. Alguien creía que yo lo (abrir). abría
4. Nadie creía que yo lo (abrir). abririera iera
5. ¿Creían Uds. que su madre (comprender)? comprendiera.
6. ¿No creían Uds. que su madre (comprender)? comprendía.
7. Nuestros padres dudaban que nosotros lo (tener). tendriéramos
8. Nuestros padres no dudaban que nosotros lo (tener). teníamos

EJERCICIO D

Dé Ud. las formas apropiadas de los infinitivos en el pluscuamperfecto del subjuntivo o del indicativo:

MODELOS:		
	Él **dudaba** que nosotros **(empezar).**	Él **dudaba** que nosotros **hubiéramos empezado.**
	Él **no dudaba** que nosotros **(empezar).**	Él **no dudaba** que nosotros **habíamos empezado.**

1. Yo negaba que mis hermanos (acabar). hubieran acabado
2. Yo no negaba que mis hermanos (acabar). habían acabado.
3. ¿Creía Ud. que ella (alejarse)? se hubiera alejado
4. ¿No creía Ud. que ella (alejarse)? se había alejado
5. Su sobrino creía que ella le (castigar) injustamente. había castigado
6. Su sobrino no creía que ella le (castigar) injustamente. hubiera castigado
7. Ellos dudaban que tú (comer) mucho. hubieras comido
8. Ellos no dudaban que tú (comer) mucho. habías comido

c. Other verbs that may be followed by noun clauses using the subjunctive mood provided there is a change in subject from the main verb to the succeeding noun clause are verbs of command, request, advice, suggestion, permission, and prohibition. These verbs may also be followed by the infinitive as an alternate to the noun clause with subjunctive construction:

Él me **mandó** que yo lo **hiciera.** Él me **mandó hacerlo.**	*He ordered me to do it.*
Ellos nos **hicieron** que **volviéramos.** Ellos nos **hicieron volver.**	*They made us return.*
El profesor les **aconsejó** a los alumnos que **escribieran** todos los ejercicios. El profesor les **aconsejó** a los alumnos **escribir** todos los ejercicios.	*The teacher advised the students to write all the exercises.*
Te **ruego** que lo **hagas** pronto. Te **ruego hacerlo** pronto.	*I beg you to do it quickly.*
¿Quién le **sugirió** a Ud. que lo **comprara?** ¿Quién le **sugirió** a Ud. comprarlo?	*Who suggested that you buy it?*
Permítale Ud. que él **entre.** **Permítale** Ud. **entrar.**	*Permit him to enter.*
Déjeles Ud. que **salgan.** **Déjeles** Ud. **salir.**	*Let them leave.*

Note: The following verbs require the subjunctive in succeeding noun clauses with subjects different from the main verb:

Ellos **insisten** en que yo **estudie.**	*They insist that I study.*
Él **prefiere** que tú **regreses.**	*He prefers that you return.*
Necesitamos que tú nos **ayudes.**	*We need you to help us.*

When **decir** and **escribir** are used in a mandatory sense, the verb in the noun clause that follows is in the subjunctive mood:

Yo le **diré** que **venga** mañana.	*I shall tell him to come tomorrow.*
Él me **escribió** que **volviera** pronto.	*He wrote me to return soon.*

However, the indicative mood is used in a noun clause that follows when no mandatory force is indicated:

Yo le **dije** que ellos **estaban** cansados.	*I told him they were tired.*
Ella me **escribió** que su hermano **estaba** enfermo.	*She wrote me that her brother was sick.*

EJERCICIO E

Dé Ud. las formas apropiadas de los infinitivos en el presente del subjuntivo o del indicativo:

MODELOS:		
	Dígale Ud. a él **que (volver)** mañana.	**Dígale** Ud. a él **que vuelva** mañana.
	Dígale Ud. **que yo (volver)** más tarde.	**Dígale** Ud. **que yo vuelvo** más tarde.

1. Él me manda que se lo (decir). diga
2. Yo te pido que (ir) con él. va
3. Ellos nos aconsejan que (estudiar) más.
4. Nosotros les exigimos que nos (pagar).
5. Ella le sugiere a él que lo (comprar).
6. Yo no le hago a ella que (quedarse).
7. Él nos dice que Enrique lo (hacer) pronto.
8. Él nos dice que nosotros lo (hacer) pronto.
9. Carlos les ruega que le (ayudar).
10. Él no me deja que (entrar).
11. Tus padres te permiten que (volver).
12. El director nos prohibe que (fumar) aquí.
13. Yo insisto en que Ud. (estudiar).
14. Ella me permite que (ir).
15. Ellos necesitan que Ud. les (llamar).

EJERCICIO F

Sustituya Ud. el infinitivo en lugar de la cláusula:

MODELOS:		
	Yo te permito **que vayas.**	Yo te permito **ir.**

1. Ellos me sugieren que vuelva. Ellos me sugieren volver.
2. Les aconsejo que ensayen. Les aconsejo ensayer.
3. Te dejamos que entres. Te dejamos entrar
4. Él nos prohibe que fumemos. Él nos prohibe fumar.
5. No le hagas que vaya. No le hagas ir.
6. ¿Por qué les exige Ud. que trabajen más? Porque les exige Ud trabajar
7. No les mandes que se marchen. No les mandes marchar
8. Permítanle que salga. Permítanle salir

EJERCICIO G

Dé Ud. las formas apropiadas de los infinitivos en el imperfecto del subjuntivo o del indicativo:

MODELOS:	Yo **le dije** a ella **que (volver).**	Yo **le dije** a ella **que volviera.**
	Yo **le dije** a ella **que Juan (volver).**	Yo **le dije** a ella **que Juan volvía.**

1. Él nos dijo que nosotros lo (hacer). (hacíamos) haciera
2. Él nos dijo que Elena lo (hacer). hacía
3. Ellos me dijeron que yo lo (comprar). comprara
4. Ellos me dijeron que Carlos lo (comprar). compraría
5. ¿Quién te dijo que tú (bailar)? bailara
6. ¿Quién te dijo que Luis (bailar)? bailía

2. Idioms with tener

tener miedo	*to be afraid*
tener vergüenza	*to be ashamed*
tener cuidado	*to be careful*
tener celos	*to be jealous*
tener suerte	*to be lucky*
tener éxito	*to be successful*

EJERCICIO H

Exprese Ud. en español:

1. Are you afraid? No, but I am ashamed.
2. Was she successful? Yes, and I think she was very lucky also.
3. Are you jealous of her? No, we want her to be careful.

3. Cardinal Numbers 91–100

noventa y uno	*ninety-one*
noventa y dos	*ninety-two*
noventa y tres	*ninety-three*
noventa y cuatro	*ninety-four*
noventa y cinco	*ninety-five*
noventa y seis	*ninety-six*
noventa y siete	*ninety-seven*
noventa y ocho	*ninety-eight*
noventa y nueve	*ninety-nine*
ciento (cien)	*one hundred*

Ciento becomes **cien** when it modifies a noun:

cien libros	*one hundred books*
cien cartas	*one hundred letters*

Cien is also used before a number larger than itself:

cien mil	*one hundred thousand*
cien millones de habitantes	*one hundred million inhabitants*

Cien may be used as a separate word, particularly in a direct response:

¿Cuántos dólares tienes?	*How many dollars do you have?*
Tengo cien.	*I have one hundred.*

EJERCICIO I

Conteste Ud. a las preguntas con respuestas apropiadas en español:

1. ¿Cuántos son veinte y cinco multiplicado por cuatro?
2. ¿Cuántos son ciento diez dividido por cinco?
3. ¿Cuántos son noventa y ocho menos veinte?
4. ¿Cuántos son cuarenta y dos más cincuenta y dos?

EJERCICIO J

Exprese Ud. en español:

1. I doubt that George and Robert will return.
2. I do not doubt that they are ashamed.
3. They denied that you asked them to come.
4. They did not deny that you spoke to them.
5. I do not think they want to come.
6. Alfred thinks they will do it.
7. Do you think they will arrive?
8. I hope they come.
9. I am sure no one wants to order them to come.
10. I know that their parents will permit them to visit us.
11. Perhaps they are jealous.
12. Someone said they were afraid.
13. I think they are lucky.
14. I do not think they are careful.

EJERCICIO K

Escriba Ud. a un amigo o a una amiga incluyendo por lo menos lo siguiente:

1. Pídale que le haga a Ud. un favor.
2. Dígale que le escriba a Ud. de lo que pasa.
3. Aconséjele Ud. algo.
4. Dígale algo de algún éxito o fracaso que Ud. ha tenido.

EJERCICIOS PARA EL LABORATORIO, LA CLASE, O LA TAREA DE ESTUDIO PARTICULAR

EJERCICIO A

Conteste Ud. a las preguntas según los modelos:

MODELOS:	¿**Dudas** que él **cante?**	**No dudo** que él **canta.**
	¿Le **mandaste** que él **cantara?**	**No** le **mandé** que él **cantara.**
	¿Le **aconsejó** Ud. a Elena que **volviera?**	**No** le **aconsejé** a Elena que **volviera.**
	¿Les **rogaron** Uds. que ellos **terminaran?**	**No** les **rogamos** que ellos **terminaran.**

1. ¿Le permites que ella vaya?
2. ¿Niegas que él lo haga?
3. ¿Le pidió Ud. a Carlos que tocara más?
4. ¿Creen Uds. que Carlos llegue pronto?
5. ¿Le dejaste a Pepe que manejara el coche?

EJERCICIO B

Cambie Ud. las oraciones del presente al pasado según los modelos:

MODELOS:	Ella **duda** que tú **vengas.**	Ella **dudaba** que tú **vinieras.**
	Yo te **digo** que lo **hagas.**	Yo te **decía** que lo **hicieras.**
	Él **no duda** que eso **es cierto.**	Él **no dudaba** que eso **era cierto.**

1. Yo insistó en que José te escriba.
2. El policía nos prohibe que entremos.
3. Carlos prefiere que Rosa cante.
4. Ellos necesitan que alguien los ayude.
5. Nosotros le rogamos que lea el folleto.
6. ¿Quiénes les piden que lo compren?
7. ¿Quién te hace que cantes?
8. Nadie les aconseja que lo vendan.

EJERCICIO C

Conteste Ud. a las preguntas según los modelos:

MODELOS:	**¿Tienes miedo?**	**Sí, tengo miedo.**
	¿No tiene Ud. celos?	**No, no tengo celos.**
	¿Tienen Uds. suerte?	**Sí, tenemos suerte.**

1. ¿Tienes vergüenza?
2. ¿No tiene Ud. éxito?
3. ¿No tienes suerte?
4. ¿Tiene Ud. celos?

5. ¿No tiene Ud. miedo?
6. No tienen Uds. cuidado?
7. ¿Tienen Uds. éxito?
8. ¿Tienes celos?

EJERCICIO D

Conteste Ud. a las preguntas según los modelos:

MODELOS: **¿Quieres que te ayude?** **Sí, quiero que me ayudes.**
¿Quieren Uds. que les llame? **Sí, queremos que nos llame.**
¿Quiere Ud. que se lo enseñe? **Sí, quiero que me lo enseñe.**

1. ¿Quieren Uds. que les hable?
2. ¿Quieres que te lo diga?
3. ¿Quiere Ud. que se lo dé?
4. ¿Quieres que te lo mande?
5. ¿Quiere Ud. que se lo traiga?
6. ¿Quieren Uds. que les escriba?
7. ¿Quieres que te lo lea?
8. ¿Quiere Ud. que le llame?

EJERCICIO E

Conteste Ud. a las preguntas con respuestas apropiadas en español:

1. ¿Cuántos son cien menos noventa y uno?
2. ¿Cuántos son cien dividido por dos?
3. ¿Cuántos son treinta y tres multiplicado por tres?
4. ¿Cuántos son cuarenta y seis más cincuenta y dos?

LECTURA: ¿Son los psiquiatras o psicólogos buenos compañeros de mesa?

No espere usted que este tipo de profesionistas sean mejores para amenizar una reunión que cualquiera otro grupo de profesionales. Una de las razones es que no les gusta contar cuentos después de las horas de consulta, y probablemente se sienten tan agotados después del trabajo, que necesitan descansar un poco sin tener que dedicar ningún tiempo a sus tareas.

En resumen, tratar de determinar cuando un paciente habla directamente sobre su persona y cuando está usando alegorías para ilustrar sus problemas exige tan tremenda concentración de parte del médico al que quizás le caiga bien un poco de conversación frívola o aburrida para aliviar en alguna forma las tensiones.

El Diario de Nuevo Laredo, 24 de junio de 1977

Lección 11

DIÁLOGO: Una visita inesperada

ANITA:	¡No saben cuánto me alegro de que vinieran!
PAPÁ:	(*dándole un beso y un abrazo*) ¡Te ves lindísima!
MAMÁ:	(*dándole, también, un beso y un abrazo*) Te noto un poco delgada. ¿Has estado comiendo bien?
ANITA:	Demasiado bien. Voy a ponerme gordísima si sigo comiendo tanto.
PAPÁ:	Bah, no te preocupes. Mira a tu mamá. Veinticino años mayor que tú y, sin embargo, luce muy guapa. Y ya tú sabes que ella es de muy buen diente.
MAMÁ:	¡Cómo puedes decir eso? Bien poco es lo que como.
ANITA:	Hablando de comida, ¿les puedo ofrecer una taza de café o té?
MAMÁ:	Para tu papá, como de costumbre, su té. Para mí un café.
ANITA:	¿Un poco de pastel de chocolate o unas galletas?
PAPÁ:	No, hijita, muchas gracias.
MAMÁ:	No sé. Quiero algo que no tenga muchas calorías. Dame una sola galletita.
PAPÁ:	Recibimos tu carta hace dos días con la noticia de que te quieres casar, y desde entonces, casi no dormimos.
MAMÁ:	¿Por qué tienes tanta prisa? ¿Es necesario que ustedes se casen tan pronto?
ANITA:	No, mamá. No es necesario. Es sólo que Luis y yo nos queremos mucho y como pasamos casi todo el tiempo juntos, pues pensamos que podríamos economizar con un sólo apartamento. Y además . . .

Shelton de Monkmeyer

PAPÁ: No sé. Me parece muy apresurado todo, aunque nos dices que Luis es muy buen muchacho.
MAMÁ: No querría que después te arrepintieras y sufrieras.
ANITA: No te pongas triste. No habrá problemas.
PAPÁ: ¿Qué dicen los padres de Luis?
ANITA: ¡Ya me temía que preguntaras eso! Todavía no habla Luis con ellos. ¡Pensábamos convencerlos a ustedes primero!

Modismos

cuánto me alegro . . . How happy I am . . .
te noto (notar) you appear to be
lucir (guapa) to look (beautiful)
ser de buen diente to be a hearty eater
como de costumbre as usual
hijita (o, as, os) affectionate use of diminutive of daughter
casi no dormimos we hardly slept
apresurado too rushed

Cuestionario

1. ¿Qué hace el papá cuando primero ve a Anita?
2. ¿Qué piensa la mamá de Anita?
3. ¿Qué piensa Anita que puede pasarle si come demasiado?
4. ¿Qué les ofrece Anita a sus padres?
5. ¿Qué noticia les da la carta de Anita?
6. ¿Qué opina el papá del matrimonio?
7. ¿Qué no querría la mamá?

Composición oral

Complete las frases en forma apropiada:

1. No saben . . . . .
2. Y ya tú . . . . .
3. Quiero algo que . . . . .
4. Es sólo que Luis . . . . .
5. Ya me temía . . . . .

GRAMÁTICA Y EJERCICIOS

1. Subjunctive in Adjective Clauses

The subjunctive mood is used in adjective clauses with indefinite or negative antecedents but the indicative is used in adjective clauses with definite antecedents:

Indefinite (subjunctive):	Yo **quiero un libro que sea** interesante. *I want a book that is interesting.*
Definite (indicative):	Yo **tengo un libro que es** interesante. *I have a book that is interesting.*
Negative (subjunctive):	No puedo hallar **ningún libro que me guste.** *I can't find any book that I like.*
Indefinite (subjunctive):	Yo **quería un libro que fuera** interesante. *I wanted a book that was interesting.*
Indefinite (subjunctive):	Él **buscaba un traje que no costara** mucho. *He was looking for a suit that would not cost much.*
Definite (indicative):	Yo **tenía un libro que era** interesante. *I had a book that was interesting.*
Negative (subjunctive):	Yo no pude hallar **ningún libro que fuera** interesante. *I could not find any book that was interesting.*

EJERCICIO A

Complete Ud. las oraciones según los modelos:

MODELOS:

Busco un vestido que **(ser)** corto.	**Busco** un vestido que **sea** corto.
Tengo un vestido que **(ser)** corto.	**Tengo** un vestido que **es** corto.
No tengo ningún vestido que **(ser)** largo.	**No tengo** ningún vestido que **sea** largo.

1. Tu amigo pide un saco que (quedarle) bien.
2. Tú tienes un saco que (quedarte) bien.
3. Él no tiene ningún saco que (quedarle) bien.
4. Queremos una casa que (tener) cuatro alcobas.
5. Tenemos una casa que (tener) tres alcobas.
6. Nuestros vecinos tampoco tienen una casa que (tener) cuatro alcobas.
7. Ellos buscan un ayudante que (trabajar) con ellos.
8. Ayer ella encontró a esa señora que (trabajar) aquí.
9. Enrique quería un ayudante que (trabajar) con él.
10. Él buscaba un traje que no le (costar) mucho.
11. Él encontró un traje que no le (costar) mucho.
12. No hay ningún traje en esta tienda que no (costar) mucho.
13. El señor González no quiere comprar una casa que (estar) lejos del centro.
14. El señor González tiene una casa que (estar) cerca de aquí.

EJERCICIO B

Cambie Ud. las oraciones del presente al pasado:

MODELOS: Él **quiere** una pluma que **escriba** bien.
Él **quería** una pluma que **escribiera** bien.

1. Buscamos unos trabajadores que vengan temprano.
2. Quiero una criada que lo haga mejor.
3. Jorge no tiene ningunos zapatos que le gusten.
4. ¿Buscas un ayudante que lo haga mejor?
5. ¿No conoces a nadie que tenga éxito?
6. No hay ninguno que pueda hacerlo.
7. ¿Busca Ud. un asiento que sea más cómodo?
8. Ella quiere un asiento que esté más cerca.
9. Busco una persona que quiera ayudarme.
10. Él busca personas que vayan con él.

2. "To become" in Spanish

To become may be expressed in Spanish in various ways:

Llegar a ser plus a noun or an adjective:

Él **llegó a ser abogado.** — *He became a lawyer.*
Él **llegó a ser rico.** — *He became rich.*

Hacerse plus a noun or an adjective:

Él **se hizo médico.** — *He became a doctor.*
Él **se hizo rico.** — *He became rich.*

Ponerse plus an adjective:

Ella **se puso pálida.** — *She became pale.*

Volverse plus an adjective (for a violent change):

Él **se volvió loco.** — *He became crazy.* (*He went crazy.*)

Some reflexive verbs may be used to express the idea of becoming:

Él **se enojó.** — *He became angry.*

OTHER EXAMPLES:

Ella **se enrojeció.** — *She blushed.*
Ella **se puso roja (colorada).** — *She blushed.*
Él **se enfermó.** — *He became sick.*
Él **se puso enfermo.** — *He became sick.*
Todos **se entristecieron.** — *Everyone became sad.*

Todos **se pusieron tristes.**	*Everyone became sad.*
Ese **hombre se enriqueció.**	*That man became rich.*
Ese hombre **se hizo (llegó a ser) rico.**	*That man became rich.*

EJERCICIO C

Conteste Ud. según los modelos:

MODELOS:	**¿Se enrojecieron ellas?**	**Sí, ellas se pusieron rojas.**
	¿Te entristeciste?	**Sí, me puse triste.**
	¿Se enrojecieron Uds.?	**Sí, nos pusimos rojos.**

1. ¿Se enojó Ud.?
2. ¿Se enrojeció Carmen?
3. ¿Se enfermaron ellos?
4. ¿Se entristeció Carlos?
5. ¿Se alegró Ud.?
6. ¿Se enfermó Ud.?
7. ¿Se enfermaron Uds.?
8. ¿Te enojaste?

EJERCICIO D

Conteste Ud. según los modelos:

MODELOS:	**¿Llegó a ser** médico Ricardo?	Sí, Ricardo **se hizo** médico.
	¿Llegaste a ser abogado?	Sí, **me hice** abogado.
	¿Llegaron Uds. a ser médicos?	Sí, **nos hicimos** médicos.

1. ¿Llegaste a ser profesor (profesora)?
2. ¿Llegaron Uds. a ser pianistas?
3. ¿Llegaron a ser bailarinas ellas?
4. ¿Llegó Ud. a ser guitarrista?
5. ¿Llegó a ser ingeniero José?

3. Comparison of Adjectives

There are three forms of adjectives: positive, comparative, and superlative.

Comparison of most adjectives in Spanish is expressed by using **más** (*more*) or **menos** (*less*) with the adjective. **Que** is used to express the English *than* after a comparison.

The superlative uses the same form as the comparative plus the article and its meaning is made evident by its use. After a superlative **de** is used for the English *in:*

Positive:	
Ricardo es **alto.**	*Richard is tall.*
Comparative:	
Ricardo es **más alto que** Juan.	*Richard is taller than John.*
Superlative:	
Ricardo es **el más alto de** la clase.	*Richard is the tallest one in class.*
Positive:	
Esta lámpara es **cara.**	*This lamp is expensive.*
Comparative:	
Esta lámpara es **menos cara que** aquélla.	*This lamp is less expensive than that one.*
Superlative:	
Esta lámpara es **la menos cara de** la tienda.	*This lamp is the least expensive in the store.*

4. Irregular Comparison of Adjectives

Some adjectives have irregular comparisons:

Este libro es **bueno.**	*This book is good.*
Es **mejor que** aquél.	*It is better than that one.*
Es **el mejor de** la tienda.	*It is the best in the store.*
Este libro es **malo.**	*This book is bad.*
Es **peor que** aquél.	*It is worse than that one.*
Es **el peor de** la tienda.	*It is the worst one in the store.*

Grande is used with **más** to show comparative size but has irregular comparisons to indicate age:

Esta casa es **grande.**	*This house is large.*
Es **más grande que** aquélla.	*It is larger than that one.*
Es **la más grande de** esta cuadra (manzana).	*It is the largest one on this block.*
Carmen es **mayor que** su hermana.	*Carmen is older than her sister.*
Carmen es **la mayor de** los hijos.	*Carmen is the oldest of the children.*

Pequeño is used with **más** to show comparative size but has irregular comparisons to indicate age:

Esta casa es **pequeña.**	*This house is small.*
Es **más pequeña que** aquélla.	*It is smaller than that one.*
Es **la más pequeña de** esta cuadra (manzana).	*It is the smallest on this block.*
Elena es **menor que** su hermana.	*Helen is younger than her sister.*
Elena es **la menor de** los hijos.	*Helen is the youngest of the children.*

EJERCICIO E

Conteste Ud. según los modelos:

MODELOS:	**¿Eres mayor que José?**	**Sí, soy el mayor de la familia.**
	¿Es él más alto que Enrique?	**Sí, es el más alto de la familia.**

1. ¿Es Carolina más linda que Carmen?
2. ¿Es Jorge más simpático que Ricardo?
3. ¿Es Ud. más bajo que Pablo?
4. ¿Es Juan más grande que su hermano?
5. ¿Es Elenita más pequeña que Juana?
6. ¿Eres menor que Patricia?
7. ¿Es Pepe más guapo que Ricardo?
8. ¿Es Esteban más simpático que Luis?

5. Absolute Superlative of Adjectives

An absolute superlative may be expressed by adding **ísimo, ísima, ísimos,** or **ísimas** to the adjective:

Ése es un árbol **bellísimo.**	*That is a most beautiful tree.*
Ella es **simpatiquísima.**	*She is very, very nice.*
Los ríos de este país son **larguísimos.**	*The rivers in this country are extremely long.*
Ellas son **riquísimas.**	*They are extremely rich.*

Note: These forms are never used to show comparison.
By using **muy** with an adjective similar ideas may be expressed, although perhaps with less emphasis or flourish:

Ése es un árbol **muy bello.**	*That is a very beautiful tree.*
Ella es **muy simpática.**	*She is very nice.*
Los ríos de este país son **muy largos.**	*The rivers of this country are very long.*
Ellas son **muy ricas.**	*They are very rich.*

EJERCICIO F

Cambie Ud. las oraciones según el modelo:

MODELO: Este vestido es **muy caro.** — Este vestido es **carísimo.**

1. Ese río es muy largo.
2. Ella es muy linda.
3. Ellos son muy altos.
4. Yo estoy muy cansado.
5. Estamos muy tristes.
6. Él es muy rico.
7. Ese joven es muy gordo.
8. Ellos son muy flacos.

6. Idioms with tener.

tener razón	*to be right*
tener ganas (de)	*to feel like*
tener la culpa	*to be to blame*
tener presente	*to bear in mind*
tener prisa	*to be in a hurry*
tener lugar	*to take place*
tener (el) derecho (de)	*to have the right*

EJERCICIO G

Conteste Ud. según los modelos:

MODELOS:	**¿Tienes ganas de comer?**	**Sí, tengo ganas de comer.**
	¿Tienen Uds. prisa?	**Sí, tenemos prisa.**
	¿Tiene razón Jorge?	**Sí, Jorge tiene razón.**

1. ¿Tienes la culpa?
2. ¿Lo tiene Ud. presente?
3. ¿Tienen Uds. (el) derecho de hacerlo?
4. ¿Tendrá lugar la fiesta aquí?
5. ¿Tienen ellos ganas de volver?
6. ¿Tiene razón la joven?
7. ¿Tienes prisa?
8. ¿Tiene la culpa Inés?
9. ¿Tiene Salvador (el) derecho de hablar?
10. ¿Tiene Juana prisa?

7. Cardinal Numbers 200–900

Numbers from 200 to 900 agree in gender with words modified:

doscientos libros	*two hundred books*
doscientas personas	*two hundred persons*
doscientos, -as	*two hundred*
trescientos, -as	*three hundred*
cuatrocientos, -as	*four hundred*
quinientos, -as	*five hundred*
seiscientos, -as	*six hundred*
setecientos, -as	*seven hundred*
ochocientos, -as	*eight hundred*
novecientos, -as	*nine hundred*

8. Some Other Numbers above 900

mil	*one thousand*
mil personas	*a thousand persons*
un millón	*one million*
un millón de soldados	*a million soldiers*
dos millones de soldados	*two million soldiers*
mil novecientos sesenta y ocho	*1968*

EJERCICIO H

Conteste Ud. con respuestas apropiadas en español:

1. La librería compró mil libros y vendió setecientos.
   ¿Cuántos libros le quedaron a la librería?
2. Novecientas personas fueron a ver el partido pero doscientas se fueron después de una hora.
   ¿Cuántas personas se quedaron en el estadio?
3. Había dos mil quinientos habitantes en aquel barrio y trescientos cincuenta acaban de llegar.
   ¿Cuántos habitantes hay ahora?
4. Aquel país tiene una población de diez millones de habitantes. Un país cercano tiene una población de ocho millones.
   ¿Cuántos habitantes más tiene el país mayor?

EJERCICIO I

Exprese Ud. en español:

1. He wants to buy a suit she will like.
2. She says he has a suit that she likes.
3. She wants to buy a dress he will like.
4. He says she has a dress that he likes.
5. She is looking for a picture that will match these decorations.
6. I was looking for something that would please them.
7. I did not find anything that pleased them.
8. Do you see anyone that we know?
9. There is someone that I know.
10. There is no one here that your friend knows.
11. Our friend became a teacher.
12. Later he became principal of a school.
13. After playing in the rain, the children became sick.
14. They say the poor man has gone crazy.
15. I don't know why they became angry.
16. The girls blushed when he spoke to them.

17. After working all day, we became tired.
18. When I heard the bad news, I became sad.
19. When Richard heard the good news, he became happy.

EJERCICIO J

Ud. ha ido de compras. Escriba Ud. una composición acerca de algo que ha querido comprar, incluyendo por lo menos:

1. ¿Por qué lo buscaba?
2. ¿Dónde lo buscaba?
3. ¿Desde cuándo lo buscaba?
4. Si lo encontró.

EJERCICIOS PARA EL LABORATORIO, LA CLASE O LA TAREA DE ESTUDIO PARTICULAR

EJERCICIO A

Cambie Ud. las oraciones del pasado al presente según el modelo:

MODELOS: Él **quería** un tocadiscos que **fuera** barato.
Él **quiere** un tocadiscos que **sea** barato.

1. Yo buscaba un saco que me quedara bien.
2. Ella quería una blusa que tuviera mangas cortas.
3. Roberto quería un coche que le gustara a María.
4. Queríamos ver un drama que nos divirtiera.
5. No había ningún disco en la tienda que me gustara.
6. Él me pidió una camisa que tuviera mangas largas.
7. Ellos no encontraban ningún asiento que fuera cómodo.
8. Ella quería unas cortinas que tuvieran muchos colores.
9. Él buscaba un radio que no le costara demasiado.
10. Yo quería una revista que fuera recién publicada.

EJERCICIO B

Conteste Ud. según los modelos:

MODELOS:

¿**Quieres** una silla que **sea** cómoda?	Ya **tengo** una silla que **es** cómoda.
¿**Quieren Uds.** una sillas que **sean** cómodas?	Ya **tenemos** unas sillas que **son** cómodas.
¿**Busca Ud.** un impermeable que **sea** ligero?	Ya **tengo** un impermeable que **es** ligero.

1. ¿Buscas una casa que tenga cuatro alcobas?
2. ¿Quiere Ud. un libro que tenga muchas ilustraciones?
3. ¿Buscan Uds. unas alfombras que les gusten?

4. ¿Quieres un ayudante que venga de noche?
5. ¿Quieren Uds. un empleado que hable español?
6. ¿Desean Uds. unos libros que tengan buenos cuentos?
7. ¿Pides una lámpara que dé más luz?
8. ¿Quieres una pluma que escriba mejor?
9. ¿Busca Ud. un bastón que sea más largo?
10. ¿Quieres un refresco que te quite la sed?

EJERCICIO C

Compare Ud. los adjetivos según el modelo:

MODELO: Ella es **hermosa.** — Ella es **más hermosa.**
Ella es **la más hermosa de todas.**

1. Manuel es amable.
2. Margarita es alta.
3. Alberto es delgado.
4. Carolina es linda.
5. Guillermo es cortés.
6. Esta lección es fácil.
7. Esa tarea es difícil.
8. Ese alumno es inteligente.
9. Este vestido es rojo.
10. Esa corbata es azul.

EJERCICIO D

Cambie Ud. las oraciones según el modelo:

MODELO: Ella es **lindísima.** — Ella es **muy linda.**

1. Carlos es riquísimo.
2. Anita es bellísima.
3. Juana es delgadísima.
4. Enrique está tristísimo.
5. Estamos cansadísimos.
6. La lección es dificilísima.
7. Ese ejercicio es facilísimo.
8. Este asunto es importantísimo.
9. Eso es tristísimo.
10. Este río es larguísimo.

EJERCICIO E

Conteste Ud. según los modelos:

MODELOS:

¿No tienes ganas de dormir?	**No, no tengo ganas de dormir.**
¿Tienes ganas de dormir?	**Sí, tengo ganas de dormir.**
¿Tienen ganas de dormir Uds.?	**Sí, tenemos ganas de dormir.**
¿No tienen ganas de dormir Uds.?	**No, no tenemos ganas de dormir.**

1. ¿No tienes prisa?
2. ¿No tienen la culpa?
3. ¿Tiene Ud. presente lo que él dijo?
4. ¿Tienen (el) derecho de firmarlo?
5. ¿Tienes razón?

LECTURA: ¿Por qué no un Quijote joven?

Felipe Ibarra continuó su viaje por la provincia de España conociendo los lugares que Cervantes narra en su obra y en los que el pintor busca la esencia de su personaje para palparla en su obra. Con su propia palabra el artista nos cuenta los pormenores de su viaje y los ilustra con bocetos de su obra próxima.

CAMPO DE CRIPTANA, España, junio de 1977. — Yo aquí, en La Mancha buscando la esencia del Quijote he llegado a Campo de Criptana en donde se conservan aún algunos molinos de viento y en donde espero hacer buenos apuntes.

El tiempo ha dejado sentir su huella y lo veo, pues aunque hay renovaciones en las gentes y en las casas a los molinos los han descuidado un poco, pues según me explica Eugenio (Eugenio es un tipo que he conocido aquí y que me ha servido muchísimo) que forma parte del Ayuntamiento, los molinos se los cedieron en calidad de préstamo a varias naciones para que expusieran sus artículos pero por una u otra razón los molinos no se atienden y el tiempo y la falta de cuidados se ven.

Pero ya el Municipio va a intervenir y pronto los van a remozar, se conservan sólo tres auténticos los demás los hicieron después.

Como sea, aquí se está bien y arriba del Cerro de la Paz (que así se llama en donde están los molinos) se siente un aire muy bueno.

Ahora que estoy aquí y que siento cómo el tiempo avanza se robustece más mi idea ¿por qué no un Quijote joven?

De aquí voy a Consuegra otro lugar muy interesante y espero ahí lograr más y mejores apuntes para la obra.

El Norte, Monterrey N.L., 21 de junio de 1977

Lección 12

DIÁLOGO: Preparándose para los exámenes

MARICARMEN: Ya no te voy a dar más café.

JORGE: Mari, aunque me haga daño, un poquito más de café. Se me cierran los ojos. . . ; tengo tanto sueño y tengo que acabar el capítulo.

MARICARMEN: Mira, ¿por pué no pones un poco de música y descansas una media hora.

JORGE: Excelente idea. Hay que darle un descanso al cerebro.

MARICARMEN: Si no te cuidas, no sólo repruebas el examen, sino que vas a dar al hospital.

JORGE: No exageres. No me he malpasado tanto.

MARICARMEN: Yo sólo te digo que si tu madre te viera, te internaría en un sanatorio cuanto antes.

JORGE: Y si no en un sanatorio, de seguro que en el manicomio.

MARICARMEN: Te refieres a la clase de química, ¿no?

JORGE: Sí, a los subjuntivos en español, también.

MARICARMEN: Y pensar que mi sobrinito los usa todo el tiempo, muerto de risa.

JORGE: ¿Quién? ¿El chiquito éste de la foto? ¡Pero no puede tener más de ocho años!

MARICARMEN: Ah, pero su mamá es puertorriqueña y en su casa se habla mucho español.

JORGE: Y a mí que a veces se me traba la lengua hasta en inglés.

MARICARMEN: Pero en biología eres un genio ¿verdad?

Rogers de Monkmeyer

JORGE:	Modestia aparte, uno de los mejores alumnos de esta universidad.
MARICARMEN:	No lo dudo, pero para que te gradúes, necesitas salir bien en química también.
JORGE:	Ya está. A las doce, cuando vuelvan Luis y Anita de la biblioteca, mandamos pedir una pizza bien condimentada para que nos reanime.
MARICARMEN:	¿Con anchoas?
JORGE:	¡Sí, con anchoas y toda la despensa!

Modismos

prepararse para . . . to get ready for . . .
aunque me haga daño (hacerle daño a uno) although it may hurt me (to hurt, to be damaging)
cerrársele los ojos a uno (to be so sleepy) one can't keep his eyes open
poner música play some music (on the radio, stereo)
reprobar to flunk
ir a dar to end up
malpasarse to neglect oneself
muerto (a,os,as) de risa so easily
se me traba la lengua (trabársele la lengua a uno) I get tongue-tied
hasta even
modestia aparte modestly speaking (modesty aside)
salir bien to get good grades
ya está it's been decided
mandar pedir to order
toda la despensa (all of the pantry) "the whole works"

Cuestionario

1. ¿Por qué le pide más café Jorge a Maricarmen?
2. ¿Qué le sugiere Maricarmen a Jorge?
3. Si la madre de Jorge lo viera, ¿qué haría?
4. ¿Por qué es posible que Jorge vaya a dar a un hospital?
5. Y a un manicomio, ¿por qué?
6. ¿En qué se le traba la lengua a Jorge?
7. Para que él se gradúe, ¿qué necesita?

Composición oral

Complete las frases en forma apropiada:

1. Mari, aunque . . . . .
2. Mira, por . . . . .
3. Si no te . . . . .
4. No lo dudo, pero . . . . .
5. A las doce, cuando . . . . .

GRAMÁTICA Y EJERCICIOS

1. Subjunctive in Adverbial Clauses

The subjunctive mood is used in adverbial clauses in various situations:

a. Adverbial time clauses when future time is involved:

Quiero verla **cuando llegue.**	*I want to see her when she arrives.*
Se lo diré **después (de) que llegue.**	*I shall tell her after she arrives.*
Espere Ud. **hasta que vengan.**	*Wait until they come.*
Él te ayudará **mientras (que) estés aquí.**	*He will help you while you are here.*
Ella le avisará **tan pronto como (luego que, en cuanto, así que) pueda.**	*She will advise him as soon as she can.*
Llámame **antes (de) que salga.**	*Call me before you leave.*

Note:

In some cases the adverbial clause involves future time in relation to the main verb even though the entire sentence involves past time. The subjunctive is then used in the adverbial clause:

Él me llamó **antes (de) que saliera.**	*He called me before he left.*
Él dijo que lo haría **cuando volviera.**	*He said that he would do it when he returned.*

The indicative mood is used in adverbial time clauses when future time is neither expressed nor implied:

La vi **cuando llegó.**	*I saw her when she arrived.*
Siempre que la veo, la saludo.	*Whenever I see her, I greet her.*
En cuanto lo hicieron, se fueron a casa.	*As soon as they did it, they went home.*

b. Adverbial concession clauses where doubt or uncertainty is involved:

Aunque él esté aquí, no lo vemos.	*Although he may be here, we don't see him.*
Aun cuando él venga, ella no vendrá.	*Even though he comes, she will not come.*

However, the indicative mood is used in concession clauses expressing certainty:

Aunque él está aquí, no lo vemos.	*Although he is here, we don't see him.*
Aun cuando él vino, ella no vino.	*Even though he came, she did not come.*

c. Adverbial clauses of proviso:

Queremos ir **con tal que nos inviten.**	*We want to go provided they invite us.*
Invítela **en caso de que la vea.**	*Invite her in case you see her.*

d. Adverbial clauses of purpose:

Su madre la lleva a la tienda **para que (de modo que, de manera que) ella pueda comprar** un vestido nuevo.	*Her mother is taking her to the store so she can buy a new dress.*

However, the indicative mood is used in adverbial result clauses:

Su madre la llevó a la tienda **de modo que (de manera que) ella compró** un vestido nuevo.	*Her mother took her to the store so she bought a new dress.*

e. Adverbial restrictive clauses:

Él no puede comprarlo **a menos que le des** el dinero.	*He can't buy it unless you give him the money.*
Ella llegó **sin que la viéramos.**	*She arrived without our seeing her.*

EJERCICIO A

Dé Ud. las formas apropiadas de los infinitivos:

MODELOS:	Necesitamos terminar **antes de que él (venir).**	Necesitamos terminar **antes de que él venga.**
	Lo hicieron **después de que él (llegar).**	Lo hicieron **después de que él llegó.**

1. Háblame tan pronto como tú (volver).
2. Cuando ellos (acabar), invítales a comer.
3. Cuando ellos (acabar), les invité a comer.
4. Llámame antes de que tú (irse).
5. Después de que Uds. los (escribir), quiero verlos.
6. Después de que Uds. los (escribir), los vi.
7. Tan pronto como ella (cantar), déle el premio.

8. Tan pronto como ella (cantar), le di el premio.
9. No les hablaré aunque ellos me (hablar).
10. No les hablé aunque ellos me (hablar).
11. Aun cuando él no (ir), voy a invitarle.
12. A pesar de que yo no la (encontrar), voy a buscarla.
13. Tu amigo lo hará con tal que tú se lo (pedir).
14. Tráigamelo en caso de que Ud. lo (encontrar).
15. Quiero invitarla para que Ud. la (conocer).
16. La invité para que Ud. la (conocer).
17. No podemos terminar a menos que tú nos (ayudar).
18. Ellos lo hacen sin que él lo (saber).
19. Ellos lo hicieron sin que él lo (saber).
20. Pienso esperar hasta que ella (venir).
21. Esperé hasta que ella (venir).
22. Llámame antes de que tú (irse).
23. Él me llamó antes de que él (irse).

EJERCICIO B

Cambie Ud. las oraciones según el modelo:

MODELO: Le **hablé** cuando él **vino.** Le **hablaré** cuando él **venga.**

1. Nos hablaron cuando ellos llegaron.
2. Les llamé cuando los vi.
3. Se lo pidieron cuando ellos la vieron.
4. Se lo quitaron después de que ellos volvieron.
5. Te lo mandó después de que ella lo compró.

2. "If" Clauses

a. The subjunctive is used in *if* clauses when the result clause is conditional.
The verb in the result clause may be in either the conditional tense or the **ra** form of the subjunctive:

Si él estuviera aquí, yo le **invitaría (invitara).**	*If he were here, I would invite him.*
Si ella fuera mi amiga, yo **estudiaría (estudiara)** con ella.	*If she were my friend, I would study with her.*

But:

Si él está aquí, no lo **veo.**	*If he is here, I don't see him.*
Si él viene, le **invitaremos.**	*If he comes, we shall invite him.*

EJERCICIO C

Cambie Ud. las oraciones según el modelo:

MODELO: **Si él viene,** se lo **diré.**
Si él viniera, yo se lo **diría.**

1. Si la vemos, se lo diremos.
2. Si me lo piden, se lo daré.
3. Si ellos lo encuentran, te lo mandarán.
4. Si ella se acuesta, se aliviará.
5. Si él toma la píldora, se le quitará el dolor.

b. The subjunctive is always used in a clause introduced by **como si:**

Él se porta **como si estuviera** enojado.	*He acts as if he were angry.*
Él se portaba **como si la hubiera** visto.	*He acted as if he had seen her.*

EJERCICIO D

Exprese Ud. en español:

1. They are acting as if they were happy.
2. She acted as if she had seen you.

3. Formation of Adverbs

Adverbs may be formed in Spanish by adding **mente** to the feminine form of most adjectives:

claro	*clear*	**claramente**	*clearly*
seguro	*sure*	**seguramente**	*surely*
natural	*natural*	**naturalmente**	*naturally*

EJERCICIO E

Haga Ud. adverbios de los siguientes adjetivos:

rápido	lento	probable
fácil	positivo	leal

4. Comparison of Adverbs (Inequality)

a. Comparison of adverbs may be accomplished by using **más** (*more*) or **menos** (*less*) with most adverbs. The superlative has the same form as the comparative and **de** is used after the superlative for the English *of:*

Positive:	
Él habla **claramente.**	*He speaks clearly.*
Comparative:	
Él habla **más claramente que** ella.	*He speaks more clearly than she.*
Él habla **menos claramente que** ella.	*He speaks less clearly than she.*
Superlative:	
Él habla **más claramente de** todos estos alumnos.	*He speaks the most clearly of all these students.*
Él habla **menos claramente de** todos estos alumnos.	*He speaks the least clearly of all these students.*

b. Some adverbs have irregular comparisons:

bien	*well*	**mejor**	*better, best*
mal	*badly*	**peor**	*worse, worst*
mucho	*much*	**más**	*more, most*
poco	*little*	**menos**	*less, least*

Él lo hace **bien.**	*He does it well.*
Él lo hace **mejor que** Luis.	*He does it better than Louis.*
Él lo hace **mejor de** todos los alumnos.	*He does it the best of all the students.*

EJERCICIO F

Dé Ud. las comparaciones según el modelo:

MODELO: Ella lo hace **mal.** Ella lo hace **peor que tú.**

1. Él habla poco.
2. Ellos trabajan mucho.
3. Ella escribe bien.
4. Ese joven juega mal.

5. Absolute Forms of Adverbs.

Absolute forms may be formed by adding **ísimo (ísima)** to the adverb after dropping the final vowel. Sometimes a spelling change must also be made to preserve the original sound of the first consonant. Adverbs that end in **mente** add **ísimo (a)** to the adjective stem before adding **mente:**

Él la quiere **muchísimo.**	*He loves her very much.*
Él vive **cerquísima.**	*He lives very near.*

Ella lo hará **facilísimamente.**	*She will do it very easily.*
Él vive **lejísimos** de aquí.	*He lives very far from here.*

EJERCICIO G

Exprese Ud. en español:

1. His sister is very beautiful.
2. He is very happy.

6. Comparison of Equality

Comparisons of equality are formed in Spanish as follows: With an adjective or an adverb by **tan . . . como,** *as . . . as:*

Él es **tan fuerte como** Carlos.	*He is as strong as Charles.*
Él trabaja **tan diligentemente como** su amigo.	*He works as diligently as his friend.*

With a verb by **tanto como** *as much as:*

Eduardo estudia **tanto como** Luis.	*Edward studies as much as Louis.*

With a noun by **tanto, tanta, tantos,** or **tantas . . . como,** *as much . . . as,* or *as many . . . as:*

Juan tiene **tanto dinero como** Enrique.	*John has as much money as Henry.*
Juan tiene **tantos libros como** Enrique.	*John has as many books as Henry.*
Había **tanta gente** aquí **como** allí.	*There were as many people here as there.*
Carmen tiene **tantas blusas como** Luisa.	*Carmen has as many blouses as Louise.*

EJERCICIO H

Exprese Ud. en español:

1. Henry is as tall as George.
2. We read as much as you.
3. I have as many pens as he.
4. She has as many pencils as you.
5. Paul has as much food as Richard.
6. We brought as many flowers as they.

EJERCICIO I

Exprese Ud. en español:

1. Bring them to me when you can.
2. He used to bring them to me when he could.
3. Finish this before I return.
4. They finished before I returned.
5. Although she may tell (it to) us, he will not believe it.
6. Although she told (it to) us, he didn't believe it.
7. I want to go with you provided it is possible.
8. Take the coat (with you) in case you need it.
9. Write the exercises on the blackboard so they will understand them.
10. She wrote the exercises on the blackboard so now they understand them.
11. He will not come unless someone tells him.
12. You cannot understand it without his explaining it to you.
13. If it is possible, he will do it.
14. If it were possible, she would do it.
15. If they are your friends, they will write to you.
16. If they were your friends, they would write to you.
17. Don't act as if you were jealous.
18. She described it as if she had seen it many times.
19. That young lady speaks Spanish well.
    She speaks it better than Rosa.
    She speaks it the best of all the students.
20. You are not as thin as that boy.
21. You have as much strength as he.
22. No one works as much as you.
23. We have as much time as you.
24. She did it as many times as Alice.
25. Do you see as many airplanes as Robert?
26. Even though he may go, she will not go.
27. Even though he went, she did not go.
28. In spite of the fact they may find it, he doesn't want it.
29. In spite of the fact they found it, he didn't want it.
30. I shall tell (it to) them as soon as they have arrived.

EJERCICIO J

Escriba Ud. una composición acerca de lo que preferiría hacer para sus vacaciones si tuviera la oportunidad, incluyendo por lo menos:

1. ¿Adónde iría?
2. ¿Por qué?
3. Si lo ha hecho antes. Si no, ¿por qué no?
4. Si tiene esperanzas de hacerlo.

EJERCICIOS PARA EL LABORATORIO, LA CLASE, O LA TAREA DE ESTUDIO PARTICULAR

EJERCICIO A

Cambie Ud. las oraciones según el modelo:

MODELO: Se lo **diré** cuando ella **vuelva.**
Se lo **dije** cuando ella **volvió**.

1. Me lo traerá ella cuando venga.
2. Se lo mandaré cuando yo lo compre.
3. Lo comprarán cuando les dé Ud. el dinero.
4. Les escribiremos después de que nos escriban.
5. Ella leerá el folleto después de que estudie.
6. Ellos se lo dirán cuando él regrese.
7. Él bailará mientras (que) ella cante.
8. Yo me divertiré mientras que ellos estudien.
9. Él se quedará aquí hasta que ellos lleguen.
10. Ellos esperarán hasta que él termine la tarea.

EJERCICIO B

Cambie Ud. las oraciones según el modelo:

MODELO: Si me lo **pidieras,** te lo **daría.**
Si me lo **pides,** te lo **daré.**

1. Si volvieran ellos, nos alegraríamos.
2. Si me lo vendiera Ud., se lo pagaría ahora.
3. Si lo perdieras, me pondría triste.
4. Si lo hallaras, se alegrarían.
5. Si lo aprendiera ella, sería mejor.
6. Si lo trajeran ellos, le gustaría a ella.
7. Si me ayudara Ud., se lo agradecería.
8. Si vinieran temprano, sería bueno.
9. Si supieran la verdad, no dirían nada.
10. Si le diera el regalo, le daría gusto.

EJERCICIO C

Cambie Ud. las oraciones según el modelo:

MODELO: Aunque él **vaya,** no **voy.** Aunque él **fue,** no **fui.**

1. Aunque me escriba, no contesto.
2. Aunque él lo halle, no me lo da.

3. Aunque muchos vengan, pocos se quedan.
4. Aunque me lo ofrezcan, no lo quiero.
5. Aunque ella me lo pida, no se lo doy.
6. Aun cuando se lo digas, no lo cree.
7. A pesar de que lo busque, no lo encuentra.
8. Aun cuando lo gane, no lo merece.
9. A pesar de que asista, no se divierte.
10. Aunque la lea, no lo entiendo.

EJERCICIO D

Dé Ud. las comparaciones según el modelo:

MODELO: **lentamente** **más lentamente**
más lentamente de todos.

1. aprisa
2. atentamente
3. fácilmente
4. pronto
5. tarde
6. despacio
7. diligentemente
8. temprano
9. perfectamente
10. bien
11. mucho
12. mal
13. frecuentemente
14. pacientemente

EJERCICIO E

Dé Ud. las formas absolutas según los modelos:

MODELOS: **claramente** **clarísimamente**
pronto **prontísimo**

1. lentamente
2. lejos
3. fácilmente
4. atentamente
5. cerca
6. mucho
7. frecuentemente
8. difícilmente
9. pacientemente
10. rápidamente

LECTURA: Roma, ciudad eterna

(Por el Padre Isaac Hernández)

Con profunda satisfacción vemos que las miradas, la atención y los corazones de los hombres, viajeros o no, van a contemplar la Roma de los Césares y de Simón Pedro.

Todo mundo va a Roma, y no puede dejar de hacerlo. Pero Roma para cualquier visitante es un mundo, que debe ser visto con amor e inteligencia, como aconseja Goethe, en sus Elegías Romanas:

"Un mundo tú eres, ¡oh Roma!, pero sin el amor como el mundo no es mundo, tampoco Roma es Roma"

En efecto. Roma Eterna es un mundo. Es el museo de todas las épocas. Es la patria de todas las artes. Es el santuario de las memorias incomparables.

Mientras perdure la verdadera civilización, Roma será la Ciudad Santa, será la Ciudad de las Ciudades, donde están escritos los anales del linaje humano.

Dicen que todos los caminos conducen a Roma. Pero todas las calles de Roma llevan a la Eternidad. Porque Roma nos habla del Reino de los Cielos.

Roma fue fundada—según el cálculo de Varrone—el 21 de abril del año 753 antes del nacimiento de Jesucristo. Fue gobernada primero por reyes; más tarde como república por consulares; y finalmente, por emperadores.

En el siglo octavo fue sede pontificia hasta 1870, cuando el gobierno italiano entró en Roma y la convirtió en capital de la Italia unida.

En Roma hay muchas iglesias hermosas. Por ejemplo, las siete basílicas, rociadas de arte, como San Pedro en el Vaticano, Santa María La Mayor, San Lorenzo y San Pablo extramuros, Santa Cruz de Jerusalén, San Juan de Letrán, y San Sebastián, en la Vía Apia.

El Vaticano, pequeño territorio ocupado por la Basílica de San Pedro, por la plaza grandiosa y los Palacios Vaticanos, está bajo la soberanía del Papa y se llama Estado de la Ciudad del Vaticano.

Grande, poderosa, llena de arte es Roma. El polvo de su suelo está salpicado con la sangre de mártires. Es una reliquia ecuménica. Es la Ciudad de Dios, de Pedro y de los Césares.

El Norte, Monterrey N.L., 21 de junio de 1977

Repaso Oral 2

EJERCICIO A

Cambie Ud. los verbos del presente al pretérito:

MODELO: Ella **contesta.** Ella **contestó.**

1. Él asiste a la conferencia.
2. Comprendemos lo que dices.
3. Se lo doy.
4. Ellos duermen bien.
5. ¿Quién lo hace?
6. Van a la biblioteca.
7. Él lee la revista.
8. Le oigo.
9. Me oyen.
10. No puede hallarlo.
11. Lo ponemos en la mesa.
12. No lo quiero.
13. Saben la verdad.
14. ¿Quiénes son?
15. ¿Dónde está?
16. Tiene que volver.
17. Ella las traduce.
18. Te lo trae.
19. Ya vienen.
20. No te veo.
21. No cabe en la caja.
22. Tu perro muerde.

EJERCICIO B

Cambie Ud. los verbos del presente al imperfecto:

MODELO: Ella **escucha** la música. Ella **escuchaba** la música.

1. ¿Quién lo escribe?
2. Nadie lo ve.
3. ¿Quién es?
4. ¿Adónde van?
5. Aprenden poco.
6. Abro las ventanas.
7. Alguien se acerca al edificio.
8. ¿Por qué te vas de aquí?
9. Nos divertimos en la fiesta.
10. Se pone el vestido.

EJERCICIO C

Cambie Ud. los verbos del futuro al condicional:

MODELO: Nadie **irá**. Nadie **iría**.

1. Volveré contigo.
2. Tendrá que escribirlo.
3. Habrá muchos en la reunión.
4. Lo pondremos allí.
5. Querrás hacerlo.
6. ¿Quién lo sabrá?
7. Saldré en seguida.
8. No valdrá la pena.
9. Vendrán pronto.
10. No cabrán en el coche.

EJERCICIO D

Cambie Ud. los verbos del pretérito perfecto (present perfect) al pluscuamperfecto:

MODELO: **Han vuelto.** **Habían vuelto.**

1. He preparado la comida.
2. Ha vendido sus muebles.
3. Hemos vivido en esa casa.
4. Te he escrito.
5. ¿Quién ha roto la taza?
6. ¿Quiénes lo han puesto aquí?
7. Ya lo has hecho.
8. He devuelto la ropa.
9. No me han dicho nada.
10. Hemos abierto las cajas.
11. El gato ha muerto.
12. Nadie lo ha escrito.

EJERCICIO E

Cambie Ud. los verbos del futuro perfecto al condicional perfecto:

MODELO: **Habré empezado.** **Habría empezado.**

1. Habrán aprendido los ejercicios.
2. Habremos comido bastante.
3. Habrás visto esa película.
4. Habrá alcanzado su meta.
5. Lo habré discutido.

EJERCICIO F

Cambie Ud. las oraciones del afirmativo al negativo:

MODELO: **Come** más. **No comas** más.

1. Vete
2. Hazlo ahora.
3. Ponlo aquí.
4. Escribe más.
5. Baila más.
6. Véndeselo.
7. Siéntate.
8. Hágalo.
9. Váyase.
10. Siéntese.
11. Tenlo.
12. Vengan ahora.
13. Levántense.
14. Véndanlo.
15. Vestíos despacio.
16. Hábleles.

17. Háblame.
18. Háblenle.
19. Dáselo.
20. Déselo.

EJERCICIO G

Cambie Ud. las oraciones según el modelo:

MODELO: **Me gusta la alfombra.** **Me gustan las alfombras.**

1. Le gusta la flor.
2. Les gusta el jardín.
3. Nos gusta el poema.
4. Te gusta la cinta.
5. Os gusta el cuaderno.

EJERCICIO H

Cambie Ud. las oraciones según el modelo:

MODELO: **Me** gusta el lápiz. **Nos** gusta el lápiz.

1. Te gusta el pañuelo.
2. Le gusta el coche.
3. Me gusta la silla.

EJERCICIO I

Cambie Ud. las oraciones según el modelo:

MODELO: Él **da el regalo a Josefina.** Él **se lo da.**

1. Mandamos el libro a Roberto.
2. Traigo los platos a Margarita.
3. Piden el disco a José.
4. Escribo el recado a los jóvenes.
5. Él lee la carta a la familia.

EJERCICIO J

Cambie Ud. las oraciones según el modelo:

MODELO: Él **me trajo la comida.** Él **me la trajo.**

1. Te mandé la carta.
2. Nos escribió el recado.
3. Le traje los pantalones.
4. Os enviaron los regalos.
5. Me compró los discos.

Repaso Escrito 2

Exprese Ud. en español:

EJERCICIO A

1. She is arriving today.
   He arrived yesterday.
   I used to see them often.
   She will leave tomorrow.
   He would leave also but he has to repair his car.
2. I have not finished it.
   He had not finished either.
   She will have finished by tomorrow.
   They would have finished also.
3. We are sorry she is sick.
   She was sorry you were sick.
4. I hope you have written him.
   He hoped you had written her.

EJERCICIO B

1. I like the flowers. She likes this one.
2. We like the rug. He likes rugs too.
3. We wrote a letter to them. We wrote it to them.
4. He has the shoes. I see them.
5. She brought the blouse. Helen wants it.
6. Let them come in.
7. Let's read it.

8. He doubts she will go. He doesn't doubt you will go.
9. She denied they brought it. She did not deny they had it.
10. I believe they are in the garden. I don't think they are in the house.
11. Do you think they will come? Don't you think they will come?
12. We hope they will stay here.
13. I am afraid she is ill.
14. He ordered us to leave. (*Write two ways.*)
15. It is necessary to sell it. It is necessary for them to sell it.
16. They are looking for a house that has four bedrooms.
17. We bought a house that has three bedrooms.
18. She did not find any dishes that she liked.
19. I shall wait until you arrive.
20. He waited until we arrived.
21. Although they may not go, I plan to go.
22. Although they did not go, I went.
23. I shall bring it to you in case you need it.
24. Take him to the store in order that he may buy it.
25. I took him to the store so he bought it.
26. She can't go unless you take her.
27. They left without our seeing them.
28. If you read it, you will like it.
29. If you should read it, you would like it.
30. If he were here, we would see him.
31. He is talking to her as if he knew her.
32. He spoke to her as if he had known her.
33. Even though it may be late, call her.
34. Even though it is late, call her.
35. In spite of the fact he may be tired, tell him to finish the task.
36. In spite of the fact he is tired, tell him to finish the task.
37. Come when you can.
38. They came when they could.
39. I told her before she left.
40. Tell him before he leaves.

EJERCICIO C

1. They arrived an hour ago.
2. They have been working for a half hour.
3. They had been waiting for thirty minutes.
4. I have just seen them.
5. They had just finished studying.
6. Upon leaving, he spoke to them.
7. Before leaving, he spoke to her.

8. How old is Henry?
9. He is twenty-one years old.
10. The children are cold because it is cold today.
11. They are not hot because it is not hot today.
12. We are hungry and thirsty.
13. I believe she is sleepy.
14. He is not afraid. He seems to be ashamed.
15. Be careful and you will have good luck.
16. Don't be jealous.
17. Your friend has been very successful.
18. I don't think they are right.
19. He feels like dancing.
20. No one is to blame.
21. Bear in mind what I told you.
22. Why are you in a hurry?
23. She has the right to be here.
24. The meeting will take place tomorrow.

EJERCICIO D

1. Tomorrow is the first of October.
2. We are going to Acapulco the second of November.
3. What time is it?
   It is 1:20.
   I thought it was 2:40.
4. The day after tomorrow is Thursday.
   She always comes here on Fridays.
5. Spring is her favorite season.
   However, I am sure she likes summer also.
   I don't know if she likes autumn.
   She told us she did not like winter.
6. We are leaving at noon and hope to arrive there by midnight.
7. There are twenty-one boys and twenty-one girls in that class.
8. He earned $100 last week.
   He earned $125 this week.
9. There are 100,000 inhabitants in that city.
10. That country has a population of 42,500,000.
11. Some countries have armies of more than two million soldiers.
12. That company built 300 houses last year.
13. The government bought 400 airplanes.
14. Study the first lesson for tomorrow.
15. I want you to study the second chapter for the second day of classes.
    They want to study the third lesson.

Apéndice

TABLA DE VERBOS

Tiempos y formas simples de verbos regulares

INFINITIVO

hablar	*to speak*	**aprender**	*to learn*	**vivir**	*to live*

GERUNDIO

habl**ando**	*speaking*	aprend**iendo**	*learning*	viv**iendo**	*living*

PARTICIPIO PASADO

habl**ado**	*spoken*	aprend**ido**	*learned*	viv**ido**	*lived*

MODO INDICATIVO

PRESENTE

I speak, do speak am speaking, etc.	*I learn, do learn, am learning, etc.*	*I live, do live, am living, etc.*
habl**o**	aprend**o**	viv**o**
habl**as**	aprend**es**	viv**es**
habl**a**	aprend**e**	viv**e**
habl**amos**	aprend**emos**	viv**imos**
habl**áis**	aprend**éis**	viv**ís**
habl**an**	aprend**en**	viv**en**

IMPERFECTO

I was speaking, used to speak, spoke, etc.	*I was learning, used to learn, learned, etc.*	*I was living, used to live, lived, etc.*
habl**aba**	aprend**ía**	viv**ía**
habl**abas**	aprend**ías**	viv**ías**
habl**aba**	aprend**ía**	viv**ía**
habl**ábamos**	aprend**íamos**	viv**íamos**
habl**abais**	aprend**íais**	viv**íais**
habl**aban**	aprend**ían**	viv**ían**

PRETÉRITO

I spoke, did speak, etc.	*I learned, did learn, etc.*	*I lived, did live, etc.*
habl**é**	aprend**í**	viv**í**
habl**aste**	aprend**iste**	viv**iste**
habl**ó**	aprend**ió**	viv**ió**
habl**amos**	aprend**imos**	viv**imos**
habl**asteis**	aprend**isteis**	viv**isteis**
habl**aron**	aprend**ieron**	viv**ieron**

FUTURO

I shall (will) speak, etc.	*I shall (will) learn, etc.*	*I shall (will) live, etc.*
hablar**é**	aprender**é**	vivir**é**
hablar**ás**	aprender**ás**	vivir**ás**
hablar**á**	aprender**á**	vivir**á**
hablar**emos**	aprender**emos**	vivir**emos**
hablar**éis**	aprender**éis**	vivir**éis**
hablar**án**	aprender**án**	vivir**án**

CONDICIONAL (POTENCIAL)

I should (would) speak, etc.	*I should (would) learn, etc.*	*I should (would) live, etc.*
hablar**ía**	aprender**ía**	vivir**ía**
hablar**ías**	aprender**ías**	vivir**ías**
hablar**ía**	aprender**ía**	vivir**ía**
hablar**íamos**	aprender**íamos**	vivir**íamos**
hablar**íais**	aprender**íais**	vivir**íais**
hablar**ían**	aprender**ían**	vivir**ían**

MODO SUBJUNTIVO

PRESENTE

I may speak, etc.	*I may learn, etc.*	*I may live, etc.*
habl**e**	aprend**a**	viv**a**
habl**es**	aprend**as**	viv**as**
habl**e**	aprend**a**	viv**a**
habl**emos**	aprend**amos**	viv**amos**
habl**éis**	aprend**áis**	viv**áis**
habl**en**	aprend**an**	viv**an**

IMPERFECTO **(ra)**

I might speak, etc.	*I might learn, etc.*	*I might live, etc.*
habl**ara**	aprend**iera**	viv**iera**
habl**aras**	aprend**ieras**	viv**ieras**
habl**ara**	aprend**iera**	viv**iera**
habl**áramos**	aprend**iéramos**	viv**iéramos**
habl**arais**	aprend**ierais**	viv**ierais**
habl**aran**	aprend**ieran**	viv**ieran**

IMPERFECTO **(se)**

I might speak, etc.	*I might learn, etc.*	*I might live, etc.*
habl**ase**	aprend**iese**	viv**iese**
habl**ases**	aprend**ieses**	viv**ieses**
habl**ase**	aprend**iese**	viv**iese**
habl**ásemos**	aprend**iésemos**	viv**iésemos**
habl**aseis**	aprend**ieseis**	viv**ieseis**
habl**asen**	aprend**iesen**	viv**iesen**

MODO IMPERATIVO

speak	*learn*	*live*
habl**a** tú	aprend**e** tú	viv**e** tú
habl**ad** vosotros	aprend**ed** vosotros	viv**id** vosotros

Tiempo y formas compuestas

INFINITIVO PERFECTO

to have spoken	*to have learned*	*to have lived*
haber hablado	**haber aprendido**	**haber vivido**

GERUNDIO PERFECTO

having spoken	*having learned*	*having lived*
habiendo hablado	**habiendo aprendido**	**habiendo vivido**

MODO INDICATIVO

PRETÉRITO PERFECTO (PRESENT PERFECT)

I have spoken, etc.	*I have learned, etc.*	*I have lived, etc.*
he hablado	**he** aprendido	**he** vivido
has hablado	**has** aprendido	**has** vivido
ha hablado	**ha** aprendido	**ha** vivido
hemos hablado	**hemos** aprendido	**hemos** vivido
habéis hablado	**habéis** aprendido	**habéis** vivido
han hablado	**han** aprendido	**han** vivido

PLUSCUAMPERFECTO

I had spoken, etc.	*I had learned, etc.*	*I had lived, etc.*
había hablado	**había** aprendido	**había** vivido
habías hablado	**habías** aprendido	**habías** vivido
había hablado	**había** aprendido	**había** vivido
habíamos hablado	**habíamos** aprendido	**habíamos** vivido
habíais hablado	**habíais** aprendido	**habíais** vivido
habían hablado	**habían** aprendido	**habían** vivido

PRETÉRITO ANTERIOR (PRETERIT PERFECT)

I had spoken, etc.	*I had learned, etc.*	*I had lived, etc.*
hube hablado	**hube** aprendido	**hube** vivido
hubiste hablado	**hubiste** aprendido	**hubiste** vivido
hubo hablado	**hubo** aprendido	**hubo** vivido
hubimos hablado	**hubimos** aprendido	**hubimos** vivido
hubisteis hablado	**hubisteis** aprendido	**hubisteis** vivido
hubieron hablado	**hubieron** aprendido	**hubieron** vivido

FUTURO PERFECTO

I shall have spoken, etc.	*I shall have learned, etc.*	*I shall have lived, etc.*
habré hablado	**habré** aprendido	**habré** vivido
habrás hablado	**habrás** aprendido	**habrás** vivido
habrá hablado	**habrá** aprendido	**habrá** vivido
habremos hablado	**habremos** aprendido	**habremos** vivido
habréis hablado	**habréis** aprendido	**habréis** vivido
habrán hablado	**habrán** aprendido	**habrán** vivido

CONDICIONAL (POTENCIAL PERFECTO)

I should (would) have spoken, etc.	*I should (would) have learned, etc.*	*I should (would) have lived, etc.*
habría hablado	**habría** aprendido	**habría** vivido
habrías hablado	**habrías** aprendido	**habrías** vivido
habría hablado	**habría** aprendido	**habría** vivido
habríamos hablado	**habríamos** aprendido	**habríamos** vivido
habríais hablado	**habríais** aprendido	**habríais** vivido
habrían hablado	**habrían** aprendido	**habrían** vivido

MODO SUBJUNTIVO

PRETÉRITO PERFECTO (PRESENT PERFECT)

I (may) have spoken, etc.	*I (may) have learned, etc.*	*I (may) have lived, etc.*
haya hablado	**haya** aprendido	**haya** vivido
hayas hablado	**hayas** aprendido	**hayas** vivido
haya hablado	**haya** aprendido	**haya** vivido
hayamos hablado	**hayamos** aprendido	**hayamos** vivido
hayáis hablado	**hayáis** aprendido	**hayáis** vivido
hayan hablado	**hayan** aprendido	**hayan** vivido

PLUSCUAMPERFECTO **(ra)**

I might have (had) spoken, etc.	*I might have (had) learned, etc.*	*I might have (had) lived, etc.*
hubiera hablado	**hubiera** aprendido	**hubiera** vivido
hubieras hablado	**hubieras** aprendido	**hubieras** vivido
hubiera hablado	**hubiera** aprendido	**hubiera** vivido
hubiéramos hablado	**hubiéramos** aprendido	**hubiéramos** vivido
hubierais hablado	**hubierais** aprendido	**hubierais** vivido
hubieran hablado	**hubieran** aprendido	**hubieran** vivido

PLUSCUAMPERFECTO **(se)**

hubiese hablado	**hubiese** aprendido	**hubiese** vivido
hubieses hablado	**hubieses** aprendido	**hubieses** vivido
hubiese hablado	**hubiese** aprendido	**hubiese** vivido
hubiésemos hablado	**hubiésemos** aprendido	**hubiésemos** vivido
hubieseis hablado	**hubieseis** aprendido	**hubieseis** vivido
hubiesen hablado	**hubiesen** aprendido	**hubiesen** vivido

Verbos con cambios en la raíz

PRIMERA CLASE: **ar** y **er**.

La primera clase consiste en verbos de la primera y segunda conjugaciones. La vocal **e** de la raíz cambia a **ie** y la vocal **o** de la raíz cambia a **ue** cuando se les carga el acento; es decir en el singular y la tercera persona plural:

pensar *to think*

pres. ind.: p**ie**nso p**ie**nsas p**ie**nsa pensamos pensáis p**ie**nsan
pres. subj.: p**ie**nse p**ie**nses p**ie**nse pensemos penséis p**ie**nsen
imperativo: p**ie**nsa tú, pensad vosotros

volver *to return*

pres. ind.: v**ue**lvo v**ue**lves v**ue**lve volvemos volvéis v**ue**lven
pres. subj.: v**ue**lva v**ue**lvas v**ue**lva volvamos volváis v**ue**lvan
imperativo: v**ue**lve tú, volved vosotros

OTROS VERBOS CON ESTOS CAMBIOS:

acertar	*to succeed; to hit the mark*
acordar; acordarse	*to agree; to remember*
acostar, acostarse	*to put to bed; to go to bed*
almorzar	*to eat lunch*
aprobar	*to approve*
atravesar	*to cross*
calentar	*to warm*
cerrar	*to close*
cocer	*to cook*
colgar	*to hang up*
comenzar	*to begin*
contar	*to count; to relate*
costar	*to cost*
defender	*to defend*
demostrar	*to demonstrate*
descender	*to descend*
despertar; despertarse	*to awaken; to wake up*
devolver	*to return (trans.)*
empezar	*to begin*
encender	*to light*
encontrar	*to find; to meet*
entender	*to understand*
envolver	*to wrap*

forzar	*to force*
helar	*to freeze*
llover	*to rain*
manifestar	*to manifest*
morder	*to bite*
mostrar	*to show*
mover	*to move*
negar	*to deny*
nevar	*to snow*
perder	*to lose*
plegar	*to fold*
probar; probarse	*to test, to taste; to try on*
quebrar	*to break*
recordar	*to remember*
regar	*to water*
rogar	*to beg; to pray*
segar	*to reap; to mow*
sentar; sentarse	*to seat; to sit down*
soler	*to be accustomed to*
sonar	*to ring*
soñar	*to dream*
temblar	*tremble*
torcer	*to twist*
trocar	*to barter*
tropezar	*to stumble*
volar	*to fly*

SEGUNDA CLASE: **ir**

La segunda clase consiste en verbos de la tercera conjugación. La vocal de la raíz, **e** (**i** en algunos casos, como **adquirir**), cambia a **ie** y la vocal de la raíz, **o**, cambia a **ue** cuando se les carga el acento. Cuando no se les carga el acento, la **e** cambia a **i** y la **o** cambia a **u** delante de una sílaba que contiene la vocal **a** acentuada; también delante de una sílaba que contiene **ie** o **ió**:

sentir *to feel; to regret*

pres. ind.: **sie**nto **sie**ntes **sie**nte sentimos sentís **sie**nten
pres. subj.: **sie**nta **sie**ntas **sie**nta **si**ntamos **si**ntáis **sie**ntan
pret.: sentí sentiste **si**ntió sentimos sentisteis **si**ntieron
imp. subj. **(ra):** **si**ntiera **si**ntieras **si**ntiera **si**ntiéramos **si**ntierais **si**ntieran
imp. subj. **(se):** **si**ntiese **si**ntieses **si**ntiese **si**ntiésemos **si**ntieseis **si**ntiesen
imperativo: **sie**nte tú, sentid vosotros
gerundio: **si**ntiendo

dormir *to sleep*

pres. ind.: d**ue**rmo d**ue**rmes d**ue**rme dormimos dormís d**ue**rmen
pres. subj.: d**ue**rma d**ue**rmas d**ue**rma d**u**rmamos d**u**rmáis d**ue**rman
pret.: dormí dormiste d**u**rmió dormimos dormisteis d**u**rmieron
imp. subj. **(ra):** d**u**rmiera d**u**rmieras d**u**rmiera d**u**rmiéramos d**u**rmierais d**u**rmieran
imp. subj. **(se):** d**u**rmiese d**u**rmieses d**u**rmiese d**u**rmiésemos d**u**rmieseis d**u**rmiesen
imperativo: d**ue**rme tú, dormid vosotros
gerundio: d**u**rmiendo

OTROS VERBOS CON ESTOS CAMBIOS:

adquirir	*to acquire*
advertir	*to warn*
arrepentirse	*to repent*
consentir	*to consent*
convertir	*to convert*
discernir	*to discern*
divertir; divertirse	*to amuse; to amuse (oneself)*
herir	*to hurt, to wound*
hervir	*to boil*
inquirir	*to inquire*
mentir	*to tell a lie*
morir(se)	*to die*
preferir	*to prefer*
referir	*to refer*
requerir	*to require; to request*
sugerir	*to suggest*

TERCERA CLASE: **ir**

La tercera clase consiste en verbos de la tercera conjugación. La vocal de la raíz, **e,** cambia a **i** cuando se le carga el acento; si no se le carga el acento, cuando va seguida de una sílaba que contiene la vocal **a** acentuada; también delante de una sílaba que contiene **ie** o **ió:**

pedir *to ask for, request*

pres. ind.: p**i**do p**i**des p**i**de pedimos pedís p**i**den
pres. subj.: p**i**da p**i**das p**i**da p**i**damos p**i**dáis p**i**dan
pret.: pedí pediste p**i**dió pedimos pedisteis p**i**dieron
imp. subj. **(ra):** p**i**diera p**i**dieras p**i**diera p**i**diéramos p**i**dierais p**i**dieran
imp. subj. **(se):** p**i**diese p**i**dieses p**i**diese p**i**diésemos p**i**dieseis p**i**diesen

imperativo: **pi**de tú, pedid vosotros
gerundio: **pi**diendo

OTROS VERBOS CON ESTOS CAMBIOS:

ceñir	*to girdle, to circle*
competir	*to compete*
concebir	*to conceive*
conseguir	*to obtain*
corregir	*to correct*
despedir; despedirse	*to dismiss; to say good-bye*
elegir	*to elect*
gemir	*to moan*
impedir	*to impede, prevent*
medir	*to measure*
regir	*to rule*
rendir; rendirse	*to render; to surrender*
reñir	*to quarrel*
repetir	*to repeat*
seguir	*to follow*
servir	*to serve*
teñir	*to dye*
vestir; vestirse	*to dress; to dress oneself*

Verbos con cambios ortográficos

Los verbos que terminan con **car** cambian la **c** a **qu** delante de la **e**:

tocar *to touch; to play an instrument*

pret.: to**qu**é tocaste tocó tocamos tocasteis tocaron
pres. subj.: to**que** to**que**s to**que** to**qu**emos to**qu**éis to**qu**en

OTROS VERBOS CON ESTOS CAMBIOS:

acercarse	*to approach*	indicar	*to indicate*
atacar	*to attack*	marcar	*to mark*
buscar	*to look for*	sacar	*to take out*
colocar	*to put, place*	secar	*to dry*
dedicar	*to dedicate*	trocar	*to barter; to exchange*
evocar	*to evoke*		

Los verbos que terminan con **gar** cambian la **g** a **gu** delante de la **e:**

llegar *to arrive*

pret.: lle**gu**é llegaste llegó llegamos llegasteis llegaron
pres. subj.: lle**gu**e lle**gu**es lle**gu**e lle**gu**emos lle**gu**éis lle**gu**en

OTROS VERBOS CON ESTOS CAMBIOS:

jugar	*to play*	plegar	*to fold*
obligar	*to obligate*	negar	*to deny*
pagar	*to pay*	regar	*to irrigate*

Los verbos que terminan con **guar** cambian la **gu** a **gü** delante de la **e:**

averiguar *to ascertain*

pret.: averi**gü**é averiguaste averiguó averiguamos averiguasteis averiguaron
pret. subj.: averi**gü**e averi**gü**es averi**gü**e averi**gü**emos averi**gü**éis averi**gü**en

OTROS VERBOS CON ESTOS CAMBIOS:

apaciguar	*to appease*
fraguar	*to forge*
menguar	*to decrease; to shrink*

Los verbos que terminan con **zar** cambian la **z** a **c** delante de la **e:**

gozar *to enjoy*

pret.: go**c**é gozaste gozó gozamos gozasteis gozaron
pres. subj.: go**c**e go**c**es go**c**e go**c**emos go**c**éis go**c**en

OTROS VERBOS CON ESTOS CAMBIOS:

alcanzar	*to reach*	empezar	*to begin*
avanzar	*to advance*	forzar	*to force*
cazar	*to hunt*	gozar (de)	*to enjoy*
comenzar	*to begin*	rezar	*to pray*

Los verbos que terminan con **cer** o **cir** precedidos de una consonante cambian la **c** a **z** delante de la **o** o la **a:**

vencer *to conquer*

pres. ind.: ven**z**o vences vence vencemos vencéis vencen
pres. subj.: ven**z**a ven**z**as ven**z**a ven**z**amos ven**z**áis ven**z**an

esparcir *to scatter*

pres. ind.: espar**z**o esparces esparce esparcimos esparcís esparcen
pres. subj.: espar**z**a espar**z**as espar**z**a espar**z**amos espar**z**áis espar**z**an

OTROS VERBOS CON ESTOS CAMBIOS:

convencer	*to convince*	torcer	*to twist*
ejercer	*to practice*	uncir	*to yoke*

Los verbos que terminan con **cer** o **cir** precedidos de una vocal cambian la **c** a **zc** delante de la **a** o la **o.** EXCEPCIONES: mecer, remecer, cocer, escocer, recocer, hacer, yacer, y decir:

conocer *to know*

pres. ind.: cono**zc**o conoces conoce conocemos conocéis conocen
pres. subj.: cono**zc**a cono**zc**as cono**zc**a cono**zc**amos cono**zc**áis cono**zc**an

OTROS VERBOS CON ESTOS CAMBIOS:

agradecer	*to be grateful for*	merecer	*to deserve*
aparecer	*to appear*	nacer	*to be born*
conducir	*to lead; to drive*	obedecer	*to obey*
crecer	*to grow*	ofrecer	*to offer*
deducir	*to infer*	padecer	*to suffer*
enloquecerse	*to go crazy*	parecer	*to appear, seem*
enflaquecer(se)	*to become thin*	pertenecer	*to belong*
enriquecerse	*to become rich*	producir	*to produce*
introducir	*to introduce*	reducir	*to reduce*
lucir	*to shine*		

Conducir, deducir, introducir, producir, y reducir también tienen formas irregulares en el pretérito del indicativo y en el imperfecto del subjuntivo. Todos estos verbos usan **duj** en la raíz en estos tiempos. (see **conducir,** p. 217.)

Los verbos que terminan con **ger** o **gir** cambian la **g** a **j** delante de la **a** o la **o:**

coger *to seize, catch*

pres. ind.: co**j**o coges coge cogemos cogéis cogen
pres. subj.: co**j**a co**j**as co**j**a co**j**amos co**j**áis co**j**an

OTROS VERBOS CON ESTOS CAMBIOS:

corregir	*to correct*	elegir	*to elect*
dirigir	*to direct*	escoger	*to choose, select*

fingir	*to pretend*	recoger	*to gather*
proteger	*to protect*	regir	*to rule*

Los verbos que terminan con **uir** (excepto **guir** y **quir**) incluyen la **y** antes de las terminaciones (excepto **i**) y cambian la **i** inacentuada entre vocales a la **y:**

construir *to construct*

pres. ind.: construyo construyes construye construimos construís construyen
pres. subj.: construya construyas construya construyamos construyáis construyan
pret.: construí construiste construyó construimos construisteis construyeron
imp. subj. **(ra):** construyera construyeras construyera construyéramos construyerais construyeran
imp. subj. **(se):** construyese construyeses construyese construyésemos construyeseis, construyesen
imperativo: construye tú, construid vosotros
gerundio: construyendo

OTROS VERBOS CON ESTOS CAMBIOS:

arguir	*to argue*	distribuir	*to distribute*
concluir	*to conclude, end*	excluir	*to exclude*
contribuir	*to contribute*	huir	*to flee*
destruir	*to destroy*	incluir	*to include*

Los verbos que terminan con **guir** cambian la **gu** a **g** delante de la **a** o la **o:**

seguir *to follow; to continue*

pres. ind.: sigo sigues sigue seguimos seguís siguen
pres. subj.: siga sigas siga sigamos sigáis sigan

OTROS VERBOS CON ESTOS CAMBIOS:

conseguir	*to obtain*
distinguir	*to distinguish*
perseguir	*to pursue*

Los verbos que terminan con **quir** cambian la **qu** a **c** delante de la **a** o la **o:**

delinquir *to transgress*

pres. ind.: delinco delinques delinque delinquimos delinquís delinquen
pres. subj.: delinca delincas delinca delincamos delincáis delincan

Algunos verbos cambian la **i** inacentuada a **y** entre vocales:

leer *to read*

pret.: leí leíste leyó leímos leísteis leyeron
imp. subj. **(ra):** leyera leyeras leyera leyéramos leyerais leyeran
imp. subj. **(se):** leyese leyeses leyese leyésemos leyeseis leyesen
gerundio: leyendo
participio pasado: leído

OTROS VERBOS CON ESTOS CAMBIOS:

caer(se)	*to fall*	huir	*to flee*
creer	*to believe*	oír	*to hear*

Algunos verbos que terminan con **iar** y **uar** (excepto **guar**) tienen acento ortográfico en la vocal débil cuando, en la conjugación, a ésta se le carga el acento:

enviar *to send*

pres. ind.: envío envías envía enviamos enviáis envían
pres. subj.: envíe envíes envíe enviemos enviéis envíen
imperativo: envía tú, enviad vosotros

continuar *to continue*

pres. ind.: contin**ú**o contin**ú**as contin**ú**a continuamos continuáis contin**ú**an
pres. subj.: contin**ú**e contin**ú**es contin**ú**e continuemos continuéis contin**ú**en
imperativo: contin**ú**a tú, continuad vosotros

OTROS VERBOS QUE TIENEN ESTE ACENTO:

acentuar	*to accent*
confiar	*to trust; to confide*
criar	*to rear*
desviar	*to divert; to detour*
espiar	*to spy*
fiar	*to guarantee; to entrust; to sell on credit*
telegrafiar	*to telegraph*
variar	*to vary*

EXCEPCIONCES: cambiar, estudiar, limpiar, y participar

Los verbos que terminan con **eír** cambian la vocal **e** de la raíz a **i** cuando se le carga el acento **o;** si no se le carga el acento, cuando va seguido de una sílaba que contiene la vocal **a** acentuada. Cuando la terminación incluye **ie** o **ió,** se pierde la **i** de la raíz:

reír *to laugh*

pres. ind.: río ríes ríe reímos reís ríen
pres. subj.: ría rías ría riamos riáis rían
pret.: reí reíste rió reímos reísteis rieron
imp. subj. **(ra):** riera rieras riera riéramos rierais rieran
imp. subj. **(se):** riese rieses riese riésemos rieseis riesen
imperativo: ríe tú, reíd vosotros
gerundio: riendo
participio pasado: reído

OTROS VERBOS CON ESTOS CAMBIOS:

freír	*to fry*
sonreír	*to smile*

Los verbos cuya raíz termina con **ll** o **ñ** excluyen la **i** de las terminaciones **ie** o **ió:**

bullir *to boil*

pret. bullí bulliste bull**ó** bullimos bullisteis bull**e**ron
imp. subj. **(ra)** bull**e**ra bull**e**ras bull**e**ra bull**é**ramos bull**e**rais bull**e**ran
imp. subj. **(se)** bull**e**se bull**e**ses bull**e**se bull**é**semos bull**e**seis bull**e**sen
gerundio: bull**e**ndo

reñir (i) *to scold; to quarrel*

pret.: reñí reñiste **riñó** reñimos reñisteis **riñe**ron
imp. subj. **(ra): riñe**ra **riñe**ras **riñe**ra **riñé**ramos **riñe**rais **riñe**ran
imp. subj. **(se): riñese riñe**ses **riñe**se **riñé**semos **riñe**seis **riñe**sen
gerundio: **riñe**ndo

OTROS VERBOS CON ESTOS CAMBIOS:

buñir	*to burnish; to polish*
ceñir	*to gird*
gruñir	*to growl, grunt*
tañer	*to play a stringed instrument*
teñir	*to dye, stain*

Formas Escogidas de Ciertos Verbos Irregulares

andar *to walk, to go*

pret: **anduve anduviste anduvo anduvimos anduvisteis anduvieron**
imp. subj. **(ra): anduviera anduvieras anduviera anduviéramos anduvierais anduvieran**
imp. subj. **(se): anduviese anduvieses anduviese anduviésemos anduvieseis anduviesen**

asir *to seize*

pres. ind.: **asgo** ases ase asimos asís asen
pres. subj.: **asga asgas asga asgamos asgáis asgan**

bendecir *to bless*

pres. ind.: **bendigo bendices bendice** bendecimos bendecís **bendicen**
pres. subj.: **bendiga bendigas bendiga bendigamos bendigáis bendigan**
pret.: **bendije bendijiste bendijo bendijimos bendijisteis bendijeron**
fut.: bendeciré bendecirás bendecirá bendeciremos bendeciréis bendecirán
cond.: bendeciría bendecirías bendeciría bendeciríamos bendeciríais bendecirían
imp. subj. **(ra): bendijera bendijeras bendijera bendijéramos bendijerais bendijeran**
imp. subj. **(se): bendijese bendijeses bendijese bendijésemos bendijesen**
imperativo: **bendice** tú, bendecid vosotros
gerundio: **bendiciendo**
participio pasado: bendecido o **bendito** (*adj.*)

Otro verbo que se conjuga como **bendecir:** maldecir *to curse; to slander*

caber *to be contained in, fit*

pres. ind.: **quepo** cabes cabe cabemos cabéis caben
pres. subj.: **quepa quepas quepa quepamos quepáis quepan**
fut.: **cabré cabrás cabrá cabremos cabréis cabrán**
cond.: **cabría cabrías cabría cabríamos cabríais cabrían**
pret.: **cupe cupiste cupo cupimos cupisteis cupieron**
imp. subj. **(ra): cupiera cupieras cupiera cupiéramos cupierais cupieran**
imp. subj. **(se): cupiese cupieses cupiese cupiésemos cupieseis cupiesen**

caer *to fall*

pres. ind.: **caigo** caes cae caemos caéis caen
pres. subj.: **caiga caigas caiga caigamos caigáis caigan**

pret.: **caí caíste cayó caímos caísteis cayeron**
imp. subj. **(ra): cayera cayeras cayera cayéramos cayerais cayeran**
imp. subj. **(se): cayese cayeses cayese cayésemos cayeseis cayesen**
gerundio: **cayendo**
participio pasado: **caído**

conducir *to lead; to drive (a car)*

pres. ind.: **conduzco** conduces conduce conducimos conducís conducen
pres. subj.: **conduzca conduzcas conduzca conduzcamos conduzcáis conduzcan**
pret.: **conduje condujiste condujo condujimos condujisteis condujeron**
imp. subj. **(ra): condujera condujeras condujera condujéramos condujerais condujeran**
imp. subj. **(se): condujese condujeses condujese condujésemos condujeseis condujesen**

Todos los verbos que terminan con **ducir** se conjugan como **conducir.**

cocer *to cook*

pres. ind.: **cuezo cueces cuece** cocemos cocéis **cuecen**
pres. subj.: **cueza cuezas cueza cozamos cozáis cuezan**
imperativo: **cuece** tú, coced vosotros

dar *to give*

pres. ind.: **doy** das da damos dais dan
pres. subj.: **dé** des **dé** demos deis den
pret.: **di diste dio dimos disteis dieron**
imp. subj. **(ra): diera dieras diera diéramos dierais dieran**
imp. subj. **(se): diese dieses diese diésemos dieseis diesen**

decir *to say*

pres. ind.: **digo dices dice** decimos decís **dicen**
pres. subj.: **diga digas diga digamos digáis digan**
fut.: **diré dirás dirá diremos diréis dirán**
cond.: **diría dirías diría diríamos diríais dirían**
pret.: **dije dijiste dijo dijimos dijisteis dijeron**
imp. subj. **(ra): dijera dijeras dijera dijéramos dijerais dijeran**
imp. subj. **(se): dijese dijeses dijese dijésemos dijeseis dijesen**
imperativo: **di** tú, decid vosotros
gerundio: **diciendo**
participio pasado: **dicho**

erguir *to raise, erect*

pres. ind.: **yergo yergues yergue** erguimos erguís **yerguen** o **irgo irgues irgue** erguimos erguís **irguen**
pres. subj.: **yerga yergas yerga irgamos irgáis yergan** o **irga irgas irga irgamos irgáis irgan**
pret.: erguí erguiste **irguió** erguimos erguisteis **irguieron**
imp. subj. **(ra): irguiera irguieras irguiera irguiéramos irguierais irguieran**
imp. subj. **(se): irguiese irguieses irguiese irguiésemos irguieseis irguiesen**
iimperativo: **yergue** tú, o **irgue** tú; erguid vosotros
gerundio: **irguiendo**

errar *to err*

pres. ind.: **yerro yerras yerra** erramos erráis **yerran**
pres. subj.: **yerre yerres yerre** erremos erréis **yerren**
imperativo: **yerra** tú, errad vosotros

estar *to be*

pres. ind.: **estoy estás está** estamos estáis **están**
pres. subj.: **esté estés esté** estemos estéis **estén**
pret.: **estuve estuviste estuvo estuvimos estuvisteis estuvieron**
imp. subj. **(ra): estuviera estuvieras estuviera estuviéramos estuvierais estuvieran**
imp. subj. **(se): estuviese estuvieses estuviese estuviésemos estuvieseis estuviesen**
imperativo: **está** tú, estad vosotros

forzar *to force*

pres. ind.: **fuerzo fuerzas fuerza** forzamos forzáis **fuerzan**
pres. subj.: **fuerce fuerces fuerce forcemos forcéis fuercen**
pret.: **forcé** forzaste forzó forzamos forzasteis forzaron
imperativo: **fuerza** tú, forzad vosotros

haber *to have*

pres. ind.: **he has ha hemos** habéis **han**
pres. subj.: **haya hayas haya hayamos hayáis hayan**
fut.: **habré habrás habrá habremos habréis habrán**
cond.: **habría habrías habría habríamos habríais habrían**
pret.: **hube hubiste hubo hubimos hubisteis hubieron**
imp. subj. **(ra): hubiera hubieras hubiera hubiéramos hubierais hubieran**
imp. subj. **(se): hubiese hubieses hubiese hubiésemos hubieseis hubiesen**
imperativo: **he** tú, habed vosotros

hacer *to do; to make*

pres. ind.: **hago** haces hace hacemos hacéis hacen
pres. subj.: **haga hagas haga hagamos hagáis hagan**
fut.: **haré harás hará haremos haréis harán**
cond.: **haría harías haría haríamos haríais harían**
pret.: **hice hiciste hizo hicimos hicisteis hicieron**
imp. subj.: **(ra): hiciera hicieras hiciera hiciéramos hicierais hicieran**
imp. subj. **(se): hiciese hicieses hiciese hiciésemos hicieseis hiciesen**
imperativo: **haz** tú, haced vosotros
participio pasado: **hecho**

ir *to go*

pres. ind.: **voy vas va vamos vais van**
pres. subj.: **vaya vayas vaya vayamos vayáis vayan**
imp. ind.: **iba ibas iba íbamos ibais iban**
pret.: **fui fuiste fue fuimos fuisteis fueron**
imp. subj. **(ra): fuera fueras fuera fuéramos fuerais fueran**
imp. subj. **(se): fuese fueses fuese fuésemos fueseis fuesen**
imperativo: **ve** tú, id vosotros
gerundio: **yendo**

jugar *to play*

pres. ind.: **juego juegas juega** jugamos jugáis **juegan**
pres. subj.: **juegue juegues juegue juguemos juguéis jueguen**
pret.: **jugué** jugaste jugó jugamos jugasteis jugaron
imperativo: **juega** tú, jugad vosotros

oír *to hear*

pres. ind.: **oigo oyes oye oímos** oís **oyen**
pres. subj.: **oiga oigas oiga oigamos oigáis oigan**
pret.: oí **oíste oyó oímos oísteis oyeron**
imp. subj. **(ra): oyera oyeras oyera oyéramos oyerais oyeran**
imp. subj. **(se): oyese oyeses oyese oyésemos oyeseis oyesen**
imperativo: **oye** tú, oíd vosotros
gerundio: **oyendo**
participo pasado: **oído**

oler *to smell*

pres. ind.: **huelo hueles huele** olemos oléis **huelen**
pres. subj.: **huela huelas huela** olamos oláis **huelan**

pret.: olí oliste olió olimos olisteis olieron
imperativo: **huele** tú, oled vosotros

poder *to be able*

pres. ind.: **puedo puedes puede** podemos podéis **pueden**
pres. subj.: **pueda puedas pueda** podamos podáis **puedan**
fut.: **podré podrás podrá podremos podréis podrán**
cond.: **podría podrías podría podríamos podríais podrían**
pret.: **pude pudiste pudo pudimos pudisteis pudieron**
imp. subj. **(ra): pudiera pudieras pudiera pudiéramos pudierais pudieran**
imp. subj. **(se): pudiese pudieses pudiese pudiésemos pudieseis pudiesen**
gerundio: **pudiendo**

poner *to put*

pres. ind.: **pongo** pones pone ponemos ponéis ponen
pres. subj.: **ponga pongas ponga pongamos pongáis pongan**
fut.: **pondré pondrás pondrá pondremos pondréis pondrán**
cond.: **pondría pondrías pondría pondríamos pondríais pondrían**
pret.: **puse pusiste puso pusimos pusisteis pusieron**
imp. subj. **(ra): pusiera pusieras pusiera pusiéramos pusierais pusieran**
imp. subj. **(se): pusiese pusieses pusiese pusiésemos pusieseis pusiesen**
imperativo: **pon** tú, poned vosotros
participio pasado: **puesto**

querer *to wish; to want*

pres. ind.: **quiero quieres quiere** queremos queréis **quieren**
pres. subj.: **quiera quieras quiera** queramos queráis **quieran**
fut.: **querré querrás querrá querremos querréis querran**
cond.: **querría querrías querría querríamos querríais querrían**
pret.: **quise quisiste quiso quisimos quisisteis quisieron**
imp. subj. **(ra): quisiera quisieras quisiera quisiéramos quisierais quisieran**
imp. subj. **(se): quisiese quisieses quisiese quisiésemos quisieseis quisiesen**
imperativo: **quiere** tú, quered vosotros

saber *to know*

pres. ind.: **sé** sabes sabe sabemos sabéis saben
pres. subj.: **sepa sepas sepa sepamos sepáis sepan**
fut.: **sabré sabrás sabrá sabremos sabréis sabrán**
cond.: **sabría sabrías sabría sabríamos sabríais sabrían**
pret.: **supe supiste supo supimos supisteis supieron**
imp. subj. **(ra): supiera supieras supiera supiéramos supierais supieran**
imp. subj. **(se): supiese supieses supiese supiésemos supieseis supiesen**

salir *to leave; to go out*

pres. ind.: **salgo** sales sale salimos salís salen
pres. subj.: **salga salgas salga salgamos salgais salgan**
fut.: **saldré saldrás saldrá saldremos saldréis saldrán**
cond.: **saldría saldrías saldría saldríamos saldríais saldrían**
pret.: salí saliste salió salimos salisteis salieron
imperativo: **sal** tú, salid vosotros

ser *to be*

pres. ind.: **soy eres es somos sois son**
pres. subj.: **sea seas sea seamos seáis sean**
imp. ind.: **era eras era éramos erais eran**
pret.: **fui fuiste fue fuimos fuisteis fueron**
imp. subj. **(ra): fuera fueras fuera fuéramos fuerais fueran**
imp. subj. **(se): fuese fueses fuese fuésemos fueseis fuesen**
imperativo: **sé** tú, sed vosotros

tener *to have*

pres. ind.: **tengo tienes tiene** tenemos tenéis **tienen**
pres. subj.: **tenga tengas tenga tengamos tengáis tengan**
fut.: **tendré tendrás tendrá tendremos tendréis tendrán**
cond.: **tendría tendrías tendría tendríamos tendríais tendrían**
pret.: **tuve tuviste tuvo tuvimos tuvisteis tuvieron**
imp. subj. **(ra): tuviera tuvieras tuviera tuviéramos tuvierais tuvieran**
imp. subj. **(se): tuviese tuvieses tuviese tuviésemos tuvieseis tuviesen**
imperativo: **ten** tú, tened vosotros

traer *to bring*

pres. ind.: **traigo** traes trae traemos traéis traen
pres. subj.: **traiga traigas traiga traigamos traigáis traigan**
pret.: **traje trajiste trajo trajimos trajisteis trajeron**
imp. subj. **(ra): trajera trajeras trajera trajéramos trajerais trajeran**
imp. subj. **(se): trajese trajeses trajese trajésemos trajeseis trajesen**
gerundio: **trayendo**
participio pasado: **traído**

valer *to be worth*

pres. ind.: **valgo** vales vale valemos valéis valen
pres. subj.: **valga valgas valga valgamos valgáis valgan**
fut.: **valdré valdrás valdrá valdremos valdréis valdrán**
cond.: **valdría valdrías valdría valdríamos valdríais valdrían**

pret.: valí valiste valió valimos valisteis valieron
imperativo: **val** tú, o vale tú; valed vosotros

venir *to come*

pres. ind.: **vengo** vienes viene venimos venís vienen
pres. subj.: **venga vengas venga vengamos vengáis vengan**
fut.: **vendré vendrás vendrá vendremos vendréis vendrán**
cond.: **vendría vendrías vendría vendríamos vendríais vendrían**
imp. subj. **(ra): viniera vinieras viniera viniéramos vinierais vinieran**
imp. subj. **(se): viniese vinieses viniese viniésemos vinieseis viniesen**
imperativo: **ven** tú, venid vosotros
gerundio: **viniendo**

ver *to see*

pres. ind.: **veo** ves ve vemos veis ven
pres. subj.: **vea veas vea veamos veáis vean**
imp. ind.: **veía veías veía veíamos veíais veían**
pret.: **vi** viste **vio** vimos visteis vieron
participo pasado: **visto**

Vocabularios

ABREVIATURAS

adj.	adjective	*pl.*	plural
adv.	adverb	*p. p.*	past participle
aux.	auxiliary	*poss.*	possessive
conj.	conjunction	*prep.*	preposition
dem.	demonstrative	*pres. p.*	present participle
dir. obj.	direct object	*pret.*	preterit
f.	feminine	*pro.*	pronoun
fam.	familiar	*prep. pro.*	prepositional pronoun
for.	formal	*refl.*	reflexive
imp.	imperfect	*rel.*	relative
ind. obj.	indirect object	*s.*	singular
interr.	interrogative	*subj.*	subjunctive
m.	masculine	*v.*	verb
neg.	negative		

ESPAÑOL–INGLÉS

a, at, to; **a solas** alone
abajo downward
abandonar to abandon
abanico *m.* fan
abarrotes *m. pl.* groceries
abeja *f.* bee
abogado *m.* lawyer
abolir to abolish
abono *m.* fertilizer; subscription
abordo *m.* act of boarding an airplane, ship, etc.
abrazo *m.* hug, embrace
abrelatas *m.* can opener
abrigar to protect, to shelter
abrigo *m.* topcoat, overcoat
abril *m.* April
abrir to open; *p.p.* abierto
abrochar to fasten
abstenerse to abstain
abuelo *m.* grandfather
abundancia *f.* abundance
aburrido boring
aburrimiento *m.* boredom
aburrirse to be bored; to become bored
acabar to finish; **acabar de** + *inf.* to have just + *p.p.* (**Acabo de llegar.** I have just arrived.)
acarrear to carry, to transport
acaso perhaps
accidente *m.* accident
acción *f.* action
aceite *m.* oil
acelerar to accelerate
acentuar to accent
aceptar to accept
acequia *f.* irrigation canal, ditch
acerca de about, concerning
acercarse (a) to approach, get near
acero *m.* steel; sword
acertar (ie) to hit the mark; to be right
acompañar to accompany, go with
acondicionador del aire *m.* air conditioner
acondicionar to prepare; to arrange; to fix
aconsejar to advise
acontecimiento *m.* event, happening
acordar (ue) to grant; **acordarse de** to remember
acortar to shorten, to cut down, to lessen
acostar to lay down (**Acueste Ud. al niño aquí.** Lay the child here.); **acostarse** to lie down.
acostumbrarse (a) to be accustomed (to)
actividad *f.* activity
activo active; *m.* assets
actriz *f.* actress
actual present, actual
actualidad *f.* present time
acuerdo: estar de acuerdo con to agree with; **de acuerdo con** in accordance with
acusación *f.* accusation
acusar to accuse
adecuado adequate
adelantado in advance
adelantar (se) to advance
adelante forward
además besides, moreover
adentro within, inside
adentros *m. pl.* innermost self
adiós good-bye
adivinar to guess
adjetivo adjective
admirar to admire
adoptar to adopt
adornar to adorn
adquirir (ie) to acquire
adrede purposely, on purpose
advertir (ie) to notice; to warn
aéreo (*pertaining to*) air
aerolínea *f.* airline
afeitar to shave; **afeitarse** to shave oneself
afirmar to affirm
afirmativo affirmative
afortunado fortunate
afuera outside; **afueras** *f.* suburbs
agente *m.* agent
agitar to agitate
agosto *m.* August
agotado exhausted
agradable agreeable
agradar to please
agradecer to be grateful
agravantes *f. pl.* aggravations; *adj.* aggravating
agua *f.* water
aguantar to endure
ahí there
ahogar(se) to drown; to suffocate
ahora now; **ahora mismo** right now
ahorrar to save
aire *m.* air
ajustar to fit
alberca *f.* pool
alcachofa *f.* artichoke
alcanzar to reach, attain; to overtake
alcoba *f.* bedroom
alegar to allege
alegoría allegory (*a figurative story that is symbolic of other actions*)
alegrarse (de) to be glad
alegre happy, cheerful
alegría *f.* gaiety, joy, gladness
alejarse to go away, depart
alemán *m.* German
Alemania Germany
alfombra *f.* carpet
algo something; **algo** + *adj.* somewhat + *adj.*
algodón *m.* cotton
alguien someone, somebody

alguno some; *pro.* someone, something, anyone
alimenticio nutritional, nutritive
alimento food
aliviar (se) to alleviate, relieve
alma *f.* soul
almeja *f.* clam
almohada *f.* pillow
almorzar (ue) to eat lunch
almuerzo *m.* lunch
alojamiento *m.* lodging
alojarse to take lodging
alquilar to rent
alrededor around; *prep.* **alrededor de** around
altavoz *m.* loudspeaker
alto tall; high; *m.* height; **a (en) lo alto** in (on) the height, on high
alumno *m.* student
alzar to raise
allá, allí there; **más allá** beyond, further on
ama *f.* mistress of the house; landlady
amable pleasant, nice
amado beloved; *m.* loved one
amador *m.* lover
amante *m. & f.* lover
amar to love
amaneceres parisienses Parisian dawns
amenizar to make pleasant, to make agreeable, to make interesting
amigo *m.* friend; **amiga** *f.* friend
amparo *m.* help; shelter, protection
anales *m. pl.* annals
anciano old; *m.* old man
ancho wide; *m.* width
anchoa *f.* anchovy
andar to walk; **andar** + *pres. p.* to go around + *pres. p.*
angosto narrow
angustia *f.* anxiety
anhelante desiring
anhelar to desire
anillo *m.* ring
animarse to cheer up
anochecer to become dark
ante *prep.* before, in front of, in the presence of
anteanoche night before last
anteayer day before yesterday
antemano beforehand
anteojos *m. pl.* eyeglasses
antepasado *m.* ancestor, forefather
anterior previous
antes *adv.*, **antes de** *prep.*, **antes de que** *conj.* before
antiguo ancient
antipático unpleasant
antónimo *m.* antonym
anunciar to announce
añadir to add
año *m.* year; **tener cinco años** to be five years old; **dos veces al año** twice a year
apaciguar to calm down, pacify
apagar to extinguish
aparato *m.* apparatus
aparecer to appear
apartamento (apartamiento) *m.* apartment
aparte aside
apasionado passionate
apenas scarcely, hardly
apéndice *m.* appendix
aplaudir to applaud
aplicado industrious, intent
aplicar to apply; **aplicarse** to apply oneself
apócope *f.* apocopation (*to drop last letter or syllable of word*)
apoderarse (de) to take power (over); to take possession (of)
apoyar to support
apreciable valuable
aprender (a) to learn
apresuradamente hurriedly
apresurarse (a) to hurry
apretar (ie) to squeeze
aprisa swiftly
aprobar (ue) to approve
apropiado appropriate
aprovechar to profit by; to take advantage of
aproximar(se) (a) to approximate; to approach
apuesta *f.* bet
apuntar to aim
apunte *m.* note
apuración *f.* trouble, annoyance, bother
apurarse to hurry
apuro *m.* predicament
aquel *adj.* that
aquél *pro.* that, that one
aquí here; **de aquí en adelante** from now on
árbol *m.* tree
arbusto *m.* shrub
arca *f.* chest
arco *m.* arch; **arco iris** rainbow
argüir to argue
argumento argument
artistócrata *m. & f.* aristocrat
arma *f.* weapon
armar to arm; **armar ruido** to make noise
armonía *f.* harmony
arpa *f.* harp
arte *m.* skill; *f.* fine art
artesonado architecture, ceiling
artículo article
artista *m. & f.* artist
artístico artistic
arzobispo *m.* archbishop

arquitecto *m.* architect
arrancar to pull; to start (*car*)
arrastrar to drag; **arrastrarse** to drag oneself
arreglar to arrange; to regulate; to settle (*business affairs*)
arrepentirse (ie) (de) to repent; to regret
arriba above, up, overhead, upward
arribar to reach the shore
arriesgarse to risk
arriscado bold, proud
arroz *m.* rice
asaltar to assault
asegurar to affirm; to assent
asesino *m.* assassin
aseverativo affirming, affirmative
asfalto *m.* asphalt
así thus; this (that) way; **así que** as soon as; **así como** as well as
asiento *m.* seat
asignar to give, to assign, to apportion
asimilar to assimilate
asistir (a) to attend
asomado peering out, sticking out
asomarse (a) to peer out
asombrarse to be surprised
asombro *m.* surprise
aspecto *m.* aspect, appearance
áspero rugged
aspiradora *f.* vacuum cleaner
astuto astute, clever
asunto *m.* affair; subject (matter)
asustar to frighten
atacar to attack
ataque *m.* attack
atender (ie) to pay attention (to); to serve, to wait on
atento attentive
aterrizar to land (*airplane*)
atractivo attractive
atrás *adv.* behind; **hacia atrás** backwards
atravesar (ie) to cross
atreverse (a) to dare (to)
audífono *m.* earphone
auditorio *m.* auditorium
aumentativo augmentative
aun even; **aun cuando** even if; **aún** still, yet
aunque although
ausencia *f.* absence
auténtico authentic
autobús *m.* motor bus
autoestéreo *m.* autostereo
auto (automóvil) *m.* automobile
autor *m.* author
autora *f.* authoress
auxiliar auxiliary; *v.* to help
avanzado advanced; **avanzar** to advance
aventajar (se) to surpass, excel
avergonzarse to be ashamed
averiguar to verify, inquire into
avión *m.* airplane
avisar to warn; to inform
ayer yesterday
ayuda *f.* help
ayudante *m.* assistant, helper
ayudar to help
ayunar to fast
ayuntamiento city council, town council
azafata *f.* airline stewardess
azafrán *m.* saffron
azúcar *m.* sugar
azul blue

bailar to dance
bailarín *m.* dancer
bailarina *f.* dancer
baile *m.* dance
bajar to go down; to lower
bajo *adv.* below; *prep.* beneath, under, underneath; *adj.* short, low
balcón *m.* balcony
banco *m.* bench; bank
bandera *f.* flag
banquero *m.* banker
bañar to bathe; **bañarse** to bathe oneself
baño *m.* bath
barato cheap
barbacoa *f.* barbecue
barbaridad *f.* barbarity, atrocity
barrio *m.* district
basar to base
básicamente *adv.* basically
bastante enough
bastar to be enough, sufficient
basto *m.* club (*card suit*)
bastón *m.* cane
basura trash, garbage
basurero garbage man, trash collector
batirse to beat
beber to drink
béisbol (beisbol) *m.* baseball
bélico *adj.* war, warlike
belleza *f.* beauty
bello beautiful
bendecir to bless
bendición *f.* benediction
bendito blessed
beso *m.* kiss
biblioteca *f.* library
bibliotecaria *f.* librarian
bicicleta *f.* bicycle
bien well; **más bien** rather
bienvenido welcome; *f.* welcome
billete *m.* ticket
biología *f.* biology

biólogo *m.* biologist
bisabuelo *m.* great-grandfather
bistec *m.* beefsteak
blanco white
blusa *f.* blouse
boca *f.* mouth
boceto sketch, outline
boda *f.* wedding
boleto *m.* ticket
bolsa *f.* purse
bolsillo *m.* pocket
bombero *m.* fireman
bonito pretty
bosque *m.* forest, woods
bosquejar to sketch
botella *f.* bottle
brazo *m.* arm
breve *adj.* short, brief
brillante brilliant
brillar to shine
broche *m.* clasp, brooch
broma *f.* joke; en broma jokingly; **hacer broma** to joke
bromear to joke
brutalmente *adv.* brutally
bueno good
burla *f.* joke
busca *f.* search
buscar to look for, search
butaca *f.* armchair

caballero *m.* gentleman, knight
caballo *m.* horse
cabellera *f.* head of hair
caber to fit
cabeza *f.* head
cacahuate *m.* peanut
cada each
cadena *f.* chain
caer(se) to fall
café brown; *m.* coffee; café
cafetera *f.* coffee pot
caja *f.* box
cajero (cajera) *m. & f.* cashier
calcetín *m.* sock (*footwear*)
cálculo calculation
calentador *m.* heater; *adj.* heating, warming
calentar (ie) to warm; calentarse to become warm
calidad *f.* quality (*also spelled* **cualidad**), status
caliente warm, hot
calificar to grade, to classify
caloría *f.* calorie
callado quiet
callarse to stop talking; to be quiet
calle *f.* street
calmar to calm; **calmarse** to be calm
calor *m.* heat; **hacer calor** to be hot (*weather*); **tener calor** to be hot (*person*)
calzoncillos *m. pl.* underwear
cama *f.* bed
camarero *m.* waiter; steward; **camarera** *f.* waitress
camarón *m.* shrimp
cambiar (de) to change
cambio *m.* change; exchange; **en cambio** on the other hand
caminar to walk
camino *m.* road
camisa *f.* shirt
camiseta *f.* undershirt
campaña campaign
campeonato championship
campestre pertaining to the countryside
campo *m.* field; country(side);camp
canasta *f.* basket
canción *f.* song
candado *m.* padlock
candidato *m.* candidate
cansar to tire; **cansarse** to become tired
cantar to sing
cantidad *f.* quantity
canto *m.* song
caña *f.* cane (*reed*)
capaz capable
capital *m.* funds; *f.* chief city of a country
capitán *m.* captain
capítulo *m.* chapter
capturar to capture
cara *f.* face; **de cara a** facing
caracol *m.* snail
carácter *m.* character
caramba (*interjection*) my goodness
caramelo *m.* caramel
carbón *m.* carbon
carburante *m.* fuel
cárcel *f.* jail
carga *f.* load
cargado laden, loaded
cargar to carry; **cargar(le) el acento** to put stress on (**Se le carga el acento sobre la "i".** The stress is put on the "I.")
cargo *m.* burden, load; **hacerse cargo de** to take charge of
cariñosamente affectionately
carmín carmine
carne *f.* meat
carnicería *f.* butcher shop
carnicero *m.* butcher
caro expensive
carpintero *m.* carpenter
carrera *f.* race; career
carro *m.* car
carta *f.* letter

cartera *f.* wallet
cartero *m.* mailman
casa *f.* house
casada *f.* married woman
casar (con) to marry; **casarse (con)** to get married
casi almost
caso *m.* case; **en caso de que** in case (that)
castigar to punish
castillo *m.* castle
catarro *m.* cold (*sickness*)
categoría *f.* category
catorce fourteen
causa *f.* cause; **a causa de** because of; **por causa de** because of
causar to cause
caza *f.* game (*hunt*)
cazar to hunt game
ceder to cede, to hand over
celebrar to celebrate
celo *m.* zeal; **con celo** zealously; **tener celos** to be jealous
celoso jealous
cenar to dine; to eat supper
cenicero *m.* ash tray
ceniza *f.* ash
censo census (*of population etc.*)
centavo *m.* cent
centenares *m. pl.* hundreds
centro *m.* center; downtown
ceñir to gird, circle, girdle
cerca *adv.* nearby; *prep.* **cerca de** near; *f.* fence
cercano near
cerebro *m.* brain
ceremonia *f.* ceremony
cerrar (ie) to close
cerro hill; **Cerro de la Paz** the Hill of Peace
certero knowledgeable; accurate; sure, certain
cesar (de) to cease
césped *m.* lawn
cesta *f.* *or* **cesto** *m.* basket
ciego blind
cielo *m.* sky; heaven
ciencia *f.* science
científico *m.* scientist
ciento (*also* **cien** *under certain conditions*) one hundred; **por ciento** percent
cierto certain
ciervo *m.* stag
cinco five
cincuenta fifty
cine *m.* movies
cinta *f.* ribbon; tape; strip, band
cintura *f.* waist; **cinturón** *m.* large waist; belt; **cinturón de seguridad** *m.* safety belt, seat belt
circunstancia *f.* circumstance
cita *f.* appointment; date
citado cited
ciudad *f.* city
claro clear
clase *f.* class; kind
clásico classic
clasificar to classify
cláusula *f.* clause
clavel *m.* carnation
cliente *m.* & *f.* client, customer
clima *m.* climate
cobrador *m.* collector
cobre *m.* copper
cocer(ue) to cook
cocina *f.* kitchen
cocinar to cook
cocinera *f.* cook; **cocinero** *m.* cook
coctel *m.* cocktail
coche *m.* automobile
código code (*of laws etc.*)
coger to catch, seize; to grip
cognado *m.* cognate
cohete *m.* firecracker; rocket
cola *f.* tail
colegio *m.* school; (K-12)
colgadura *f.* drapery
colgar (ue) to hang (up)
colocar to arrange; to place
colorete *m.* rouge
columna column
comedia *f.* play (*theatrical*)
comedor *m.* dining room
comensal *m.* table companion
comentario *m.* commentary
comenzar (a) (ie) to begin
comer to eat
comerciante *m.* & *f.* merchant
comercio *m.* business; commerce
comestibles *m. pl.* groceries
cometa *m.* comet; *f.* kite
comida *f.* food; meal; dinner
comisión *f.* commission
como like, as, since; **cómo** how; **como si** as if
como sea be that as it may
cómodo comfortable, convenient
comoquiera however
compañero *m.* companion
compañía *f.* company; **compañía de seguros** insurance company
comparación *f.* comparison
compartir to share; to divide
complacer to please
complejo complex
complemento *m.* complement; object
completamente completely
completar to complete
completo complete

componer to compose; to repair
compra *f.* purchase
comprar to buy
comprender to understand
común common; **en común** in common
con with; **con tal que** provided that
conceder to concede, grant
concentrar to concentrate
conciencia *f.* conscience
concierto *m.* concert
concluir to conclude
concordancia *f.* agreement, concord
condado *m.* county
conde *m.* count
condenar to condemn
condición *f.* condition; **a condición que** on condition that
condicional conditional
condimentado seasoned
conducir to conduct; to drive (*a car*), to lead
conferencia *f.* lecture
confesar (ie) to confess
confianza *f.* confidence
confiar (en) (de) to trust (in)
conflicto *m.* conflict
confundir to confuse; **confundirse** to become confused
congelado frozen
congelar to freeze
congreso *m.* congress
conjugar to conjugate
conmigo with me
conocer to know, to know of; to be familiar with; to be acquainted with; **conocer de vista** to know by sight
conquista *f.* conquest
conquistador *m.* conqueror
conquistar to conquer
consecuencia consequence
conseguir (i) to obtain, get
consejo *m.* advice
consejero *m.* advisor
consentir (ie) to consent
conservar to conserve
considerar to consider
consigo *for. s. & pl.* with him, with her, with you, with them
consistir (en) to consist (of)
construir to build, construct
cónsul (es) *m.* consul(s)
consulta consultation
consumir to consume
contacto contact
contar (ue) to count; to relate
contemplar to contemplate
contener to contain; **contenerse** to contain oneself, hold oneself in check
contento contented, happy
contestación *f.* answer; contention
contestar (a) to answer
contienda *f.* battle, contest, struggle
contigo *fam. s.* with you
continuar to continue
contra against
contrahacer to falsify
contrapartida cross entry; counterpart
contraponer to contrast; to oppose
contrario contrary
contribuir to contribute
contribuyente *m. & f.* contributor
convencer to convince
convenir to be advisable; to suit the purpose; **convenir con** to agree with; **convenir en** to agree to
convertir (ie) to change; to convert; **convertirse** to change oneself; to become converted
convidado invited; *m.* an invited person
convidar to invite
coqueta *f.* coquette, flirt
corazón *m.* heart
corbata *f.* necktie
corchete *m.* tie clasp
cornada *f.* thrust with a bull's horn
coronar to crown
correa de ventilador *f.* fan belt
correcto correct
corredor *m.* runner; corridor
corregir (i) to correct
correr to run
corresponder to correspond; to respond
correspondiente corresponding
cortadora *f.* mower
cortalápices *m.* pencil sharpener
cortar to cut
corte *f.* court, courtship; *m.* cut
cortejar to court
cortina *f.* curtain
corto short, brief
cosa *f.* thing
cosecha *f.* crop, harvest
coser to sew
costar (ue) to cost
costumbre *f.* custom; de costumbre as usual
costurera *f.* dressmaker
crear to create
crecer to grow
credibilidad *f.* credibility
crédito *m.* credit; credence
creencia *f.* belief
creer to believe
creíble credible
criada *f.* maid, servant
criar to rear, raise

crimen *m.* crime; criminal
crisis *f. s. & pl.* crisis; crises
cristiano Christian
criticar to criticize
croissant French roll
cruel cruel
crueldad *f.* cruelty
cruzar to cross
cuaderno *m.* notebook
cuadra *f.* block
cuadrado square; *m.* square
cuadro *m.* picture; square
cual: el, la, lo cual *rel. pro.* that which; *pl.* **cuales;** *adv.* as; **¿cuál?, ¿cuáles?** which?
cualidad (calidad) *f.* quality
cualquiera whatever, whichever; any; *pl.* **cualesquiera**
cuán *exclam. adv.* how
cuando when; **¿cuándo?** when?; **para cuando** by the time (that); **aun cuando** even though
cuanto *adj.* all the, as many as; *adv.* as much as; **cuanto antes** as soon as possible; **cuanto más** the more; **en cuanto** as soon as; **¿cuánto?** how much? **¿cuántos?** how many; **unos cuantos** a few
cuarenta forty
cuarto *m.* room
cuatro four
cuatrocientos four hundred
cubano Cuban
cubo bucket
cubrir to cover; *p.p.* **cubierto**
cuchara *f.* spoon
cuchillo *m.* knife
cuenta *f.* bill; account
cuento *m.* story, tale
cuerda *f.* cord, rope, string
cuerpo *m.* body
cuesta slope, hill
cuestión *f.* matter (subject)
cuestionable questionable
cuestionario *m.* questionnaire
cueva *f.* cave
cuguardo *m.* cougar
cuidado *m.* care; **con cuidado** carefully; **tener cuidado** to be careful
cuidadosamente carefully
cuidar to look after, to care for
culpa *f.* blame; **por culpa de** because of; **tener la culpa** to be to blame
culpabilidad *f.* guilty
culpable guilty, culpable
culpar (de) to blame
cultivar to cultivate
cumpleaños *m. s.* birthday
cumplir to fulfill, comply with; to perform
cuna *f.* cradle
cuñada *f.* sister-in-law
cuñado *m.* brother-in-law
cupo *m.* quota, share; tax rate
curioso curious
curso *m.* course
cuyo (-a, -os, -as) whose
chaqueta *f.* jacket
charlar to chat
cheque *m.* check
chico small; *m.* young man, boy; **chica** *f.* young girl, girl
chile *m.* pepper
chino Chinese; *m.* Chinese
chistar to utter, say
chocar to clash, collide; **chocar la mano** to shake hands
chorizo *m.* sausage

dado given; **dado que** granted that, provided that; *m.* die (*pl.* dice)
dama *f.* lady; queen (*in cards*)
damasco damascus
danza *f.* dance
dañar to harm, injure
daño *m.* harm
dar to give; **dar a** to face, open onto; **dar a luz** to give birth; **dar contra** to fall against; **dar (le) la gana (a uno)** (*used with ind. obj. pro.*) to feel like (doing something) (**Me da la gana verlo.** I feel like seeing it.); **dar (le) la muerte (a uno)** to kill someone; **dar las seis** to strike six; **dar los buenos días** to wish good day; **dar (le) sorpresa (a uno)** (*used with ind. obj. pro.*) to surprise (**Le di una sorpresa.** I surprised him.); **dar una vuelta** to take a stroll; **dar vergüenza** to shame; **dar vuelta** to turn; **darse cuenta de** to realize; **darse por vencido** to surrender
datar (de) to date (from)
de of, from; **de par en par** wide open
debajo *adv.* under, beneath, below; *prep.* **debajo de** under, beneath
deber to ought to; to owe; **deber de** + *inf.* to ought to, must (*as an assumption*) (**Ella debe de estar en casa.** She must be at home.); *m.* duty
deberse a to be due to; **se debe a** is due to
débil weak
decidir to decide
decir to say; to tell; *p.p.* **dicho**
declaración *f.* declaration, statement
declarar to declare
decorar to decorate
dedicar to dedicate
dedo *m.* finger
defender (ie) to defend

defensa *f.* defense
déficit *m.s. & p.* deficit(s)
dejar to let, allow; to leave; **dejar caer** to drop; **dejar de** +*inf.* to stop +*pres. p.*
delante (de) in front (of)
deleitar to delight
deleitoso delightful
deletrear to spell
delgado thin, slender
delicioso delicious
delincuente delinquent
delinquir to transgress
delito *m.* crime; transgression
demás: lo demás the rest; **los demás** the others
demasiado too much; *pl.* too many
demostrar (ue) to demonstrate
demostrativo demonstrative
dentro *adv.* inside; **dentro de** *prep. phrase* inside of
denunciar to denounce
departamento *m.* department, apartment
dependiente *m.* clerk
deporte *m.* sport
derecho *m.* right; **tener (el) derecho** to have the right
derramar to shed; to pour out
derrota *f.* defeat; **derrotado** defeated; **derrotar** to defeat
desafinado out of tune
desagradable unpleasant
desanimarse to become disheartened
desaparecer to disappear
desayunar to eat breakfast
desayunarse (con) to breakfast (on)
desayuno breakfast
descansar to rest
descolgar (ue) to take down
descomponer (se) to break down
desconfiar (de) to distrust
desconocido unknown
desconsolar (ue) to dishearten
descontento unhappy, discontented
describir to describe; *p.p.* **descrito**
descubrimiento *m.* discovery
descubrir to discover; *p.p.* **descubierto**
descuidar to neglect
descuido *m.* carelessness
desde from, since; **desde que** *conj.* since (*time*); **desde luego** immediately; of course, naturally
desear to desire
desembolsar to pay
deseo *m.* desire
desesperado hopeless
desesperar to despair, lose hope
desfigurar to disfigure
desgracia *f.* misfortune; **por desgracia** unfortunately
desgraciado unfortunate
deshacer to undo; *p.p.* **deshecho**
desinencia *f.* declension, inflection (*grammatical ending*)
deslizarse to glide
desmoronamiento decaying, crumbling away, breakdown, decline
desolado desolate
despacio slowly
despampanante gorgeous, stunning
despedirse (i) (de) to take leave (of)
despegar to separate; to unglue; to take off (*airplane*)
despegue *m.* take-off (*airplane*)
despensa *f.* pantry
despertar (ie) to awaken; **despertarse** to wake up
desplomar to collapse
despreciar to scorn
después afterward; **después** de *prep.* after; **después de que** *conj.* after
destacado outstanding
desterrado exiled
desterrar (ie) to exile
destierro *m.* exile; **en el destierro** in exile
destino *m.* destination; destiny
destrozado crushed, destroyed
destrucción *f.* destruction
destruir to destroy
detector de mentiras lie detector
detener to stop, to arrest, to detain
determinar to determine
detrás *adv.* behind (*place*); **detras de** *prep.* after, behind
deuda *f.* debt
devolver (ue) to return; *p.p.* **devuelto**
día *m.* day
diálogo *m.* dialog
diamante *m.* diamond
diario daily
dibujar to sketch; to draw
diccionario *m.* dictionary
diciembre *m.* December
dictador *m.* dictator
dicho *p.p.* **decir** said
diente *m.* tooth
dieta diet
diez ten
diferenciarse to differ
diferente different
difícil difficult
dificultad *f.* difficulty
dificultarse to become difficult
difunto dead; *m.* dead person
digno worthy

diligencia *f.* diligence
diligente diligent
diminuto diminutive
dinero *m.* money
Dios *m.* God
diputado *m.* deputy
dirección *f.* direction; address
directo direct; **directamente** directly
dirigir to direct; **dirigirse** a to address; to go toward
disco *m.* phonograph record
discutir to discuss
disfrutar de to enjoy
disponer to order; to dispose; **disponerse a** to prepare to, get ready to; **disponerse de** to have at one's disposal
distancia distance
distinguir to distinguish
distinto distinct, different
distribuir to distribute
disyuntivo disjunctive
diverso diverse
divertido amusing
divertirse (ie) to have a good time
dividir to divide
divino divine, wonderful
divisa currency, money
divorcio divorce
doce twelve
docena *f.* dozen
documento document
dólar *m.* dollar
doler (ue) to hurt, ache; to grieve
dolor *m.* sorrow
doloroso sorrowful
dominar to dominate
domingo *m.* Sunday
doncella *f.* maiden, damsel
donde where; **¿dónde?** where?
dorado gilded
dormir (ue) to sleep
dos two
doscientos two hundred
dotar to endow
drama *m.* drama, play
dramaturgo dramatist
duda *f.* doubt
dudar to doubt
dudoso doubtful
duelo *m.* duel; sorrow
dueño *m.* owner
dulce sweet, gentle; *m.* candy
duradero lasting
durante during
durar to last
durativo lasting
duro hard
echar to throw; **echar a** to start; **echar al correo** to mail; **echar de menos** to be lonesome for, miss; **echar raíces** to take root; **echarse** to lie down
económico economic
economizar to economize
ecuménico ecumenical, universal
edad *f.* age
edificio *m.* building
educar to educate
efecto *m.* effect; **en efecto** in fact
eficaz effective
ejemplo *m.* example; **por ejemplo** for example
ejercer to exercise
ejercicio *m.* exercise
ejército *m.* army
elefante *m.* elephant
elegante elegant
elegir (i) to elect
elemental elementary
Elíseo *boulevard in Paris, France*
ello *neuter, sub. pro., prep. pro.* it
eludir to avoid, to elude, to evade
embajador *m.* ambassador
emocionante touching, moving; **emoción** *f.* thrill, emotion
empeñarse en to insist on
empeño *m.* determination
emperador *m.* emperor
emperatriz *f.* empress
empezar (ie) (a) to begin
empleado *m.* employee
emplear to use, employ
empleo *m.* employment, job
empresa *f.* enterprise, undertaking
empréstito *m.* loan
enamorado enamoured
enamorarse (de) to fall in love (with)
encaminar to walk; to proceed on a road or path; to go on
encantador enchanting, charming; *m.* charmer; enchanter
encantar to charm, enchant, fascinate
encanto *m.* enchantment; honey (*term of endearment*)
encarcelar to imprison
encargar to entrust; **encargarse de** to take charge of
encender (ie) to light
encendido burning
encerrar (ie) to enclose
encima on top; **encima de** on top of
encinta pregnant
encomendar (ie) to commit to one's care
encontrar (ue) to find; to meet
encubrir to conceal; *p.p.* **encubierto**
enemigo *m.* enemy

energía *f.* energy
enero *m.* January
énfasis *m.* emphasis
enfermarse to become sick
enfermedad *f.* sickness
enfermera *f.* nurse
enfermo sick
enflaquecerse to become (get) thin
enfrentarse to confront
enfrente (de) in front (of)
enfurecerse to become furious
engañar to deceive, trick
engordar to get fat
engrandecerse to become large
enlatado canned
enloquecerse to go crazy
enojado angry
enojar to anger; **enojarse** to become angry
enorme enormous
enredarse to become involved
enriquecerse to become rich
enrojecerse to blush, turn red
ensalada *f.* salad
ensayar to rehearse, practice, train; **ensayo practice**
enseñanza *f.* instruction, teaching
enseñar (a) to teach
entender (ie) to understand
enterar to inform
entero entire
enterrar (ie) to bury
entierro *m.* burial
entonces then
entrada *f.* entry, entrance
entrar (en) to enter
entre between, among
entregar to deliver, hand over
entrenador *m.* trainer, coach
entrenamiento *m.* training
entretenido entertained
entristecerse to become sad
entusiasmarse to become enthusiastic
enverdecerse to become green
enviar to send
envidia *f.* envy
época *f.* epoch
equilibrio equilibrium, balance
equipaje *m.* luggage, baggage
equipo *m.* team; act of equipping; equipment
equivocar to mistake; **equivocarse** to be mistaken
error *m.* error, mistake
erudito learned, scholarly; *m.* scholar
escalar to scale (*a wall*)
escalera *f.* stairway, ladder
escapar (se) to escape
escaparate *m.* show window
escena *f.* scene
escoba *f.* broom
escoger to choose
escolar *adj.* scholastic, pertaining to a school or institution; *n.* scholar, pupil, student
esconder to hide
escribir to write; *p.p.* **escrito**
escuchar to listen
escuela *f.* school
escultura *f.* sculpture
escritor *m.*, **escritora** *f.* writer
ese dem. *adj. m.s.* that; **ése** *dem. pro. m.s.* that, that one
esencia *f.* essence
esfera *f.* clock dial; sphere
esforzado vigorous, enterprising
esfuerzo strength, effort; **esfuerzo bélico** war effort
eso *dem. pro. neuter* that; **a eso de** approximately; **en eso** just then; **por eso** therefore
espacio *m.* space; interval
espada *f.* spade (*card suit*); sword; *m.* bullfighter
espalda *f.* back
espantar to frighten; **espantarse** to become frightened
espanto *m.* fright
espantoso frightening
España Spain
español Spanish; *m.* Spaniard; Spanish language
esparcir to scatter
especia *f.* spice
especial special; **especializado** specialized
especialmente *adv.* especially
especie *f.* species; kind, class, sort
espécimen *m.* sample, specimen
espectador *m.* spectator
espejo *m.* mirror
esperanza *f.* hope
esperar to hope; to wait for, expect; **es de esperar** it is to be hoped
espía *m. & f.* spy
espina *f.* thorn
espíritu *m.* spirit
espléndido splendid
esposo *m.* spouse, husband
esquiar to ski
esquite *m.* popcorn (*see also* **palomitas**)
establecer to establish
estación *f.* season; station
estadio *m.* stadium; **estadio cubierto** domed stadium
estado state, nation
Estados Unidos United States
estanque *m.* pond, pool

estante *m.* shelf, bookcase
estar to be; **estar de moda** to be fashionable; **estar de vuelta** to be back; **estar para** to be about to
estatua *f.* statue
este *dem. adj. m.s.* this; **éste** *dem. pro. m.s.* this, this one; the latter; *m.* east
estimable esteemed
estimar to esteem
esto *neuter pro.* this
estrechar la mano to shake hands
estrecho narrow, close
estrella *f.* star
estrellita *f.* little star
estudiante *m.* student
estudiar to study
estudio *m.* study
estufa *f.* stove
estupendo stupendous
eternamente eternally; **eterno** eternal
eternidad *f.* eternity
Europa Europe
evidencia *f.* evidence
evocar to evoke, recall
exagerar to exaggerate
exaltado exalted
examen *m.* examination
excepto except; **excepto que** *conj.* except that
excitar to excite
exclamar to exclaim
excluir to exclude
exhalar to exhale
exigir to demand; **exigencia** *f.* demand
existente existing
éxito *m.* success; **tener éxito** to be successful
exótico exotic
experiencia *f.* experience
experimento experiment
explicación *f.* explanation
explicar to explain
explotar to exploit
exponer to show, to exhibit
expresar to express
exquisito exquisite
extramuros *adv.* outside the town or city, outside
extranjero *m.* stranger, foreigner
extrañar to find strange; to wonder at
extraño strange
extremo *m.* extremity

fabricar to manufacture, make, fabricate
fácil easy; likely
facilitar to facilitate
factura *f.* invoice
faja *f.* belt, sash
falda *f.* skirt
falso false
falta *f.* fault; lack
faltar to be lacking
fallar to fail
fallecer to die
fama *f.* fame; reputation
familia *f.* family
familiar *m.* relative; intimate friend
famoso famous
fantasma *m.* ghost, phantom; *f.* scarecrow
farmacia *f.* pharmacy
farol *m.* lantern
fascinar to fascinate
favor *m.* favor; **por favor** please
fe *f.* faith
febrero *m.* February
fecha *f.* date
felicitación *f.* congratulations
felicitar to congratulate
feliz happy
fenomenal phenomenal, terrific
feo ugly
feroz ferocious
ferrocarril *m.* railroad
ficha *f.* chip (*used in games*); card index
fiebre *f.* fever
fiel faithful
fiesta *f.* party
fijar to fix; **fijarse en** to notice
fila *f.* rank; file; row
filoso sharp
fin *m.* end, goal; **a fin de que** so that; **al (por) (en) fin** finally
final final; *m.* end; **finalmente** *adv.* finally
fingir to pretend
fino fine
firmar to sign
firme firm
firmeza *f.* firmness
físico physical
flaco thin
flor *f.* flower
folleto *m.* pamphlet
fondo *m.* depth, background; **en el fondo** in substance
forma *f.* form; way
formar to form
forzado forced; **forzar (ue)** to force
fósforo *m.* match
foto *f.* photograph
fotografía *f.* photograph
frac *m.* dress coat
fracaso *m.* calamity, failure
francés French; *m.* Frenchman
Francia France
franco frank
frase *f.* sentence; phrase

frasquito *m.* little bottle
frecuencia *f.* frequency; **con frecuencia** frequently
frecuente frequent
freír to fry
freno *m.* brake; bridle
frente *m.* front; *f.* forehead; **en frente de** in front of; **frente a** facing
fresa *f.* strawberry
fresco cool
frijol *m.* bean
frío *m.* cold; **hacer frío** to be cold (*weather*); **tener frío** to be cold (*person*)
frívolo frivolous
fruta *f.* fruit
fuego *m.* fire
fuente *f.* tray; fountain
fuerte strong
fuerza *f.* force; strength
fumar to smoke; **fumar en pipa** to smoke a pipe
función *f.* show; affair; performance
funcionar to function
funda *f.* cover; case
fundar to found
furor *m.* rage, furor
fútbol *m.* football
futuro *m.* future

gafas *f. pl.* eyeglasses
gallina *f.* hen
gallo *m.* rooster
gana *f.* desire; **de buena gana** willingly; **de mala gana** unwillingly; **tener ganas de** to feel like; to be eager to
galleta *f.* cracker, cookie
ganador *m.* winner
ganar to win; to earn; to gain
garaje *m.* garage
garganta *f.* throat
gastar to spend
gasto *m.* expense
gato *m.* cat
generalmente generally
género *m.* gender
genio *m.* genius
gente *f.* people
gerente *m.* manager
gerundio *m.* gerund
gigante *m.* giant
giro gyration, turn
gitano *m.* gypsy
gobernador *m.* governor
gobernar (ie) to govern
gobierno *m.* government
golpe *m.* blow
gordo fat
gota *f.* drop
gozar (de) to enjoy
grabación *f.* recording
grabadora *f.* recorder
gracia *f.* grace
gracias *f. pl.* thanks
graduarse to graduate
gramática *f.* grammar
gramatical grammatical
grande big, great; **así de grande** this big
grandioso grandiose, magnificent, splendid
granizar to hail
grano *m.* grain
grato pleasant
grave serious
gritar to shout
grito *m.* shout
grueso thick, heavy
grupo *m.* group
guajira *f.* Cuban peasant
guajolote (guajalote) *m.* turkey (*Mex.*)
guantanamera *f.* native of Guantanamo, Cuba
guante *m.* glove
guapísimo very good looking
guapo good looking
guardar to guard; to keep, put away
guerra *f.* war
guerrero *m.* warrior
guión *m.* dash, hyphen
guisar to cook
guitarra *f.* guitar
guitarrista *m. & f.* guitarist
gustar to be pleasing; to like
gusto *m.* pleasure; taste; **dar gusto** to please, give pleasure; **tener gusto en** to take pleasure in; **a gusto** happily
gustosamente acceptably, gladly

haber *aux. v.* to have; **haber de** to be to, be expected to; **había** there was, there were; **hay** there is, there are; **hay que** one must; **hay humedad** to be humid, damp; **hay lodo** to be muddy; **hay neblina** to be foggy; **hay polvo** to be dusty
hábil capable, skillful; **habilidad** *f.* skill
habitación *f.* dwelling place, lodging, room
habitante *m.* inhabitant
habitualmente *adv.* habitually
hablador talkative; *m.* talker
hablar to speak, talk; *m.* speech; talking
hacer to do; to make; **¿Cuánto tiempo hace?** How long?; **Hace muchos años.** Many years ago; **hacer caso a** to pay attention to; **hacer daño** to harm, injure; **hacer el papel de** to play the role of; **hacer (le) falta (a uno)** to be necessary to one, need; **hacer fresco** to be cool (*weather*); **hacer frío** to be cold (*weath-*

er); **hacer gracia** to amuse; **hacer la corte** to court; **hacer sol** to be sunny; **hacer viento** to be windy; **hacerse** to become; **hacerse cargo de** to take charge of
hacia toward
hacha *f.* axe
hallar to find
hambre *f.* hunger; **tener hambre** to be hungry
hambriento hungry, famished
hasta *prep* until; *conj.* **hasta que** until; *adv.* **hasta** until; even
hay there is, there are
hazaña *f.* deed
hecho done, finished, made; *m.* action, deed, act
helado frozen, icy; *m.* ice cream; popsicle
helar (ie) to freeze
heredar to inherit
herido wounded, injured
hermana *f.* sister
hermano *m.* brother
hermoso beautiful
hermosura *f.* beauty
héroe *m.* hero
heroína *f.* heroine
herramienta *f.* tool
hielo *m.* ice
hierba *f.* weed, grass; herb
hierro *m.* iron
hijo *m.* son
hilar to spin
hipótesis *f.* hypothesis
hispano Hispanic
historia *f.* history; story
historiador *m.* historian
histórico historic
hoja *f.* leaf; page, sheet (*paper*)
hojear to leaf through a book
hola hello
hombre *m.* man
hombro *m.* shoulder
hondo deep
honesto honest
honra *f.* honor
honrado honest, honorable; **honroso** honorable
hora *f.* hour; time; **a estas horas** at this time
horario *m.* timetable, schedule; hour hand of a watch
hospedaje *m.* lodging
hospitalidad *f.* hospitality
hoy today
hueco *m.* hole, hollow
huella *f.* track; footprint
huérfano *m.* orphan
huerta *f.* orchard; garden
huésped *m.* guest, lodger
huevo *m.* egg
huir to flee
humano human
humedad *f.* humidity; dampness
húmedo humid, damp
humilde humble
humillante humiliating
humo *m.* smoke
hundir(se) to sink

ida *f.* departure; **ida y vuelta** round trip
idioma *m.* language
idiota idiotic, foolish; *m. & f.* idiot, fool
iglesia *f.* church
ignorar to be ignorant of, not know
igual equal
iluminar to illuminate, light up
ilustrar to illustrate
imaginar(se) to imagine
impedir (i) to impede, prevent
impensado unforeseen
imperativo *m.* imperative
imperfecto *m.* imperfect
imperio *m.* empire
impermeable *m.* raincoat
imponer to impose
importar to matter, be important, concern; to import
imprenta *f.* print; press; printing plant or office
imprescindible *adj.* indispensable, essential
impresionar to impress
imprimir to print; *p.p.* **impreso**
incapaz incapable
incendio *m.* fire
inclinar to incline; to bow
incluir to include
incómodo uncomfortable
increíble incredible
independencia *f.* independence
indicar to indicate
indicativo *m.* indicative
indígena indigenous, native; *m. & f.* native
indio *m.* Indian
indirecto indirect
individuo individual
inesperado unexpected, unforeseen
inexistente nonexistent
inexplicable unexplainable
infamar to defame
infeliz unhappy
infiel unfaithful, disloyal
infinitivo *m.* infinitive
inflamado inflamed
influencia *f.* influence
infundir to instil, inspire with; *p.p.* **infundido, infuso**

ingeniería *f.* engineering
ingeniero *m.* engineer
ingenioso ingenious
Inglaterra England
inglés English; *m.* Englishman
iniciar to initiate, begin
injuria *f.* offense, injury, wrong
injustamente unjustly
injusticia *f.* injustice
inmediatamente immediately
inocencia *f.* innocence
inscribir to register
insistir (en) to insist (on)
insultar to insult
instante *m.* instant
interés *m.* interest
interesante interesting
interesar to intrest, concern
interior interior
internar to place in an institution
intérprete *m. & f.* interpreter, translator
interrogar to question, interrogate
intervenir to intervene
interrogativo interrogative
intimidad *f.* intimacy
intimidar to intimidate
íntimo intimate
intranquilo restless
introducir to introduce
inútil useless
inventar to invent
invierno *m.* winter
invitar to invite; **invitación** *f.* invitation
invocar to invoke
ir to go; **irse** to go away
ira *f.* anger
irrisión *f.* mockery
isla *f.* island
Italia Italy
italiano Italian
izquierdo left; left-handed; *m.* left-handed person; **a la izquierda** to the left, on the left

jamás never
jardín *m.* garden
jardinero *m.* gardener
jazmín *m.* jasmine
jefe *m.* chief
Jesucristo Jesus Christ
jota *f.* jota (*a Spanish dance*)
joven young; *m. & f.* young man; young woman
joya *f.* jewel
júbilo *m.* jubilation, joy
judío Jewish; *m.* Jew
juego *m.* game; set (*of dishes, furniture, etc.*)
jueves *m.* Thursday
juez *m.* judge
jugador *m.* player
jugar (ue) to play (*a game*)
jugo *m.* juice
juguete *m.* toy
juicio *m.* judgment, opinion; **a juicio de** in the opinion of
julio July
junio June
junta *f.* meeting
junto together
juntar(se) to join
jurar to swear, make an oath
justicia *f.* justice
justificativo justifying
justo just
juventud *f.* youth (*period of life*)
juzgar to judge

kiosko (quiosco) *m.* newsstand
kilo kilo, kilogram (2.2 lb.)

labio *m.* lip
labor *f.* labor, work
laboratorio *m.* laboratory
labrador *m.* laborer, farmhand
lado *m.* side
ladrillo *m.* brick
ladrón *m.* thief
lago *m.* lake
lágrima *f.* tear (*drop*)
lamento *m.* lament
lamentar to lament, regret
lámpara *f.* lamp
langosta *f.* lobster
lanza *f.* lance; **lanzar** to launch, to throw
lápiz *m.* pencil
largo long; **a lo largo de** along
lástima *f.* pity; **ser lástima** to be a pity
lastimar to injure; **lastimarse** to injure oneself
lata *f.* nuisance, tin can
latín *m.* Latin
lavaplatos *m. s.* dishwasher
lavar to wash; **lavarse** to wash oneself
lección *f.* lesson
leche *f.* milk
lechuga *f.* lettuce
leer to read
legendario legendary
legumbre *f.* vegetable
lejano distant, remote
lejos far; *prep.* **lejos de** far from; **a lo lejos** in the distance
lengua *f.* language; tongue
lento slow
leña *f.* firewood
leñador *m.* woodcutter

león *m.* lion
leona *f.* lioness
letra *f.* letter (*of the alphabet*); **letras** the learned professions
letrero *m.* sign
levantar to lift, raise; **levantarse** to get up
ley *f.* law
leyenda *f.* legend
libertad *f.* freedom, liberty
libra *f.* pound
librar to free; **librarse** to free oneself
librería *f.* book store
libro *m.* book
ligereza *f.* lightness
ligero light (*weight*); swift (*fast*)
limitar to limit
limonada *f.* lemonade
limpiar to clean
limpio clean
linaje *m.* lineage
lindo pretty, beautiful; **lo lindo** the beautiful; **de lo lindo** very much, a great deal
línea *f.* line
lista *f.* list
listo ready; clever; **estar listo** to be ready; **ser listo** to be clever
literario literary
literatura *f.* literature
lo *dir. obj. pro: m. s.* him, you, it; **lo que** *rel. pro. neuter* what, that which, which
locura *f.* craziness, stupidity
lodo *m.* mud
lógicamente *adv.* logically
lógico logical
lograr to achieve
logro *m.* accomplishment
lucir to shine
lucha *f.* battle, fight, struggle
luego then; **luego que** as soon as
lugar *m.* place; **tener lugar** to take place
lujo luxury
lujoso lavish, luxurious
lujuria *f.* lust
luna *f.* moon
lunes *m.* Monday
luz *f.* light

llamada *f.* call
llamar to call; **llamar a la puerta** to knock on the door; **llamarse** to be named, to be called
llanta *f.* tire
llanura *f.* plain (*geographical*)
llave *f.* key
llegada *f.* arrival
llegar to arrive; **llegar a ser** to become
llenar to fill
lleno full
llevar to carry, bear, take; **llevar a(l) cabo** to carry out (a plan, task); **llevar a buen fin** to finish successfully
llorar to weep
llover (ue) to rain; **llover a cántaros** to pour down rain
lluvia *f.* rain

madera *f.* wood
madre *f.* mother
maduro ripe
magia *f.* magic
magnético magnetic
magnífico magnificent
maíz *m.* corn
majestuoso majestic
mal *adv.* badly, wrong
maldecir to curse; to slander; to speak ill of
maldito wicked
maleta *f.* suitcase
malo bad; ill, sick; *m.* evil, harm
malpasarse to neglect oneself
malquerer to dislike
maltratado abused, spoiled
maltratar to abuse
mamá *f.* mother
manchar to stain
mandado *m.* errand
mandar to send; to command; to order
mandatario head of government, leader
mandato *m.* order, command
mando militar germano the German military command
manejar to drive (*a car*); to manage
manera *f.* manner, way; **de esa manera** in that way; **de manera que** so that
manga *f.* sleeve
manguera *f.* hose, garden hose
manicomio *m.* insane asylum
manifestar (ie) to manifest
mano *f.* hand
manso tame
manta *f.* blanket
mantel *m.* table cloth
mantener to maintain
mantequilla *f.* butter
manto *m.* mantle
mantón *m.* large cloak or mantle
manzana *f.* apple; block (*of houses*)
manzano *m.* apple tree
mañana *adv.* tomorrow; *f.* morning; *m.* the near future; **muy de mañana** very early in the morning; **pasado mañana** day after tomorrow
mapa *m.* map
máquina *f.* machine; **máquina de escribir** typewriter

mar *m.* sea
maravilla *f.* marvel
maravilloso marvelous
marchar to march
marearse to be seasick or nauseated
marido *m.* husband
marinero ready to sail, seaworthy, seagoing; *m.* mariner, sailor
marino marine, nautical, of the sea; *m.* mariner, sailor
mariposa *f.* butterfly
marqués *m.* marquis
marquesa *f.* marchioness
martes *m.* Tuesday
martillo *m.* hammer
mártir *m.* martyr
martirio *m.* martyrdom
marzo *m.* March
más more
mascar to chew
mata *f.* plant
matar to kill
material material, substantial; *m.* material; ingredient
matrícula *f.* enrollment, registration
matricular to enroll, register
matrimonio *m.* matrimony; married couple
mayo *m.* May
mayor greater, older
mayoría *f.* majority
mazorca *f.* ear of corn
mecánico *m.* mechanic
media *f.* stocking
mediano medium
medianoche *f.* midnight
medicina *f.* medicine
médico *m.* doctor
medida *f.* measure; **a medida que** while
medio *m.* half; **medios** means; **por medio de** by means of; **las diez y media** ten-thirty
mediodía *m.* noon
medir (i) to measure
mejor better, best; **mejor dicho** rather
mejorar to improve
melancolía *f.* gloom, melancholia
melodioso melodious
memoria *f.* memory
mendigo *m.* beggar
menor (*comparison of* **pequeño**) less, smaller, younger; *m. & f.* minor; **menor de edad** minor, under age; **por menor** by retail; in small parts; minutely
menos less; **a menos que** unless; **por (a) lo menos** at least; *prep.* except
mensaje *m.* message
mensajero *m.* messenger
mente *f.* mind
mentir (ie) to lie; to falsify; **mentira** lie
menudo: a menudo often
mercado *m.* market
mercante *m.* dealer, trader, merchant
merecer to deserve
mes *m.* month
mesa *f.* table
meta *f.* goal
meterse (en) to get into; to meddle (in)
mexicano Mexican; *m.* Mexican
mezclar to mix
miedo *m.* fear; **de miedo que** for fear that, lest; **tener miedo** to be afraid
miembro *m.* member
mientras while
miércoles *m.* Wednesday
mil thousand
militar *adj.* military; *n.m.* soldier, military man
minuto *m.* minute
mío my, of mine
mismo same
misterio *m.* mystery
misterioso mysterious
mitad *f.* half
moda *f.* fashion; **de moda** fashionable
modelo *m. & f.* model
modestia *f.* modesty
modificar to modify
modismo *m.* idiom
modo *m.* mood (*grammatical*); mode, manner; **a modo de** in the manner of, in the guise of; **a (de) todos modos** at any rate; **de modo que** so that
moler (ue) to grind
molestar to bother
molesto troubled, bothered
molino *m.* mill; **molino de viento** windmill
momento *m.* moment
mono nice, cute; *m.* monkey
monstruo *m.* monster
montaña *f.* mountain
montar to mount; **montar a caballo** to ride a horse
monte *m.* mountain
morder (ue) to bite
moreno dark, brunette
morirse (ue) to die; *p.p.* **muerto**
motivo *m.* motive
mostrar (ue) to show
motor *m.* motor
mover (ue) to move
movimiento *m.* movement
mozo *m.* youth; servant
muchacha *f.* girl
muchacho *m.* boy
muchedumbre *f.* multitude

muchísimo very much; **muchísimos** very many
mucho much; **muchos** many
mudo dumb, silent, mute
muebles *m. pl.* furniture
muerte *f.* death
muerto *p.p.* **morir** dead
mujer *f.* woman
mula *f.* mule
mulo *m.* mule
multiplicar to multiply
mundo *m.* world; **todo el mundo** everyone, everybody; **mundial** *adj.* worldwide
municipio municipality; town council
muñeca *f.* doll; wrist
muralla *f.* wall
museo *m.* museum
música *f.* music
músico *m.* musician
muy very

nacer to be born
nacimiento birth
nación *f.* nation
nada nothing; **más que nada** more than anything; **nada agradable** not at all pleasant
nadar to swim
nadie no one
naranja *f.* orange
naranjo *m.* orange tree
nariz *f.* nose
narrar to narrate, to relate, to tell
naturaleza *f.* nature
naturalmente naturally
navaja *f.* pocketknife; razor
Navidad *f.* Christmas
neblina *f.* fog
necesario necessary
necesidad *f.* necessity
necesitar to need
negación *f.* negation, denial
negar (ie) to deny
negativo negative
negociante *m.* merchant
negociar to negotiate
negocio *m.* business affair
negro black
nerviosidad *f.* nervousness
nervioso nervous
neutro neuter, neutral
nevar (ie) to snow
ni neither; **ni . . . ni** neither . . . nor; **ni siquiera** not even
nieta *f.* granddaughter
nieto *m.* grandson
nieve *f.* snow
ningún no; **ninguno** none, no one; **más que ninguno** more than any
niño *m.* child
no no, not
noble noble; *m.* nobleman
noche *f.* night
nombrar to name
nombre *m.* name
norte *m.* north
Norteamérica North America
norteamericano North American
notar to notice
noticia *f.* notice; **noticias** news
novato *m.* rookie, novice; freshman
novecientos nine hundred
novela *f.* novel
noventa ninety
noviembre *m.* November
novia *f.* sweetheart
novio *m.* sweetheart
nube *f.* cloud
nublado foggy
nuera *f.* daughter-in-law
nuestro ours; of ours
nueve nine
nuevo new; **de nuevo** again
número *m.* number
nunca never

obedecer to obey
observar to observe
objeto *m.* object
obligar to oblige, compel
obra *f.* work; **obra maestra** masterpiece
obstáculo *m.* obstacle
obstante withstanding; **no obstante** nevertheless, notwithstanding, however
obtener to obtain
octubre *m.* October
ocultamente secretly
ocultar (se) to hide
ocupar to occupy
ocurrir to occur, happen; **lo ocurrido** that which (what) happened
ochenta eighty
ocho eight
ochocientos eight hundred
oeste *m.* west; **al oeste** to the west, in the west
oferta *f.* offer
oficina *f.* office (*place*)
ofrecer to offer
oír to hear
ojalá (que) God grant, if only, would that
ojo *m.* eye
oler (ue) to smell
olvidar(se) (de) to forget
olla *f.* pot, kettle
ominoso ominous
once eleven
operador operator

oponer(se) (a) to oppose
oportunidad *f.* opportunity
oprimir to oppress
oración *f.* sentence; speech
orar to pray
orden *f.* order (*religious*); command; *m.* arrangement (*order*)
ordenar to order
oreja *f.* ear
organizar to organize
orgulloso proud
origen *m.* origin
orilla *m.* border, edge; shore
oro *m.* gold; diamond (*card suit*)
os *dir. & ind. obj. pro., refl. pro.* you (*fam. pl.*)
otoño *m.* autumn
otorgar to grant
otro other, another
oveja *f.* female sheep

paciencia *f.* patience
paciente patient; *m.* patient, sick person
pacífico pacific, peaceful
padre *m.* father; *pl.* parents
paella *f.* dish of rice, chicken, shrimp, etc.
pagar to pay
página *f.* page
país *m.* country
pájaro *m.* bird
palabra *f.* word
palaciego palatial
palacio *m.* palace
pálido pale
palma *f.* palm
palo *m.* stick
paloma *f.* dove; **palomitas** popcorn
palpar to feel, to touch
pan *m.* bread
panadería *f.* bakery
panadero *m.* baker
pantalones *m. pl.* trousers
paño *m.* cloth
pañuelo *m.* handkerchief
papa *m.* pope; *f.* potato
papá *m.* father
papel *m.* paper; role
paquete *m.* package
par *m.* pair, couple
para for; **para las cinco** by five o'clock; **para que** in order to
parabrisas *m.* windshield
paraguas *m. s. & pl.* umbrella
paraíso *m.* paradise
parar(se) to stop
parecer to seem; **al parecer** apparently; **parecer mentira** to seem incredible; **parecerse a** to look like
pared *f.* wall
pareja *f.* couple
parejo equal, even, similar
paréntesis *m. s. & pl.* parenthesis
pariente *m.* relative
parque *m.* park
parte *f.* part
participar to participate
participio participle
partido *m.* game, match
partir to leave
párrafo *m.* paragraph
pasa a ser becomes
pasado *m.* past
pasaje *m.* passage
pasajero *m.* passenger
pasar to pass; to happen
pasivo passive
paso *m.* step
pastel *m.* pie, pastry
pastor *m.* shepherd
pata *f.* paw, foot of an animal
patente patent, evident; *f.* patent
patinaje *m.* skating
patio *m.* courtyard, court
patria *f.* fatherland
patrón *m.* patron, boss
pavo *m.* turkey; **pavo del monte** wild turkey
pavor *m.* fear
pavoroso fearful, dreadful, awful
paz *f.* peace
pechuga *f.* breast
pedante pedantic; *m.* pedant; schoolmaster
pedir (i) to ask for, request
pegar to hit, strike
peinado *m.* hairdo
peinar(se) to comb
peine *m.* comb
película *f.* film, movie
peligro *m.* danger
peligroso dangerous
pelirrojo red-headed
pelo *m.* hair
pelota *f.* ball
pelotero *m.* ball player
pena *f.* trouble, sorrow
penado painful, sorrowful
pendiente *m.* earring; *f.* slope
penetrar to penetrate; to enter
pensamiento *m.* thought
pensar (ie) to think; to intend; to plan; **pensar en** to think of, have in mind
pensión´ *f.* allowance, pension; **pensión alimenticia** food allowance, food budget
peña *f.* rock
peñón *m.* large rock, boulder
peor worse, worst
pequeño small
perder (ie) to lose

perdón *m.* pardon
perdonar to pardon; **perdonar la vida** to spare one's life
perdurar to last
peregrino *m.* pilgrim
perezoso lazy
perfecto perfect
perforar to perforate
perfumar to perfume
periódico *m.* newspaper
periodista *m. & f.* journalist
período *m.* period
permanecer to remain
permanencia stay, sojourn
permanente permanent
permiso *m.* permission
permitir to permit
pero but
perplejo perplexed
perro *m.* dog
perseguir (i) to pursue
persona person
personaje *m.* personality, character, personage
personalidad *f.* personality
pertenecer to pertain, belong
perturbación *f.* agitation, disturbance; **perturbaciones cerebrales** brain damage
perturbado disturbed
pervivir to live
pesar to weigh; **a pesar de** in spite of; **no se ha pesado todavía** hasn't weighed itself yet
pescado *m.* fish (*after being caught*), (*otherwise* **pez**)
pescador *m.* fisherman
pescar to fish, catch fish
pesimista pessimistic; *m. & f.* pessimist
peso *m.* weight
pez *m.* fish
picar to pick; to harass; **picarse** to be offended, harassed; **picarse el mar** for the sea to become choppy
pícaro *m.* rascal
pico *m.* beak, pick; **un pico** a little bit, short time
pie *m.* foot
piedra *f.* rock, stone
piel *f.* skin
pierna *f.* leg
píldora *f.* pill
pimiento *m.* pepper
pintar to paint
pintor *m.* painter
pintoresco picturesque
pintura *f.* painting
pipa *f.* pipe
pisar to tread, step
piscina *f.* pool
piso *m.* floor; story of a building; apartment
pista *f.* runway, track
placer *m.* pleasure
plancha *f.* iron
planchar to iron
plantar to plant
plata *f.* silver, money
plátano *m.* banana
plática *f.* conversation, chat
plato (platillo, platón) *m.* plate; dish
playa *f.* beach
plaza *f.* town square
plomo *m.* lead
pluma *f.* pen; feather
pluscuamperfecto *f.* pluperfect
población *f.* population, town
pobre poor
poco little; **pocos** few; **Por poco me caigo.** I almost fell.
poder to be able; *m.* power
poderoso powerful
poema *m.* poem
poesía *f.* poetry
poeta *m.* poet; **poetisa** *f.* poetess
policía *f.* police force; *m.* policeman
político *m.* politician; *adj.* political
polvo *m.* dust
pollo *m.* chicken; poultry
pomposo pompous
poner to put, place; *p.p.* **puesto; poner en prueba** to test; **poner** + *a name* to give a thing or person the name of; **ponerse** to put on (*clothes*); **ponerse a** to begin, set about doing something; **ponerse a** + *inf.* to begin + *inf.*; **ponerse** + *adj.* to become + *adj.*; **ponerse de acuerdo** to reach an agreement; **ponerse en marcha** to start; **ponerse en (de) pie** to stand up
pontificio pontifical, papal
popularizarse to become popular
por for, through, during, by; **por eso** therefore; **por fin** finally; **por** + *adj. or adv.* + **que sea** no matter how + *adj. or adv.* + it may be; **¿por qué?** why?
por si fuera poco, as if it were too little
pormenor *m.* detail, particular
porque because
porquería *f.* lousy thing; dirty deal
portacartas *m.* mailbag
portal *m.* porch, vestibule
portarse to behave, act
portero *m.* porter
poseer to possess
posesivo possessive
posibilidad *f.* possibility
postre *m.* dessert

pozo *m.* well; hole
práctica *f.* practice
practicar to practice
práctico practical
preceder to precede
preciar to value
precio *m.* price
precioso precious, lovely
preciso necessary, exact
predecir to predict; *p.p.* **predicho**
predicar to preach
predilecto favorite
preferencia *f.* preference
preferir (ie) to prefer
pregunta *f.* question
preguntar to ask a question
preliminar preliminary
premio *m.* prize
prender to seize, to grasp; **prender fuego** to set fire
preocuparse (por) (con) to worry (about)
preparar to prepare
preparativo *m.* preparation
presencia presence
presentar to present, introduce
presente present, current, actual, instant; face to face; **tener presente** to bear in mind; *m.* present (*time*)
presidente *m.* president
prestar to lend; **prestar atención** to pay attention; **préstamo** *m.* loan
pretérito *m.* preterit, past tense
pretexto pretext, excuse
primavera *f.* spring
primero first
primo *m.* cousin
princesa *f.* princess
principal main, principal
principalmente *adv.* principally
príncipe *m.* prince
principio *m.* beginning
prisa *f.* hurry; **tener prisa** to be in a hurry
privilegio *m.* privilege
probabilidad *f.* probability
probablemente *adv.* probably
probar (ue) to try; to test, prove; to taste
problema *m.* problem
producir to produce
producto *m.* product
profecía *f.* prophecy
profesionista *m. and f.* professional
profesor *m.* teacher, professor; **profesora** *f.* professor
profundo profound
programa *m.* program
progresivo progressive
prohibir to prohibit
prójimo *m.* fellow man
prolongar to prolong
promedio *m.* average
promesa *f.* promise
prometer to promise
pronombre *m.* pronoun
pronto soon; **de pronto** suddenly; **tan pronto como** as soon as
propietario *m.* owner; *adj.* proprietary
propina *f.* tip (*money*)
propio own
proponer to propose; *p.p.* **propuesto**
proporcionar to give, to provide
propósito *m.* purpose
proseguir (i) to pursue, follow; to continue, to prosecute; to proceed
proteger to protect
protesta *f.* protest
provecho *m.* advantage
proveer to provide; *p.p.* **provisto, proveído**
provincia *f.* province
provocar to provoke
provisto provided
próximo next, nearest, neighboring
proyectar to project
proyecto *m.* project, plan
prueba *f.* test, proof
psicólogo *m.* psychologist; **psicológico** psychological
psicópata *m. and f.* psychopath
psiquiatra (psiquíatra) *m. and f.* psychiatrist
publicar to publish
pueblo *m.* town, people; **pueblito** *m.* little town
puente *m.* bridge
puerta *f.* door, gate
puertorriqueño Puerto Rican
pues *conj.* since; *exclam.* well
puesto *p.p.* **poner** put; *m.* stand, booth; **puesto que** since, due to the fact that
pulsera *f.* bracelet
puntilla: de puntillas on tiptoe
punto *m.* point in time or space, dot, period; **punto y coma** semicolon
puro pure; *m.* cigar

que *conj., rel. pro.* that, which; who; *comparative* than; **¿qué?** what?; **qué** + *n.* what a + *n.*; **lo que** *rel. pro. neuter* what
quebrar (ie) to break
quedar(se) to remain; **quedarse con** to keep, retain; **quedar** + *adj.* to be + *adj.*; **quedar** + *ind. obj. pro.* to fit or suit (**El traje le queda bien a él.** The suit fits him well.); **quedar en hacer una cosa** to agree to do a thing
quejarse to complain

querer (ie) to want; to wish; to love; **querer decir** to signify, mean
queso *m.* cheese
quicio *m.* hinge; support, pro; **sacar de quicio** to exasperate
quien *rel. pro.* one who, who, whom; **¿quién?** who?, whom?
quienquiera whoever, whomever
Quijote world famous Spanish literary work *Don Quijote* written by Miguel de Cervantes
química *f.* chemistry
quince fifteen
quinientos five hundred
quinto fifth
quitar(se) to take off or away; **quitar el polvo** to dust
quizá(s) perhaps

ración *f.* ration
racionalmente *adv.* rationally
radiodespertador *m.* radio alarm
raíz *f.* root
ranchero *m.* rancher
rápidamente rapidly
rápido swift, rapid
raro strange, rare; **rara vez** seldom
raso satin
rato *m.* short time, little while
razón *f.* reason; **tener razón** to be right
realidad *f.* reality
realista realistic; *m. & f.* realist
realmente really
reanimar to revive, reanimate
recado *m.* message
recámara *f.* bedroom
recibir to receive
reciente recent; **recién** recently (*used only before past participles or adjectives*)
recíproco reciprocal
recobrar to recover
recoger to pick up, gather
recordar (ue) to remember, recall; to remind
recreo *m.* recreation, recess
recuerdo *m.* memory
recuperar to regain; to recover; to recuperate
recurso *m.* recourse, resource
rechazar to reject, repulse
referir (ie) to refer
refinamiento *m.* refinement
reflexión *f.* reflection
reflexivo reflexive
refresco *m.* refreshment, drink
refrigerio *m.* snack, refreshment
regalar to give; to give a present
regalo *m.* present, gift
regar (ie) to water, irrigate
regir (i) to rule
regresar to return
regular regular; *v.* to regulate
rehusar to refuse
reina *f.* queen
reino kingdom
reír(se) (de) (i stem) to laugh (at)
relativamente *adv.* relatively
religioso religious
reliquia relic
reloj *m.* clock, watch
remedio *m.* remedy
remozar to renovate, to rejuvenate
rendir (i) to surrender; **rendimiento** *m.* surrender
renovación *f.* renovation, restoration
rentar to rent
renuentes reluctant
reñir (i) to quarrel
repartir to divide; to deliver
repaso *m.* review
repente sudden; **de repente** suddenly
repentinamente suddenly
repercutir to reverberate
repetir (i) to repeat
reportorio *m.* reportory, calendar
representación *f.* performance; representation
representante *m.* representative
representar to represent; to perform
reprobar (ue) to fail, to flunk, to disapprove
república *f.* republic
resentirse (i) to become resentful
reservar to reserve
resignar(se) to resign (oneself)
resolver (ue) to solve; to resolve; *p.p.* **resuelto**
respeto *m.* respect
responder to answer
respuesta *f.* reply, answer
restar to remain;to subtract
resto *m.* remainder, balance
restorán *m.* restaurant
restos *m. pl.* remains, ruins
resultado *m.* result
resultar to result
resumen *m.* summary; resumé
retardarse to slow down
retirarse to withdraw
retrato *m.* picture, photo
reunión *f.* meeting, reunion
reunirse to gather, meet
revelador (a) revealer
revés *m.* reverse, wrong side; **al revés** upside down; wrong side out; backward (*order*); on the contrary
revista *f.* magazine, journal
revolver (ue) to turn; to revolve; *p.p.* **revuelto**
rey *m.* king
rezar to pray
rico rich

ridiculez *f.* folly, nonsense
ridículo ridiculous
río *m.* river
riqueza *f.* wealth, riches
risa *f.* laughter
robar to steal; **robado** stolen
robustecerse too become strong
rociado sprinkled
rodilla *f.* knee; **de rodillas** on one's knees
rogar (ue) to beg
rojo red
romper to break; *p.p.* **roto**
ropa *f.* clothing
rosa *f.* rose
rubí *m.* ruby
rubio blonde
rueda wheel; **ruedecitas** little wheels
ruido *m.* noise
ruidoso noisy
ruina ruin
rumbo *m.* direction; **rumbo a** in the direction of
ruso Russian; *m.* Russian

sábado *m.* Saturday
saber to know; to know how; to taste
sabroso delicious
sacar to take out; to pull out; **sacar buenas notas** to get good grades
saco *m.* jacket, coat; sack
sacrificar to sacrifice
sala *f.* living room
salir to leave, depart; **salir (de)** to go out (of); to leave (from)
salpicado spattered, splashed
saltar to leap, jump
salud *f.* health
saludable healthful
saludar to greet; to salute; to welcome
saludo salute, greeting
salvaje savage; m. savage
salvar to save
salvo *adj.* saved, excepted, omitted; *prep.* except; **salvo que** *conj.* except that
sanatorio *m.* sanitarium, hospital
sangre *f.* blood
sangría *f.* wine and fruit drink
sanitario sanitary, hygienic
santo holy; *m.* saint
santuario sanctuary
sastre *m.* tailor
satisfacer to satisfy, *p.p.* **satisfecho**
se *refl. pro.* himself, herself, yourself, itself, yourselves, themselves (*used for* **le, les,** *before another third person pronoun:* **lo, los, la, las)**
seco dry
secundario secondary
sed *f.* thirst
seda *f.* silk
sede *f.* seat, headquarters, see (*ecclesiastical*)
seguida *f.* succession, continuation, following; **de seguida** successively, uninterruptedly; **en seguida** at once, right away, immediately
seguir (i) to follow; to continue
según according to
segundo second
seguridad *f.* security
seguro sure, certain; **seguramente** certainly
seis six
seiscientos six hundred
seleccionar to select
semana *f.* week
semestre *m.* semester, six month's period
sentar (ie) to seat
sentarse (ie) to sit down
sentimiento *m.* sentiment, feeling
sentir (ie) to feel; to regret, feel sorry
sentirse (ie) to feel; (**Ellos se sienten bien.** They feel well.)
señal *f.* sign, signal
señor *m.* Mr., sir, lord, master; **muy señor** very much a master
señora *f.* lady, Mrs., madam
señorita *f.* Miss, young lady
separar to separate
septiembre *m.* September
ser *m.* human being; existence, nature, substance, entity; *v.* to be; **a no ser que** unless; **no sea que** lest
serie *f.* series
serio serious
servicio *m.* service
servir (i) to serve; to be of use; **servir de** to serve as
sesenta sixty
seso brain
setecientos seven hundred
setenta seventy
si if, whether
sí yes, indeed; *refl. pro. with prep.* himself, herself, yourself, itself, oneself, themselves; *m.* assent, consent, permission
siempre always; **siempre que** whenever; provided that
siete seven
siglo *m.* century
significación *f.* significance
significado *m.* significance
significar to mean
siguiente following, next
sílaba *f.* syllable
silencio *m.* silence
silencioso silent, still, noiseless

silla *f.* chair, seat; saddle
simpático charming, congenial
simplemente *adv.* simply
sin *prep.* without, besides; **sin embargo** nevertheless, however; **sin par** without equal; **sin que** *conj.* without
sinceridad *f.* sincerity
singular singular, extraordinary
sino *conj.* if not, but, except; **sino que** *conj.* but; *m.* fate, destiny
sinónimo *m.* synonym
siquiera scarcely, at least, even; **ni siquiera** not even
sirvienta *f.* servant, maid
sirviente menial, serving; *m.* servant
sistema *m.* system
sitio *m.* site, siege
soberanía sovereignty, rule
sobrar to be more than enough
sobre *prep. & adv.* on, upon, over, above; **sobre todo** above all; especially
sobrecito *m.* little envelope
sobresaliente outstanding
sobrino *m.* nephew
sociedad *f.* society
socio *m.* member
sol *m.* sun
solamente only
solas:a — alone
soldado *m.* soldier
soler (ue) to be accustomed to
solicitar to solicit, seek, woo, entreat
solo alone
sólo only
soltar (ue) to loosen; to let go, set free; *p.p.* **suelto**
solucionar to solve
sombrero *m.* hat
sonar (ue) to sound, ring
sonreír (i) to smile
soñar (ue) (con) to dream (of); **soñar con la idea** to think up the idea
sorprendente surprising
sorprender to surprise
sorpresa *f.* surprise; **de sorpresa** as a surprise
sospechar to suspect
sospechoso suspicious
sostener to support
suave soft, gentle
subir to go up; to get on (*train, bus, etc.*)
subjuntivo *m.* subjunctive
subrayado underlined
sucesión *f.* succession
sucesivo successive
suceso *m.* event, occurrence, happening
sucio dirty
sudadera *f.* sweatshirt
suegra *f.* mother-in-law
suegro *m.* father-in-law
sueldo *m.* salary, wages
suelo *m.* floor, ground
suelto loose, free
sueño *m.* dream
suerte *f.* luck
suéter *m.* sweater
suficiente sufficient
sufrir to suffer, undergo, put up with; **sufrir un examen** to take a test (*examination*)
sugerir (ie) to suggest
suicidarse to commit suicide
sujeto *m.* subject
suma *f.* sum
sumar to sum up, add up (*numbers*)
suntuoso sumptuous
supermercado *m.* supermarket
supersabio *m.* super wiseman
suplicar to beg, supplicate
supuesto supposed; *m.* supposition **por supuesto** of course; **supuesto que** *conj.* granting that, supposing that, since
sur *m.* south
surgir to rise from
suspensivo: puntos suspensivos suspension points, ellipsis
sustantivo: (substantivo) *m.* substantive, noun
sustitución *f.* substitution
sustituir to substitute
suyo *poss. adj. for. s. & pl.* his (of his), hers (of hers) yours (of yours), theirs (of theirs); *poss. pro.* **el suyo,** *etc.*

tabla board
tablita con ruedas skate board
taconazo stamp with the heel of a boot or shoe
tal such, such a; **con tal que** provided that; **tal vez** perhaps
talón *m.* heel
talonario de cheques check book
tamaño *m.* size
también also, too
tampoco neither, nor
tan so
tanto so much; **tantos** so many
tardar to delay, take a long time; **tardar en** to delay in (**Él tarda en hacerlo.** He delays in doing it.)
tarde late; **buenas tardes** good afternoon
tarea *f.* task; homework
tarjeta *f.* card
taza *f.* cup
té *m.* tea

teatral theatrical
teatro *m.* theater
técnica *f.* technique
técnico technical
tejano Texan
tejer to weave
tela *f.* cloth
telefonear to phone
teléfono *m.* telephone
tema *m.* theme
temer to fear
temor *m.* fear
templo *m.* temple
temprano early
tenedor *m.* fork
tener to have; to hold; **tener (diez) años** to be (ten) years old; **tener calor** to be hot; **tener celos** to be jealous; **tener cuidado** to be careful; **tener (el) derecho (de)** to have the right (to); **tener éxito** to be successful; **tener frío** to be cold; **tener ganas de** to feel like, be eager to; **tener hambre** to be hungry; **tener la culpa** to be to blame; **tener lugar** to take place; **tener miedo** to be afraid; **tener presente** to bear in mind; **tener prisa** to be in a hurry; **tener que** to have to; **tener razón** to be right; **tener sed** to be thirsty; **tener sueño** to be sleepy; **tener (buena) suerte** to have (good) luck, be lucky; **tener vergüenza** to be ashamed
teoría *f.* theory
tercero third
tercio third (*fraction*)
terminar to finish, end
terreno *m.* land, terrain
territorio territory
tertulia *f.* party, gathering
tesis *f.* thesis
tesoro *m.* treasure
texto *m.* text
tía *f.* aunt
tiempo *m.* time; tense; weather; **a tiempo** on time; **más tiempo** longer
tienda *f.* store
tierra *f.* land, earth
tímido timid
tinta *f.* ink; tint; hue
tío *m.* uncle
tipo *m.* type
tirar to throw; to throw away
título *m.* title; diploma, degree
toalla *f.* towel
tocadiscos *m.* record player
tocante a regarding
tocar to touch; to play (*an instrument*); to ring (*a bell*)
todavía still, yet
todo all, everything; **todos** *m. pl.* all, everybody
todo mundo, todo el mundo everyone
tomar to take; to drink; **tomar el sol** to sun oneself; **todo el tiempo** all the time
tontería *f.* foolishness
torcer (ue) to twist
torero *m.* bullfighter
tornar(se) to transform, change, become
torneo *m.* tournament
toro *m.* bull
tortilla *f.* corn cake (*Mex.*)
torre *f.* tower
trabajador industrious; *m.* worker
trabajar to work
trabajo *m.* work
trabar to lock, fasten
traducción *f.* translation
traducir to translate
traer to bring
tráfico *m.* traffic
traje *m.* suit (*clothing*)
transferir (ie) to transfer, move, convey
tras behind
trasladarse to move
trastornar to derange, to upset
tratar to treat; to trade, deal; **tratar (de)** to try (to)
trato *m.* deal
través *m.* slant, slope, traverse; **de (a) (al) través** across, through
travieso mischievous
trece thirteen
treinta thirty
tremendo tremendous
tren *m.* train
trescientos three hundred
triste sad
tristeza *f.* sadness
triunfante triumphant; **triunfar** to triumph
tronar (ue) to thunder
tropa *f.* troop
tropezar (ie) to strike against; **tropezarse** to stumble
trozo *m.* bit, piece, excerpt
tuyo *poss. adj. fam. s.* yours (of yours); **el tuyo,** *etc. poss. pro.* yours

ubicación *f.* location
ultimátum *m. s. & pl.* ultimatum(s)
último last; **a última hora** at the last moment
único only
unir to unite
universidad *f.* university
universitario *adj.* university
URSS Unión de repú**blicas socialistas soviéticas** Russia

usar to use
uso *m.* use
útil useful

vacaciones *f. pl.* vacation
vacío empty
valer to be worth; **valer la pena** to be worth the trouble, be worthwhile; **más vale** it is better
valiente valiant, brave
valioso valuable
vaquero *m.* cowboy
variar to vary
varios several
Vaticano Vatican
vecindad *f.* neighborhood
vecino *m.* neighbor
veinte twenty
veinticuatro twenty four
vela *f.* candle
velocidad *f.* speed; **a toda velocidad** at full speed
vencer to conquer, defeat
vendedor *m.* salesman, vendor
vender to sell
venganza *f.* revenge
vengar to revenge, avenge; **vengarse (de)** to avenge oneself (of)
venir to come
ventaja *f.* advantage
ventana *f.* window
ver to see; *p.p.* **visto**
verano *m.* summer
veras: de veras really, truly, indeed
verbo *m.* verb
verdad *f.* truth; **¿verdad?** *or* **¿no es verdad?** isn't it so?
verdadero true, real, genuine
verde green
vergüenza *f.* shame; **dar vergüenza** to shame (*used with third person form of verb and ind. obj. pro.* **Me da vergüenza.** I am ashamed.)
verificar to verify; **verificarse** to take place; to be verified
verso *m.* verse; **versitos** little verses
vertebral vertebral; **columna vertebral** spinal column
vestido *m.* dress
vestir (i) to wear; **vestirse** to get dressed
vez *f.* time; **a su vez** in one's turn; **de una vez** at one time; **de vez en cuando** from time to time; **en vez de** instead of; **a veces** at times; **cada vez más** more and more
vía Apia The Appian Way
viaje *m.* trip
viajero *m.* traveler
víctima *f.* victim
victoria *f.* victory
vida *f.* life; **en mi vida** never in my life
viejo old; *m.* old man
viento *m.* wind
viernes *m.* Friday
vigilado cared for, looked after
vino *m.* wine
virtuoso *n.* virtuoso; *adj.* virtuous
visita *f.* visit
visitante *m.* visitor
visitar to visit
vista *f.* view, sight
visto: por lo visto apparently
vivienda dwelling place
vivir to live
vocabulario *m.* vocabulary
vocal vocal, oral; *f.* vowel
volar (ue) to fly
volcán *m.* volcano
voltear to reverse; to revolve; to overturn
volver (ue) to return; *p.p.* **vuelto; volver a** + *inf.* to do again; **volverse loco** to become mad (crazy)
voto *m.* vow: vote
voz *f.* voice
vuelo *m.* flight
vuelta *f.* turn; a short walk or ride
vuestro *poss. adj. fam. pl.* your (of yours); **el vuestro,** *etc. poss. pro.* yours

ya already, now; **ya no** no longer; **ya que** since
yerno *m.* son-in-law

zacate *m.* grass, hay
zapato *m.* shoe
zona zone

INGLÉS–ESPAÑOL

able capaz, hábil; **to be able** poder (ue)
about acerca de, sobre, de
accept aceptar
accompany acompañar
according to según
accustom acostumbrar, soler (ue)
actress *f.* actriz
actually en realidad
adjacent, adjoining junto a
admit admitir
advisable prudente; **to be advisable** convenir (*conjugate like* venir)
advise aconsejar
affair *m.* asunto
afraid temeroso; **to be afraid** tener miedo (a, de)
after *prep.* después de; detrás de; *adv.* después; *conj.* después de que
afternoon tarde *f.*
again otra vez, de nuevo; volver a + *inf.*
ago hacer + *interval of time* (**two weeks ago** hace dos semanas)
agree to convenir (en); **to agree (with)** estar de acuerdo (con otro) (en alguna cosa)
agreeable agradable, amable
agreement *m.* acuerdo; **to be in agreement** estar de acuerdo
airplane *m.* avión
all todo; **not at all** de ningún modo, nada + *adj.* (**not at all pleasant** nada agradable)
almost casi; **almost** + *past tense* por poco + *pres. tense* (**I almost fell down.** Por poco me caigo.)
alone solo
along a lo largo de, por
already ya
also también
although aunque
always siempre
American americano
amuse divertir (ie), entretener, hacer gracia
amusing divertido, entretenido
angrily con ira
angry enojado
announce anunciar
another otro
answer *f.* respuesta; *m.* resultado (*mathematical*); **to answer** contestar (a), responder
anxiously con ansia
any cualquiera; *adj.* cualquier, cualquiera; *after neg.* ninguno (ningún)
anybody alguien; *after neg.* nadie
anyone alguien; *after neg.* nadie
anything algo; *after neg.* nada
apartment *m.* apartamento; *m.* apartamiento
apparently por lo visto, al parecer
appear aparecer
apple *f.* manzana; **apple tree** *m.* manzano
appointment *f.* cita
approach acercarse
approve aprobar (ue)
army *m.* ejército
arrive llegar
art *m.* arte (*skill, craft*); *f.* arte (*fine art*)
article *m.* artículo
artist *m. & f.* artista
as como; de (*in the guise of*); *adv.* tan
ashamed avergonzado; **to be ashamed** tener vergüenza
ask pedir (i) (*request*); preguntar (*question*)
assistance *f.* ayuda; *m.* socorro
assistant *m.* ayudante
associate asociar(se); juntar(se); *m.* **socio**
attend asistir (a)
attentive atento
attentively con atención, atentamente
attractive atractivo
author *m.* autor, *f.* autora
autumn *m.* otoño

back *f.* espalda; **to be back** estar de vuelta; **to come back** volver (ue), regresar
backwards hacia atrás
bad malo; **to be too bad** ser lástima; **that bad, so bad** tan malo
badly mal
be ser, estar; **to be about to** estar para; **to be able** poder; **to not be able to keep from** no poder menos de
beach *f.* playa
beautiful bello, hermoso
because *conj.* porque; *prep.* **because of** a causa de, por
become llegar a ser, hacerse; ponerse, volverse (ue)
bed *f.* cama
bedroom *f.* alcoba
before *adv.* antes; *prep.* antes de; *conj.* antes de que
beg rogar (ue)
begin comenzar (ie), empezar (ie)
behalf *m.* favor; **on behalf of** a favor de, por
behind *adv.* atrás, detrás; *prep.* detrás de
believe creer
besides además
best mejor; **the best thing** lo mejor
better mejor; **to like better** gustar + más (**I like it better.** Me gusta más.)
between entre
big grande
bill *f.* cuenta
bird *m.* pájaro
birthday *m. s.* cumpleaños
blame *f.* culpa; **to be to blame** tener la culpa
blonde rubio
blouse *f.* blusa

blue azul
blush enrojecerse, ponerse rojo (colorado)
book *m.* libro
book store *f.* librería
bore aburrir; **to become bored** aburrirse
boring aburrido
born nacido; **to be born** nacer
borrowed prestado
both ambos, los dos
bother molestar
box *f.* caja
boy *m.* muchacho
bread *m.* pan
break romper, *p.p.* roto; quebrar (ie)
bridge *m.* puente
bring traer
brother *m.* hermano
browse hojear (*through a book*)
brunette moreno
building *m.* edificio
bump tropezar (ie)
bus *m.* autobús
business *m.* negocio; **this business of** esto de
busy ocupado
but pero, mas; *after neg.* sino (que)
butter *f.* mantequilla
buy comprar
by por; para; en (**I knew him by his walk.** Le conocí en el andar.)

call *f.* llamada; **to call** llamar
calm tranquilo
can *f.* lata; **to be able** poder (ue) (*See also* **be able)**
candle *f.* vela
capable capaz
captain *m.* capitán
car *m.* automóvil, *m.* coche, *m.* carro
card *f.* tarjeta
care *m.* cuidado; **to care** importar + *ind. obj. pro.*
careful cuidadoso, atento
carefully con cuidado, cuidadosamente
carpenter *m.* carpintero
carry llevar; **to carry out** (*finish*) llevar a (al) cabo
case *m.* caso (*situation); f.* caja (*container*); **in case that** de que
catch coger; **to catch up with** alcanzar
center m. centro
certain cierto
certainly por cierto, ciertamente
change *m.* cambio; **to change** cambiar
chapter *m.* capítulo
charge cobrar (*monetary*)
chat *f.* plática, *f.* charla, *f.* conversación; **to chat** platicar, charlar
cheap barato
chief principal; *m.* jefe
child *m.* niño
Chinese chino; *m.* chino
choose escoger, elegir (i)
Christmas *adj.* de Navidad; *f.* Navidad; **Christmas carol** *m.* villancico
circumstance *f.* circunstancia
city *f.* ciudad
class *f.* clase
clean limpio; **to clean** limpiar
clear claro
clever listo; **to be clever** ser listo
climb subir
close cerrar (ie)
clothes *f.* ropa
coat *m.* abrigo, *m.* saco
coffee *m.* café
cold frío; **to be cold** tener frío (*person*); **to be cold** hacer frío (*weather*)
come venir; **to come into** entrar (en); **to come out (of)** salir (de)
comet *m.* cometa
comfortable cómodo
command *m.* mando, *m.* mandato, *f.* orden; **to command** mandar, ordenar
companion *m.* compañero
company *f.* compañía
complain quejarse
complete completo; **to complete** completar
comprehend comprender
concert *m.* concierto
conference *f.* conferencia
congratulations *f. pl.* felicitaciones
consist (of) consistir (en)
construct construir
contented contento
contest *m.* concurso
continue continuar, seguir (i)
convenient conveniente, cómodo
cook cocinar, cocer (ue), guisar
cookie *f.* galleta
cool fresco
correct correcto; **to correct** corregir(i)
costly costoso
cotton *m.* algodón
cougar *m.* cuguardo
count contar (ue); **to count on** contar con
country *m.* país; *m.* campo (*rural*)
course *m.* curso; **of course** por supuesto
courteous cortés
cousin *m.* primo
cover *f.* tapa; **to cover** cubrir, *p.p.* cubierto
credible creíble
cry *m.* grito; lloro, llanto; **to cry** llorar
cup *f.* taza; *f.* copa (*goblet*)
cure *f.* cura; **to cure** curar

curtain *f.* cortina
cut *f.* cortada; *m.* corte; **to cut** cortar

dance *m.* baile; **to dance** bailar
dancer *m.* bailarín, *f.* bailarina, *m.* bailador, *f.* bailadora
dangerous peligroso
dare atreverse (a)
daring atrevido
dark oscuro
date *f.* fecha (*time*); *f.* cita (*appointment, meeting*)
daughter *f.* hija
daughter-in-law *f.* nuera
day *m.* día; **all day long** todo el día; **by day** de día; **day after tomorrow** pasado mañana; **day before yesterday** anteayer; **day by day** día por día; **from day to day** de día en día; **good day** buenos días; **one of these days** un día de éstos; **the next day** al día siguiente; **today** hoy
death *f.* muerte
defeat *f.* derrota; **to defeat** derrotar, vencer
demand *f.* demanda, *f.* petición; **to demand** demandar, pedir (i), exigir
deny negar (ie)
depend depender; **to depend upon (someone)** contar (ue) con (uno)
describe describir, *p.p.* descrito
deserve merecer
desire *m.* deseo; *f.* aspiración; *m.* anhelo; **to desire** desear, anhelar; **it is to be desired** es de desear
determine determinar
dictionary *m.* diccionario
different diferente, distinto
difficult difícil
difficulty *f.* dificultad
diligently diligentemente, con diligencia
dirty sucio; **to dirty** ensuciar
discover descubrir, *p.p.* descubierto
dish *m.* plato
distance *f.* distancia
divide dividir
do hacer, *p.p.* hecho
doctor *m.* doctor, *m.* médico
dog *m.* perro
doll *f.* muñeca
dollar *m.* dólar
door *f.* puerta
doubt *f.* duda; **doubtless** sin duda; **to doubt** dudar
doubtful dudoso
dozen *f.* docena
dramatist *m.* dramaturgo
dream *m.* sueño
dress *m.* vestido; **dress coat** *m.* frac; **to get dressed** vestir(se) (i)
drink *f.* bebida, *m.* refresco; **to drink** beber, tomar
drive *m.* paseo en coche; **driving** *m.* el manejar, *m.* el conducir; **to drive** manejar, conducir
drop *f.* gota (*liquid*); **to drop** dejar caer
due debido; **due to the fact that** puesto que
duty *m.* deber

each cada; **each one** cada uno, cada una, cada cual; **each other** se . . . (el) uno a (al) otro, se . . . (los) unos a (los) otros
early temprano
earn ganar
easy fácil
eat comer
effort *m.* esfuerzo
eighth octavo
eighty ochenta
either o; *after neg.* tampoco
elect elegir (i)
election *f.* elección
employee *m.* empleado
employer *m.* patrón
encounter *m.* encuentro; **to encounter** encontrar (ue), dar con, tropezar (ie) con
enemy *m.* enemigo
end *m.* fin, *f.* terminación, *f.* conclusión; **to end** terminar (se), acabar, concluir; **to end up by** acabar por
engineer *m.* ingeniero
enjoy gozar de; **to enjoy oneself** divertirse (ie)
enough bastante
enter entrar (en)
equal igual, parejo; *m.* igual; **without equal** sin par, sin igual, singular; **to equal** igualar, igualarse a, **to make even or equal** emparejar
especially especialmente, sobre todo, en especial
even llano, plano; igual; uniforme; *adv.* aun; *conj.* también, hasta; **even if (though)** aun cuando; **even with** al nivel de; **not even** ni siguiera; **to make even** emparejar
evening *f.* tarde
event *m.* suceso
ever jamás, siempre
every todo; **every** + *noun* todos (todas) + *noun* (**every day** todos los días)
everybody (everyone) todo el mundo, todos (todas)
everything todo
evident evidente
evil malo
examination *m.* examen

exercise *m.* ejercicio; **to exercise** ejercitar(se), ejercer, hacer ejercicio
exile *m.* destierro; **exiled person** *m.* desterrado; **to exile** desterrar (ie)
expect esperar
expense *m.* gasto
explain explicar
export *f.* exportación; **to export** exportar
exquisite exquisito

face *f.* cara
facing frente a, en frente de
faithful fiel
fall *f.* caída; *m.* otoño (*season*); **to fall** caer(se)
family *f.* familia
famous famoso
far *adj.* lejano, remoto; *adv.* lejos; *prep.* **far from** lejos de; **as far as** tan lejos como, hasta donde
farther más lejos; **farther on** más allá, más adelante
fast rápido, ligero; *m.* ayuno; **to fast** ayunar
father *m.* padre
father-in-law *m.* suegro
fear *m.* miedo, *m.* temor; **to fear** temer, tener miedo
feel sentir (ie)
feeling *m.* sentimiento; *f.* sensación; *f.* compasión
fellow *m.* socio; *m.* hombre; *m.* chico
festival *m.* fiesta
few pocos, unos; **a few** unos cuantos
field *m.* campo
fifth quinto
fifty cincuenta
fig *m.* higo
finally finalmente, por fin, en fin, al fin
find encontrar (ue), hallar; **to find out** descubrir
finish terminar, acabar
first primero
fit caber (*to have room for*); quedar, sentar (ie), caer (bien o mal) (*clothing*)
five cinco; **five hundred** quinientos
flag *f.* bandera
floor *m.* suelo, *m.* piso
flower *f.* flor
follow seguir (i)
food *f.* comida
foot *m.* pie
football *m.* fútbol
for por, para
forefather *m.* antepasado
forehead *f.* frente
forever para siempre
forget olvidar, olvidarse (de)
former *dem. pro.* aquél, aquélla; **formerly** antes
forty cuarenta
fourth cuarto
freeze helar (ie)
French francés
frequently frecuentemente, con frecuencia
Friday *m.* viernes
friend *m.* amigo, *f.* amiga; **boyfriend** *m.* novio; **girlfriend** *f.* novia
fright *m.* miedo; **to become frightened** asustarse
from de, desde
front *m.* frente; **in front of** en frente de, delante de
fruit *f.* fruta
full lleno
furniture *m. pl.* muebles

game *m.* juego, *m.* partido; *f.* caza (*animal*)
garden *m.* jardín
gardener *m.* jardinero
generally generalmente, por lo general, por lo común, en general
generous generoso
German alemán
get conseguir (i), alcanzar, obtener; **let's get to work** vamos a trabajar, a trabajar; **to get dark** anochecer; **to get here (there)** llegar aquí (allá); **to get off** bajar; **to get on** subir
gift *m.* regalo
girl *f.* niña, *f.* muchacha
give dar
glad alegre, contento; **gladly** de buena gana, con mucho gusto, con placer; **to be glad** estar alegre (contento), alegrarse (de)
glove *m.* guante
go ir; **to go ahead** avanzar, adelantarse; **to go away,** irse, salir; **to go mad (crazy)** volverse (ue) loco; **to go on** seguir (i), continuar; **to go outside** salir; **to go shopping** ir de compras; **to go to bed** acostarse (ue); **to go with** acompañar
goal *f.* meta, *m.* objeto, *m.* fin
good bueno
good-bye adiós
granted that dado que
grateful agradecido, grato
great grande (gran); **a great deal** mucho
green verde
grieve doler (ue)
groceries *m. pl.* comestibles; *m. pl.* abarrotes
group *m.* grupo
grow cultivar; crecer; **to grow dark** anochecer, oscurecerse; **to grow older** envejecerse
guitar *f.* guitarra

hair *m.* pelo, *m.* cabello, *m.* cabellera
half medio; *m.* medio, *f.* mitad
hand *f.* mano; **on the other hand** en cambio, al contrario; **by hand** a mano
hang colgar (ue)
hanging colgado
happen pasar, ocurrir
happiness *f.* felicidad
happy feliz; **to be happy** ser feliz; estar contento (alegre)
harm *m.* daño; **to harm** dañar, hacer daño
have tener; haber (*aux. v. with perfect tenses*)
hear oír
help *f.* ayuda; **to help** ayudar
her *dir. obj. pro.* la; *ind. obj. pro.* le; *prep. pro.* ella; *poss. adj.* su; *poss. pro.* el suyo, *etc.*; *refl. pro. with prep.* sí
here aquí, acá
herself *intensive pro.* ella misma, sí misma, se, sí; **to talk to herself** hablar para sí
him *dir. obj. pro.* le, lo; *ind. obj. pro.* le; *prep. pro.* él; *refl. pro. with prep.* sí
himself *intensive pro.* él mismo, sí mismo, se, sí; **to talk to himself** hablar para sí
history *f.* historia
hit pegar, golpear
hold tener
home *f.* casa; **at home** en casa; **to go home** ir a casa
homework *m.* tarea
hope esperar
hopefully con esperanza
hopeless desesperado
hot caliente
hour *f.* hora
house *f.* casa
how *adv.* como; ¿cómo?; **how long?** ¿cuánto tiempo?
however sin embargo (*nevertheless*); *conj.* comoquiera + que + *subj.* (**however you go** comoquiera que vayas); por + *adj. or adv.* + que + *subj.* (**however pretty she is** por bonita que sea)
hundred ciento, cien (*under certain conditions*)
hunger *f.* hambre
hungry: to be hungry tener hambre
hurriedly aprisa, apresuradamente, de prisa, a toda prisa
hurt dañar, lastimar, hacer daño; doler (*used w. ind. obj. pro.*) (**My foot hurts.** Me duele el pie.)

ice *m.* hielo
if si; **if only** si + *imp. subj.*, ojalá que + *subj.*
ill enfermo, malo
imagine imaginar(se)
immediately inmediatamente, en seguida
important importante
in en; **in the morning** por la mañana; (*use* de *with a definite hour*) (**ten in the morning** las diez de la mañana)
include incluir
inconvenient inconveniente, incómodo
incredible increíble
indeed realmente, en efecto, de veras
inside *m.* interior; *adv.* dentro, adentro; *prep.* dentro de
insist insistir (en)
instead *adv.* en vez de, en lugar de
insurance *m.* seguro; **insurance company** *f.* compañía de seguros
intend pensar (ie)
intention *f.* intención, *m.* intento
interest *m.* interés; **to be interested** tener interés
interesting interesante
investigate investigar, averiguar
invite invitar, convidar
involve enredar, complicar, implicar
Italian italiano

jealous celoso; **to be jealous** tener celos
job *m.* trabajo, *m.* empleo
join reunir(se) (con); juntar(se) (con)
joke *m.* chiste, *f.* broma; **to joke** hacer bromas; bromear
jokingly en broma
just justo; **to have just** *p.p.* acabar de + *inf.*

keep quedarse con
kill matar
kind *f.* clase, *m.* tipo
kitchen *f.* cocina
kite *f.* cometa
kneeling de rodillas
knock *f.* llamada; **to knock at the door** llamar a la puerta
know conocer, saber; **to know how** saber; **so far as I know** que sepa yo

lack *f.* falta; **to lack** faltar
lady *f.* señora, *f.* dama
land *f.* tierra; *f.* patria (*fatherland*)
language *f.* lengua, *m.* idioma
large grande
late tarde; **to be late (in)** tardar (en)
latter éste, ésta, *etc.*
laugh (at) reír(se) (de) **(i stem)**
law *f.* ley
lawyer *m.* abogado
lazy perezoso
leader *m.* jefe

lean delgado; **to lean against** apoyarse en; **to lean out of** asomar (se) (a)
learn aprender
least menos; **at least** por lo menos
leave salir; dejar
lecture *f.* conferencia; **to lecture** dar una conferencia
left *adj.* izquierdo; *f.* izquierda; **to be left** quedar (*remain*)
lemonade *f.* limonada
lend prestar
length *m.* largo, *f.* largura, *f.* longitud
less menos
lesson *f.* lección
lest por miedo de, de miedo que; no sea que, a no ser que
let dejar, permitir
letter *f.* carta
library *f.* biblioteca
lie *f.* mentira; **to lie** mentir (ie), decir mentiras
life *f.* vida
light *f.* luz
like *adj.* semejante, parecido; *adv.* como; **to like** gustar, tener gusto en, querer, caer bien + *ind. obj. pro.*
likeness *f.* semejanza
listen escuchar
literary literario
little pequeño (*size*); poco (*quantity*)
live vivo (*animated*); **to live** vivir
living viviente
long largo (*size*); **how long?** ¿cuánto tiempo?; **long time** mucho tiempo; **no longer** ya no
look *f.* mirada; **to look at** mirar; **to look for** buscar
lose perder (ie)
loud alto, recio, ruidoso; **loud voice** *f.* voz alta
luck *f.* suerte; **to be lucky** tener suerte

magazine *f.* revista
maid *f.* sirvienta, *f.* criada
make hacer
male macho
man *m.* hombre
manufacture fabricar
many muchos; **how many?** ¿cuántos?; **so many** tantos (tantas)
marry: to marry off casar; **to get married (to)** casarse (con)
match ir bien (con); hacer juego (con)
material material, substancial, sustancial; *m.* material
matter *m.* asunto; **to matter** importar; **no matter how** no importa como, por + *adj. or adv.* + *subj.* comoquiera + que + *subj.*
maybe tal vez, quizá(s), acaso
meanwhile entretanto
medicine *f.* medicina
meet encontrar (ue), conocer
meeting *f.* reunión, *m.* mitin
member *m.* socio, *m.* miembro
midnight *f.* medianoche
mile *f.* milla
million millón (de)
mine mío, *etc.*; *pro.* el mío, *etc.*
minus menos
minute *m.* minuto
mirror *m.* espejo
miss echar de menos
mistaken equivocado; **to be mistaken** equivocarse, estar equivocado
money *m.* dinero
month *m.* mes
mood *m.* modo
more más
morning *f.* mañana
most la mayoría de, la mayor parte de; *adv.* más
mother *f.* madre
mother-in-law *f.* suegra
mountain *f.* montaña
movie *f.* película; **movies** *m.* cine (*theater*)
much mucho; **as much as** cuanto, tanto como; **so much** tanto; **that is too much** eso es mucho; **too much** demasiado; **very much** muchísimo
multiply multiplicar
music *f.* música
must deber, tener que

name *m.* nombre; **to be named** llamarse; **to name** nombrar
naturally naturalmente
near *adv.* cerca; *prep.* cerca de
necessary necesario
need *f.* necesidad; **to need** necesitar
neighbor *m.* vecino
neighborhood *m.* barrio, *f.* vecindad, *m.* vecindario
neither tampoco; **neither . . . nor** ni . . . ni
nephew *m.* sobrino
nervous nervioso
never nunca, jamás; **never in my life** nunca en mi vida, en mi vida
nevertheless sin embargo
new nuevo
news *f. pl.* noticias
newspaper *m.* periódico, *m.* diario
next próximo
nice amable, simpático
niece *f.* sobrina
night *f.* noche; **at night** por la noche, de la noche (*definite time*) **(ten o'clock at night** las

diez de la noche); **last night** anoche; **night before last** anteanoche
nine hundred novecientos
ninety noventa
ninth noveno, nono
no *adv.* no; *adj.* ningún, ninguna, ningunos, ningunas; **no one** nadie
noise *m.* ruido
none *indefinite pro.* ninguno, ninguna, ningunos, ningunas
noon *m.* mediodía
nor ni, tampoco
not no
notebook *m.* cuaderno
nothing nada
notify avisar
notwithstanding *adv. & prep.* no obstante; *conj.* no obstante que, por más que
noun *m.* nombre, *m.* sustantivo, *m.* substantivo
novel *f.* novela
now ahora; **from now on** de aquí en adelante; **now . . . now** ora . . . ora; **right now** ahora mismo

obey obedecer
offend ofender
offer *f.* oferta, propuesta; **to offer** ofrecer
office *f.* oficina (*place*)
often frecuentemente, con frecuencia, a menudo, muchas veces; **as often as** tantas veces como, siempre que; **how often?** ¿cuántas veces?; **so often** tantas veces; **too often** demasiado a menudo
old viejo, antiguo
older mayor
on en, sobre, encima (de)
once una vez; **at once** de una vez, en seguida
one uno (un), una; **each one** cada uno, cada una, cada cual; **no one** nadie; **the one** el que, la que, el cual, la cual; *indefinite pro.* se (**one says** se dice)
only sólo, solamente
open abrir, *p.p.* abierto
opportunity *f.* oportunidad
oppose oponer(se) (a), resistir
order *m.* orden (*arrangement*); *f.* orden (*command*); **to order** mandar, ordenar, disponer; **in order to** *prep.* para; **in order to** *conj.* para que
other otro
ought deber
ourselves *intensive pro.* nosotros mismos; *refl. pro.* nos
outside *adj.* exterior; *m.* exterior; *adv.* afuera, fuera; *prep.* fuera de
outstanding sobresaliente, destacado, prominente

paint *f.* pintura; **to paint** pintar
painting *f.* pintura, *m.* cuadro
pale pálido
paper *m.* papel
parents *m.* padres
park *m.* parque; **to park** estacionar(se)
part *f.* parte; **to part** separar, partir; **to part from** despedirse (i) (de)
participate participar
party *f.* fiesta, *f.* tertulia
pass pasar; **to pass a course** salir aprobado (en)
passenger *m.* pasajero
patience *f.* paciencia
patient tolerante, paciente; *m.* paciente
patiently con paciencia
pay *m.* pago, *m.* sueldo; **to pay** pagar
pen *f.* pluma
pencil *m.* lápiz
perfect perfecto
perfectly perfectamente
performance *f.* función, *f.* representación
perhaps tal vez, quizá(s), acaso
permission *m.* permiso
permit permitir
person *f.* persona
photo *f.* fotografía, *f.* foto
pianist *m. & f.* pianista
pick escoger, elegir (i) (*choose*); picar (*pierce*)
pick up recoger
picture *m.* cuadro; *f.* pintura; *m.* retrato (*photograph, portrait*)
pie *m.* pastel
pity *f.* piedad, *f.* lástima; **to pity** tener piedad, tener lástima; **to be a pity (shame)** ser lástima
place *m.* lugar, *m.* sitio; **to place** poner, colocar
plain sencillo
plan *m.* plan, *m.* proyecto; **to plan** pensar (ie), planear
plane *m.* avión (*airplane*)
play jugar (ue) (*game*); tocar (*instrument*); hacer un papel (*role*); *f.* comedia, *m.* drama (*theatrical*); *f.* jugada (*sport*)
pleasant amable, agradable
please por favor; haga Ud. el favor de
pleasure *m.* placer, *m.* gusto
plus *adj. & adv.* más
poet *m.* poeta, *f.* poetisa
police *f.* policía (*police force*); *m.* policía (*policeman*)
poor pobre; **poor person** *m.* pobre
position *f.* posición, *m.* empleo

possibly posiblemente
possessions *m. pl.* bienes, *f. pl.* posesiones
pound *f.* libra; **to pound** golpear
pour echar, verter (ie), derramar; **to pour down rain** llover (ue) a cántaros
practical práctico
practice *f.* práctica; **to practice** practicar
precise preciso
predicament *m.* apuro
prefer preferir (ie)
preferable preferible
prepare preparar
present actual, presente, corriente; *m.* regalo (*gift*); **to present** presentar, regalar, proporcionar
prevent impedir (i)
price *m.* precio
principal principal; *m.* director (*of a school*)
prize *m.* premio
probably probablemente
problem *m.* problema
product *m.* producto
productive productivo
program *m.* programa
prohibit prohibir
promise *f.* promesa; **to promise** prometer
promote adelantar; ascender (ie)
pronoun *m.* pronombre
propose proponer, *p.p.* propuesto
protect proteger
prove substanciar, sustanciar, probar (ue), poner a prueba
provide proporcionar, proveer; **provided that** con tal (de) que
publish publicar
punish castigar
punishment *m.* castigo
purchase *f.* compra; **to buy** comprar
purse *f.* bolsa
put poner, *p.p.* puesto; **to put on** (*oneself*) ponerse; **to put out** apagar (*fire, light*); **to put out** echar fuera (*throw out*)

quarrel *f.* riña, *f.* disputa; **to quarrel** reñir (i), disputar(se), pelear
question *f.* pregunta; **to question** preguntar
quickly aprisa, de prisa, con rapidez, pronto, rápidamente
quiet callado, tranquilo; **to be quiet** callarse, estar callado, estar tranquilo

rain *f.* lluvia; **to rain** llover (ue); **to pour down rain** llover a cántaros
raincoat *m.* impermeable
rapidly rápidamente, con rapidez
rare raro
rather más bien; mejor dicho (*in other words*)
reach alcanzar, lograr (*achieve*), llegar (a)
read instruido, enseñado; **well read** erudito, ilustrado, instruido; **to read** leer
ready listo; **to be ready** estar listo
really en realidad, realmente, de veras, verdaderamente
reappear reaparecer
reason *f.* razón; **for that reason** por eso
receive recibir
recent reciente
recognize reconocer
record *m.* disco (*phonograph*); **to record** grabar (*discos*), apuntar
red rojo, colorado
refer referir (ie)
refuse rehusar, negarse (ie) (a)
regret sentir (ie), lamentar
regularly regularmente, por lo regular
relative relativo; *m.* pariente, *f.* parienta
remain quedar(se), restarse, permanecer
remember recordar (ue), acordarse (ue) (de)
reminder *m.* recuerdo
repair componer
repeat repetir (i)
reply *f.* respuesta; **to reply** contestar, responder
rest *m.* descanso; *m.* resto (*balance*); **to rest** descansar
restaurant *m.* restaurante, *m.* restorán
result *m.* resultado; **to result** resultar
return *f.* vuelta, *m.* regreso; **to return** devolver (ue) (*an object*); volver (ue), regresar
rich rico
ridiculous ridículo
right correcto; *m.* derecho; **right away** en seguida, inmediatamente; **to be right** tener razón; **to have the right to** tener (el) derecho de
ring *m.* anillo; **to ring** sonar (ue), tocar
ripe maduro
road *m.* camino
role *m.* papel; **to play a role** hacer un papel
room *m.* cuarto, *f.* habitación; **bathroom** *m.* cuarto de baño; **bedroom** *f.* alcoba, *f.* recámara; **dining room** *m.* comedor; **living room** *f.* sala
ruby *m.* rubí
rug *f.* alfombra
run correr
Russian ruso

sad triste
sake *m.* motivo, *f.* causa; **for the sake of** por
same mismo
satisfy satisfacer, *p.p.* satisfecho; **to be satisfied** estar (quedar) satisfecho
say decir, *p.p.* dicho

scarcely apenas
school *f.* escuela
season *f.* estación
second segundo; **secondly** en segundo lugar
secretary *m.* secretario, *f.* secretaria
see ver., *p.p.* visto
seem parecer
seize coger,asir
sell vender
send mandar, enviar
sentence *f.* frase, *f.* oración
sentiment *m.* sentimiento
September *m.* septiembre
servant *m.* sirviente, *f.* sirvienta; *m.* criado, *f.* criada
set *m.* juego; **to set** poner, *p.p.* puesto; **to set the table** poner la mesa
seven hundred setecientos
seventh séptimo
seventy setenta
several unos, varios
sew coser
shoe *m.* zapato
should (ought) deber
shout *m.* grito; **to shout** gritar
sick enfermo, malo
side *m.* lado
sign *m.* letrero; **to sign** firmar
silk *f.* seda
since *adv.* desde, desde entonces; *prep.* desde; *conj.* desde que (*time*), puesto que
sincere sincero
sincerely sinceramente
sing cantar
singer *m.* cantador, *m. & f.* cantante
sister hermana
sit sentar (ie); **to sit down** sentarse (ie)
sitting sentado
six hundred seiscientos
sixteen diez y seis
sixth sexto
sixty sesenta
sleep *m.* sueño; **to sleep** dormir (ue); **to be sleepy** tener sueño
sleeping dormido
sleeve *f.* manga
slow lento
slowly despacio, lentamente
small pequeño, chico
smart listo, inteligente, vivo, astuto
smile *f.* sonrisa; **to smile** sonreír(se) (i)
snow *f.* nieve; **to snow** nevar (ie)
so tan + *adj.* **so pretty** tan bonita; **so much** tanto; **so and so** Fulano de tal; **so so** así, así; **so that** de manera que, de modo que; *as dir. obj.* **I think so.** Yo lo creo.
soldier *m.* soldado
solution *f.* solución, *m.* remedio
solve resolver (ue)
some *adj.* algún, alguna, algunos, algunas; *pro.* alguno, alguna, algunos, algunas, unos, unas, unos cuantos, unas cuantas
something algo
sometime algún día
sometimes algunas (unas) veces
somewhat algo (**somewhat mysterious** algo misterioso)
son *m.* hijo
son-in-law *m.* yerno
song *f.* canción
soon *adv.* pronto; **as soon as** tan pronto como, luego que, en cuanto
sorry arrepentido: **to be sorry** estar arrepentido, sentir (ie)
Spain España
Spaniard *m.* español, *f.* española
speak hablar
spell *m.* encanto; **to spell** deletrear
spend gastar (*money*); pasar (*time*)
spite *m.* rencor; **in spite of** a pesar de; **in spite of the fact that** a pesar de que, **to spite** dar pique
stadium *m.* estadio; **domed stadium** estadio cubierto
stand *m.* puesto; **to stand** estar de (en) pie; aguantar (*endure*); **to stand up** ponerse de (en) pie
stay *f.* permanencia; **to stay** quedarse, permanecer
steal robar
step *f.* escalera (*stair*); *m.* paso (*pace*)
still *adj.* inmóvil, quieto, tranquilo; *adv.* todavía, aún; **to still** acallar, apaciguar, detener, parar
stockings *f. pl.* medias
stop cesar (de), dejar (de), parar(se), detenerse; detener, parar
store *f.* tienda; **grocery store** tienda (*m.* almacén) de abarrotes (comestibles); **book store** *f.* librería; **to store** guardar
story *f.* historia, *m.* cuento; *m.* piso (*of a building*)
street *f.* calle
strong fuerte
struggle *f.* lucha; **to fight** luchar
student *m.* estudiante, *m.* alumno
study *m.* estudio; **to study** estudiar
succeed lograr, tener éxito
successful próspero; **to be successful** tener éxito
such tal
suddenly de repente, de pronto
suggest sugerir (ie)
suit *m.* traje; **to suit** convenir

summer *m.* verano
Sunday *m.* domingo
suppose suponer, *p.p.* supuesto
sure seguro, cierto; **surely** seguramente, por cierto
surprise *f.* sorpresa; **to be surprised** estar sorprendido; **to my surprise** para mi sorpresa; **to surprise** sorprender
surprising sorprendente
sweet dulce
sweetheart *m.* novio *f.* novia
swim *m.* nado; **to swim** nadar
swimming *m.* nadar

table *f.* mesa
take tomar, llevar; **to take a picture** sacar una fotografía; **to take a trip** hacer un viaje; **to take an exam** sufrir un examen; **to take away** quitar; **to take back** devolver (ue) (*return*); **to take care of** cuidar de; **to take part in** participar en
talk *f.* plática, *m.* discurso; **to talk** hablar
talkative hablador
tall alto
task *f.* tarea
taste *m.* sabor (*food*), *m.* gusto; **to taste** saborear, probar
teach enseñar
teacher *m.* maestro, *m.* profesor
team *m.* equipo
tear romper, *p.p.* roto
telephone *m.* teléfono
tell decir, *p.p.* dicho
tenth décimo
than que, del que, *etc.*
that *dem. adj.* ese, aquel, *etc.; dem. pro.* ése, aquél, *etc.*, eso; *conj.* que; *rel. pro.* el que, el cual, *etc.*
theater *m.* teatro
them *dir. obj. pro.* los, las; *ind. obj. pro.* les; *prep. pro.* ellos
themselves se, ellos mismos, ellas mismas, sí mismos, sí mismas
then entonces, luego, pues
there allá, allí, ahí
therefore por eso
these *dem. adj.* estos, estas; *dem. pro.* éstos, éstas
thin delgado, flaco
thing *f.* cosa
think pensar (ie), creer
thinking *m.* pensar, *m.* creer
third tercero, tercer; **one third** un tercio, la tercera parte
thirst *f.* sed
thirsty: to be thirsty tener sed
thirteen trece
thirty treinta; **nine thirty** las nueve y media
this *dem. adj.* este, esta; *dem. pro.* éste, ésta, esto; **this business of** esto de
those *adj.* esos, aquellos, *etc.; pro.* ésos, aquéllos, *etc.*
thousand mil
through por
throw tirar, echar, **to throw away** tirar; **to throw out** echar fuera
Thursday *m.* jueves
ticket *m.* boleto, *m.* billete, *f.* entrada
time *m.* tiempo; *f.* vez (*occasion*); **at the same time** al mismo tiempo; **at what time?** ¿a qué hora?; **by the time that** para cuando; **from time to time** de vez en cuando; **it is time to** es hora de; **on time** a tiempo; **three times a week** tres veces por semana; **times** por (*multiplied by*)
tire *f.* llanta (*automobile*); **to tire** cansar(se)
tired cansado; **to be tired** estar cansado
to be ser or estar
today hoy
tomorrow mañana
too *adv.* demasiado
toward hacia
translate traducir
travel *m.* viajar; **to travel** viajar
treat tratar
trip *m.* viaje, *f.* excursión; **to take a trip** hacer un viaje (excursión)
true verdadero
truth *f.* verdad
try (to) tratar (de)
twelfth duodécimo
twelve doce
twenty veinte
type *m.* tipo

ugly feo
unbelievable increíble; **to seem unbelievable** parecer mentira
under *prep.* bajo, debajo de
underneath *adv.* debajo
understand comprender, entender (ie)
undoubtedly sin duda
unfortunate desafortunado, desgraciado; **unfortunately** por desgracia
unhappy infeliz
united unido; **United States** los Estados Unidos (E.E.U.U.)
university *f.* universidad
unless a menos que, a no ser que
unlucky desafortunado, desgraciado
until *prep.* hasta; *conj.* hasta que
up arriba
upon sobre, encima de, en; **upon** + *pres. p.* al + *inf.* (**upon entering** al entrar)

upward hacia arriba
us nos; *prep. pro.* nosotros
use usar, emplear
useful útil

very muy
visit *f.* visita; **to visit** visitar

wait esperar
wake despertar (ie); **to wake up** despertarse (ie)
walk *m.* paseo, *f.* vuelta; **to take a walk** dar un paseo (una vuelta); **to walk** andar, caminar; **to walk (someone)** encaminar
wall *f.* pared
want querer (ie), desear
warm caliente; **to be warm** tener calor (*person*); **to be warm** hacer calor (*weather*)
water *f.* agua
way *m.* modo, *f.* manera
weak débil
wear llevar, vestir
weather *m.* tiempo
week *f.* semana
weigh pesar
weight *m.* peso
well bien
wet mojado; **to get wet** mojarse
what *rel. pro.* lo que; *interr. & exclam.* qué; **what a** qué + *adj. or noun*
whatever cualquier cosa que, todo lo que
when cuando; *interr.* ¿cuándo?
whenever siempre que, cuando quiera (que)
where donde; *interr.* ¿dónde?
wherever dondequiera (que)
whether si
which *interr. adj.* ¿qué?; *interr. pro.* ¿cuál?
whichever cualquiera
while *m.* rato; *conj.* mientras (que)
who *rel. pro.* que, quien; *interr.* ¿quién?
whoever quienquiera
whole todo, entero
whom *rel. pro.* que, quien
whose cuyo
why *interr.* ¿por qué?
wide ancho
width *f.* anchura, *m.* ancho
wife *f.* esposa
willing dispuesto; **to be willing** estar dispuesto a; tener ganas (de)
win ganar
wind *m.* viento
window *f.* ventana
wine *m.* vino
winter *m.* invierno
wish *m.* deseo; **to wish** querer (ie), desear
with con; **with me** conmigo; **with you** *fam. s.* contigo; **with yourself** contigo, consigo
within dentro de
without *prep.* sin; *conj.* sin que
wood *f.* madera
wooden de madera
work *m.* trabajo; **to work** trabajar
world *m.* mundo
worry *f.* preocupación; **to worry** preocuparse (por) (con)
worse peor
worst peor
worthwhile apreciable; **to be worthwhile** valer la pena
would that ojalá (que)
write escribir, *p.p.* escrito
wrong *adj.* malo, incorrecto; *adv.* mal

year *m.* año
yesterday ayer
yet todavía, aún
you *sub. pro.* tú, usted; *pl.* vosotros, ustedes; *ind. obj. pro.* te, le; *pl.* os, les; *dir. obj. pro.* te, lo, le, la; *pl.* os, los, las
young joven
your *adj.* tu, su, vuestro, tuyo, suyo; *pro.* el tuyo, el vuestro, el suyo
yourself *intensive pro.* tú mismo, Ud. mismo; *refl. pro.* te, se
yourselves *intensive pro.* vosotros mismos, Uds. mismos; *refl. pro.* os, se

Índice

Glosario

ADJECTIVE: A word that modifies, describes, or limits a noun or pronoun.

ADVERB: A word that modifies a verb, an adjective, or another adverb.

AGREEMENT: Concord or correspondence with other words.

ANTECEDENT: The word, phrase, or clause to which a pronoun refers.

AUGMENTATIVE: A noun suffix indicating increase in size or derogatory meaning.

AUXILIARY VERB: A verb that helps in the conjugation of another verb.

CLAUSE: A division of a sentence containing a subject and a predicate. A main (independent) clause can stand alone; a subordinate (dependent) clause can function only with a main clause.

COMPARISON: The change in the form of an adjective or adverb showing degrees of quality; positive (*high, beautiful*), comparative (*higher, more beautiful*), superlative (*highest, most beautiful*).

CONCESSION, CLAUSES OF: A part of the sentence which, on the one hand, may concede that something is doubtful or uncertain or which, on the other hand, may concede that something is certain or factual.

CONJUGATION: The inflection or changes of form in verbs showing mood, tense, person, number, voice.

CONJUNCTION: A word that connects words, phrases, or clauses. Coordinating conjunctions connect expressions of equal rank. Subordinating conjunctions connect dependent with main clauses.

DATIVE: The case of the indirect object.

DEFINITE ARTICLE: el, la, los, las (*the*).

DEMONSTRATIVE: Indicating or pointing out a person or thing.

DIMINUTIVE: A word formed from another to express smallness or endearment.

FINITE VERB: The form of the verb (excepting infinitives and participles) limited as to person, number, tense.

GENDER: Grammatical property of nouns or pronouns. In Spanish, masculine or feminine.

IMPERATIVE: The mood of the verb which, in Spanish, expresses an affirmative familiar command.

IMPERSONAL: Designating verbs used without subject or with an indefinite subject in the third person singular.

INDEFINITE ARTICLE: un, una, unos, unas (*a, an*).

INFINITIVE: The form of the verb